El álgebra de la riqueza

Scott Galloway

El álgebra de la riqueza

Cómo alcanzar la seguridad financiera en un mundo incierto

Traducción de Carla López Fatur

PAIDÓS EMPRESA

Obra editada en colaboración con Editorial Planeta - España

Título original: *The Algebra of Wealth. A Simple Formula for Success*

Esta edición se publica por acuerdo con The Foreign Office Agència Literària, S.L. y Levine Greenberg Rostan Literary Agency.

Maria García - fotocomposición

Bajo el sello editorial PAIDÓS M.R.
Avenida Presidente Masarik núm. 111,
Piso 2, Polanco V Sección, Miguel Hidalgo
C.P. 11560, Ciudad de México
www.planetadelibros.com.mx
www.paidos.com.mx

Primera edición impresa en España: mayo de 2025
ISBN: 978-84-1100-380-3

Primera edición impresa en México: julio de 2025
ISBN: 978-607-639-027-6

Impreso en los talleres de Corporación en Servicios
Integrales de Asesoría Profesional, S.A. de C.V.,
Calle E # 6, Parque Industrial
Puebla 2000, C.P. 72225, Puebla, Pue.
Impreso y hecho en México / *Printed in Mexico*

Para Alec y Nolan.
Por favor, leed este libro y cuidad de vuestro viejo

Índice

Introducción

Riqueza

El capitalismo es el sistema económico más productivo de la historia, y una fiera voraz. Favorece a los establecidos en detrimento de los innovadores, a los ricos en detrimento de los pobres, el capital en detrimento del trabajo, y reparte dichas y pesares a menudo de maneras más perversas que justas. Comprender el capitalismo y la inversión —y saber navegar por sus aguas— permite gozar de opciones, control y relaciones humanas desprovistas de ansiedades económicas. Este libro no trata sobre lo que debería ser, sino sobre lo que es, y esboza las mejores prácticas para prosperar en ese sistema.

Existen numerosos caminos hacia la riqueza. Shawn Carter, que creció en un barrio de viviendas públicas de Brooklyn y abandonó la escuela secundaria, hizo de su talento innato para la rima un imperio con la marca Jay-Z y se convirtió en el primer multimillonario del hiphop. Ronald Read, el primero de su familia en terminar la escuela secundaria, trabajó toda la vida de conserje, vivió con austeridad e invirtió en valores punteros. Tras su muerte, a los noventa y dos años, dejó un patrimonio valorado en ocho millones de dólares. Warren Buffett procede de una familia más acomodada y se ha valido de las lecciones aprendidas durante su juventud en el despacho de un corredor de bolsa de Omaha para forjarse una carrera en inversión con la que ha amasado una fortuna de más de cien mil millones de dólares.

Mi primer consejo es no creerse ni Jay-Z ni Ronald Read ni Warren Buffett. Todos ellos son casos atípicos, sobresalientes no solo por su talento, sino también por su buena estrella. Menos idealizados y más comunes son los conserjes austeros y los inversores prudentes con unos inicios más constantes que explosivos. Los casos atípicos son buenas fuentes de inspiración, pero pésimos referentes.

A los veinte años, yo aspiraba a convertirme en uno de ellos. Deseaba los signos del éxito capitalista y estaba dispuesto a esforzarme para conseguirlos. En pleno empeño, mantuve una conversación sobre finanzas con un íntimo amigo mío, Lee. Me dijo que había aportado dos mil dólares a una cuenta de jubilación (IRA). Respondí: «Si dos mil dólares son importantes para mí cuando tenga sesenta y cinco años, me pego un tiro».

Fue arrogante y desafortunado de mi parte. Yo elegí «jugarme el todo por el todo», una estrategia que resultaría más arriesgada, menos agradable y bastante más estresante que la de mi amigo. A la larga, funcionó. ¿O fue solo una cuestión de suerte? En efecto. He fundado nueve empresas, varias de ellas con éxito, y ese éxito me ha llevado a un negocio de medios de comunicación que es muy gratificante, tanto a nivel económico como emocional. La seguridad económica es solo un medio para alcanzar un fin. En concreto, el tiempo y los recursos para centrarse en las relaciones sin estrés económico. El camino de mi amigo hacia la seguridad económica fue menos volátil y menos estresante que el mío. Mi camino me trajo hasta aquí; sin embargo, de haber aplicado antes unos cuantos principios fundamentales, habría llegado antes y con menos ansiedad.

El álgebra de la riqueza

¿Cómo se consigue seguridad económica? Hay una respuesta, esa es la buena noticia. ¿Y la mala? Que la respuesta es... poco a poco. Este libro condensa en cuatro principios prácticos una gran cantidad de información sobre los mercados y la creación de riqueza.

RIQUEZA =
Concentración + (Estoicismo × Tiempo × Diversificación)

Este no es el típico libro de finanzas. No hay hojas de cálculo para rellenar, ni páginas enteras de tablas en las que se comparan los detalles de diez planes de jubilación o estructuras de comisiones de fondos de inversión. No voy a recomendar a nadie que rompa las tarjetas de crédito y pegue frases motivadoras en la nevera. No porque ese tipo de consejos carezca de valor o porque considere que la seguridad económica deba alcanzarse sin hacer hojas de cálculo, pero hay infinidad de libros, páginas web, vídeos de YouTube y cuentas de TikTok que se ocupan de ello y ofrecen buenos consejos para salir de atolladero y avanzar en el camino. En síntesis, no pretendo vencer a Suze Orman con sus propias armas (y si a alguien le persiguen los cobradores, que empiece con ella). Este libro es para quienes tienen sus asuntos en orden y desean sacar el máximo partido de sus habilidades. Dos personas que hoy ganan lo mismo seguramente acabarán en situaciones muy distintas con el paso de los años, dependiendo de su modo de concebir la carrera profesional y el dinero.

Veremos cómo sentar las bases no solo de la riqueza económica, sino también de las habilidades, las relaciones, los hábitos y las prioridades que confieren ventaja. Los conceptos aquí presentados han sido probados y validados por la ciencia, pero, ante todo, son principios que pueden ponerse en práctica. La última parte del libro ofrece una introducción a los conceptos fundamentales de nuestro sistema financiero y los mercados. Se trata de un tema importante para todo el que vive y trabaja en el sistema, pero que solo se aborda de manera somera en las escuelas y se omite en la mayor parte de la literatura sobre finanzas personales. Todo lo que aquí se expone se basa en lo que he aprendido durante una carrera hacia el éxito con altibajos, desde fundar empresas, contratar personal y trabajar con centenares de personas exitosas, hasta la satisfacción de ver a generaciones de jóvenes pasar por mis clases, graduarse y llevar vidas exitosas en todos los niveles.

¿Por qué riqueza?

La riqueza es un medio para alcanzar un fin: la seguridad económica. En otras palabras, la riqueza es la ausencia de ansiedad económica. Sin la presión de tener que ganar dinero, podemos elegir cómo vivir. Nuestras relaciones con los demás no se ven ensombrecidas por el estrés del dinero. Parece elemental, fácil incluso, pero no lo es: vivimos en un mercado globalmente competitivo con un talento especial para crear problemas que solo pueden resolverse gastando dinero en productos más grandes y mejores.

He aquí la primera lección del libro: la seguridad económica no depende de lo que se gana, sino de lo que se guarda y de saber cuánto es suficiente para uno. Como dijo una vez la gran filósofa Sheryl Crow: la felicidad no es «tener lo que quieres, sino querer lo que tienes»[1]. No se trata de tener más... se trata de determinar lo que necesitas y poner en práctica la estrategia adecuada para conseguirlo, de modo que puedas centrarte en otras cosas.

El objetivo es sencillo. La seguridad económica consiste en adquirir suficientes activos —no ingresos, sino activos— para que los **ingresos pasivos** que generen superen el nivel de gasto deseado, es decir, la **tasa de consumo**. Los ingresos pasivos son el dinero generado por nuestro dinero: los intereses de los préstamos que concedes a terceros, la revalorización de inmuebles de tu propiedad, los dividendos de las acciones, el alquiler que pagan los inquilinos de un piso de tu propiedad, etc. De estas y otras fuentes de ingresos pasivos me ocuparé más adelante, pero, en resumen, se trata de todo ingreso distinto de la remuneración laboral. La tasa de consumo es la cantidad de dinero que gastamos día a día y mes a mes. Si los ingresos pasivos superan al consumo, trabajar no será una necesidad (aunque quizá nos apetezca hacerlo de todos modos), porque no dependeremos del salario para cubrir los gastos.

SEGURIDAD ECONÓMICA =
Ingresos pasivos > Tasa de consumo

Eso es la riqueza. Numerosos caminos conducen a ella; los más fiables requieren tiempo y esfuerzo, pero están al alcance de la mayoría de las personas. Debemos hacer de ellos una prioridad, cuanto antes mejor. La seguridad económica es tener el control. Es saber que podemos planificar el futuro, emplear el tiempo como mejor nos parezca y mantener a los que dependen de nosotros.

El permiso

La búsqueda de riqueza no siempre está en boga. En una sociedad justificadamente preocupada por la aceleración de la desigualdad económica, la riqueza se percibe como la distribución injusta de un sistema defectuoso. «Todo multimillonario es un fracaso político.» Tal vez sí. O tal vez no. En cualquier caso, no es relevante. La cuestión apremiante que nos ocupa es la propia seguridad económica, no las virtudes de los demás.

«El dinero no habla, insulta», decía Bob Dylan.[2] En mi experiencia, el dinero cambia de tono según se incrementa. Insulta cuando no hay suficiente y consuela cuando se acumula. Pero los insultos que oye la mayoría son cada vez más fuertes. En Estados Unidos, el precio medio de la vivienda es seis veces superior a la renta media anual[3] —hace cincuenta años era dos veces superior— y el porcentaje de compradores de primera vivienda es solo la mitad de la media histórica y el más bajo registrado.[4] Las deudas por gastos médicos son la principal causa de insolvencia;[5] la mitad de los estadounidenses adultos no puede pagar una factura médica de 500 dólares sin pedir un préstamo. La tasa de nupcialidad en todos los grupos poblacionales, excepto en la cohorte más rica, ha disminuido un 15 por ciento desde 1980;[6] las personas ya no pueden permitirse una boda y mucho menos tener hijos. A pesar del crecimiento sin precedentes de la prosperidad general, solo el 50 por ciento de los estadounidenses nacidos en la década de 1980 gana más que sus padres a la misma edad,[7] el porcentaje más bajo de la historia. El 25 por ciento de la generación Z considera que no podrá jubilarse nunca.[8] El divorcio, la depresión y la incapacidad son polillas atraídas por la llama de la presión financiera.

PORCENTAJE DE JÓVENES DE 30 AÑOS QUE GANAN MÁS QUE SUS PADRES A LA MISMA EDAD

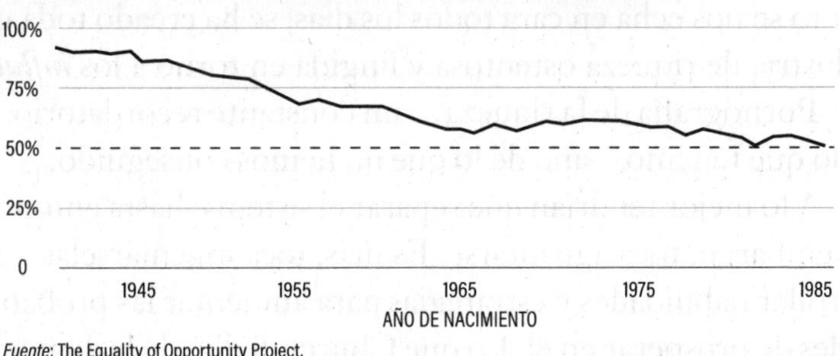

Fuente: The Equality of Opportunity Project.

En 2020, Dylan vendió su catálogo musical por 400 millones de dólares. El dinero ya no insulta a Bob. En 1965, cuando compuso esa canción, la clase media alta podía acceder al 90 por ciento del estilo de vida de los ricos. Las familias más ricas vivían en casas más grandes, usaban prendas más elegantes y jugaban al golf en clubs privados en lugar de en campos municipales. En los sesenta años transcurridos desde entonces, hemos sido testigos del auge del complejo rico-industrial. Hoy, cuando los ricos se van de vacaciones, no solo se hospedan en una habitación mejor que la de la familia media, sino que vuelan en aviones diferentes (el de Bob es un Gulfstream IV), se alojan en complejos turísticos diferentes y ven atracciones turísticas diferentes (a menudo fuera del horario de apertura, cuando no se permite la entrada al público). El 1 por ciento de la población se visita con médicos diferentes, come en restaurantes diferentes y compra en tiendas diferentes. Antes, la riqueza daba acceso a un lugar mejor. Hoy da acceso a una vida mejor.

La clave de la felicidad reside en nuestras expectativas; las expectativas poco realistas son garantía de infelicidad. Con todo, cada vez que salimos de casa o cogemos el teléfono, la sociedad y sus organizaciones nos cantan una serenata o nos insultan. La diferencia entre la vida del 1 por ciento y la del 99 por ciento se nos echa en cara todos los días; se ha creado toda una industria de riqueza ostentosa y fingida en torno a los *influencers*. Pornografía de la riqueza... un constante recordatorio: no de lo que tenemos, sino de lo que no hemos conseguido.

A lo mejor tendrían que reparar el sistema; hasta entonces, sin embargo, toca aguantarse. Es más, toca ingeniárselas y desarrollar habilidades y estrategias para aumentar las probabilidades de prosperar en él. Lo que Churchill dijo de la democracia —que es el peor sistema a excepción de todos los demás que se han llevado a la práctica— también es cierto del capitalismo. La desigualdad fomenta la ambición, los incentivos generan resultados y la rueda gira. Si el sistema juega en tu favor, aprovéchalo al máximo de tus posibilidades. De lo contrario, también. Nada de esto es tu culpa. La sociedad se enfrenta a peligros mayores que verte convertido en millonario. Y hasta que no alcances seguridad económica, no serás dueño de tu tiempo y gran parte de tu estrés será improductivo. (Véase anteriormente: el dinero insulta.)

La búsqueda de riqueza no implica ser inmoral, avaricioso o egoísta, ni requiere que lo seamos. De hecho, ello solo dificultaría la consecución de la seguridad económica y menoscabaría la felicidad una vez cumplido ese objetivo. Para vencer los obstáculos del camino, necesitamos aliados. A menudo se nos dice que empecemos pronto a ahorrar e invertir. Pero también es importante empezar pronto a cultivar aliados y seguidores. En todos los aspectos de la vida, querremos tener la ventaja de jugar en casa. Debemos (y podemos) ser la primera opción cuando pregunten: «¿A quién me recomendarías para este trabajo, esta inversión, este puesto directivo?». El fin último consiste en disfrutar de una vida rica en relaciones, no en morir con la cifra más alta en la cuenta bancaria.

La cifra

En general, los consejos en materia de finanzas personales giran en torno a la «jubilación» (una clara distinción entre trabajar y dejar de hacerlo). Se trata de un concepto anticuado y secundario en nuestra filosofía de la riqueza. Mi propuesta es conseguir seguridad económica *antes* de dejar de trabajar. Cuanto antes, mejor. Una vez cumplido ese objetivo, a lo mejor decides seguir centrándote en el trabajo y los logros profesionales. Yo lo he hecho. Sin embargo, el estrés laboral se reduce drásticamente cuando el trabajo deja de ser un salvavidas y se convierte en una tabla de surf. Rendimos más cuando confiamos en nosotros mismos. En ese sentido, el trabajo es como un novio: cuanto menos lo necesitas, más te necesita él a ti.

Puedes poner en práctica los principios de este libro y, con algo de suerte y mucho empeño, llegar a los cuarenta años viviendo en un barco en el Caribe, sin la necesidad de trabajar para generar ni un dólar más. O puedes llegar a los setenta asesorando a consejeros delegados por cuatro cifras la hora. La seguridad económica brinda opciones. Además, se reduce a una cifra: una base de activos suficiente para costear el estilo de vida deseado. Desde luego, siempre está la posibilidad de seguir trabajando; de hecho, numerosos estudios demuestran que el trabajo contribuye al aumento de la esperanza de vida y el bienestar. Lo que mata es el estrés, que en gran parte proviene de la falta de seguridad económica. Sin preocupaciones financieras, el trabajo evoluciona de necesidad a propósito.

Ahora bien, ¿qué tan alta debe ser la cifra de la cuenta bancaria? No hay una respuesta única, sino una respuesta para cada persona. Aunque es más objetivo que una respuesta, la seguridad económica no es una cuestión de aprobado o suspenso. Cuanto más te acerques al objetivo, más fácil y gratificante será la vida. Thomas J. Stanley dijo: «La riqueza no es una cuestión de inteligencia, sino de aritmética». Recordemos la fórmula: unos ingresos pasivos superiores a la tasa de consumo.

¿Cuál es la tasa de consumo? Más concretamente, ¿cuál es la tasa de consumo que aspiras a mantener a perpetuidad? Esta pregunta es más fácil de responder cuando tienes cierta edad y te encuentras más cerca de la perpetuidad. Pero, incluso si estás al principio de la carrera o estudiando, puedes hacerte una idea creando un presupuesto, preguntando a tus familiares qué gastos tienen e investigando los costes típicos de la vivienda, la comida y demás. No tienes que calcular al céntimo los gastos de los próximos cuarenta años. Ello no es posible ni necesario. Basta con un presupuesto aproximado que puedas ir puliendo a medida que te acerques al objetivo.

Se trata, en parte, de un ejercicio financiero muy personal. A medida que ganes experiencia, te irás conociendo mejor y tendrás una mejor idea de lo que necesitas. La tasa de consumo objetivo es diferente para cada persona. La de mi padre, por ejemplo, es poca cosa: algunas necesidades prácticas, un estudio en Wesley Palms (una residencia asistida), un servicio de transmisión para ver los partidos de los Maple Leafs y una salida nocturna (máximo hasta las siete) que incluye comida mexicana y una michelada. Yo, en cambio, no estoy cortado por el mismo patrón. Mis gastos son astronómicos; explosivos como una supernova. En cualquier caso, al margen de si te inclinas por Pabst o Prada, haz un cálculo aproximado de tus gastos anuales. Añade un 20 por ciento para cubrir los impuestos (un 30 por ciento si tienes pensado vivir en California, Nueva York u otro estado con impuestos altos). El resultado será la tasa de consumo.

Ahora multiplica la tasa de consumo por 25. Esa es la cifra (aproximada). La base de activos que necesitas para generar unos ingresos pasivos superiores al consumo. ¿Por qué 25? Porque ese multiplicador contempla el supuesto de que los activos generarán unos ingresos que superarán en un 4 por ciento a la inflación. Los gestores financieros seguramente propondrán cifras ligeramente distintas, pero el 4 por ciento es una buena aproximación y multiplicar por 25 facilita los cálculos. Esto es solo un esbozo. Nuestra previsión de los impuestos es simplista. La tasa de consumo será mayor si se convive con los hijos y menor cuando estos se independicen. Además, no hemos tenido en cuenta la Seguridad Social, que a lo mejor no existe dentro de treinta años. (Yo creo que sí, porque las personas mayores siguen viviendo más y votando, de modo que, antes que dejar de financiar la Seguridad Social, prescindiremos de las escuelas, el programa espacial y la mitad de la marina.) Sin embargo, toda obra de arte comienza con un esbozo.

Si necesitas 80.000 dólares anuales para cubrir la tasa de consumo, entonces tu cifra es de 2 millones de dólares. Cuando tengas esa cifra en activos invertidos, habrás triunfado, habrás vencido al capitalismo. (Sin embargo, el capitalismo guarda un as bajo la manga: 2 millones es la cifra que necesita *hoy*; si tienes previsto acumular esa base de activos dentro de veinticinco años, la inflación disparará la cifra a unos 5 millones de dólares. Hablaremos de este tema más adelante.)

Dos chaquetas y un guante

Hace unos años, fuimos a esquiar, un pasatiempo que consiento para retener a mis hijos en una montaña y obligarles a pasar tiempo conmigo. Una tarde, me encontraba en la habitación del hotel en Courchevel, utilizando el trabajo como pretexto para eludir mis compromisos en la pista. Mi hijo mayor, que entonces tenía once años, irrumpió en la habitación y enseguida me di cuenta de que algo no iba bien. Por regla general, mis dos hijos anuncian su presencia de forma reflexiva con una pregunta o un acto fisiológico. («¿Puedo ver la tele?» «¿Dónde está mamá?» *Eructo.*) Pero esta vez… silencio. Se puso frente a mí. Estaba llorando.

—¿Qué pasa? —pregunté.

—He perdido un guante —respondió entre lágrimas.

—No tiene importancia, es solo un guante.

—No lo entiendes. Me los acababa de comprar mamá. Costaron ochenta euros. Es mucho dinero. Se va a enfadar.

—Mamá lo va a entender. Yo pierdo cosas todo el tiempo.

—Pero no quiero que me compre otros, ¡costaron ochenta euros!

Enseguida empatizo con él. La propensión de mi hijo a perder cosas es hereditaria. Mi exmujer decía que si no fuese porque llevo el pene unido al cuerpo, lo habríamos encontrado en el SoHo sobre una mesa de juego antigua junto a unos libros de segunda mano y el guion de *Uno de los nuestros*. No, no llevo llaves, ¿para qué?

De modo que lo entiendo perfectamente. Acordamos volver sobre sus pasos. Por el camino, mi mente no paraba de dar vueltas: «¿Será una lección de vida? Si le compro un par nuevo, ¿lo estaré malcriando?». Miro hacia abajo: está llorando. El suelo se abre bajo mis pies y, en un instante, vuelvo a tener nueve años.

Tras la separación de mis padres, el estrés económico devino en ansiedad. La ansiedad nos atormentaba a mi madre y a mí, nos susurraba al oído que no valíamos nada, que habíamos fracasado. Mi madre, secretaria, era una mujer inteligente y trabajadora. Ganaba 800 dólares al mes. Con nueve años, le dije que no hacía falta que me cuidara una niñera, porque sabía que necesitábamos esos ocho dólares extra a la semana. Además, cuando pasaba la furgoneta de los helados, la niñera le daba treinta centavos a sus hijos, y a mí, quince.

—Es invierno, necesitas un abrigo —dijo mi madre.

De modo que fuimos a Sears. Compramos una chaqueta de una talla más grande, con la idea de que me durase dos o tres años. Costó 33 dólares. Al cabo de dos semanas, me la olvidé en los Scouts, pero le aseguré que la recuperaríamos en la siguiente reunión. No ocurrió.

De modo que fuimos a comprar otra, esta vez a JCPenney. Mi madre dijo que sería mi regalo de Navidad, ya que, después de comprar la chaqueta, no nos quedaría dinero para regalos. No sé si era cierto o si quería darme una lección. Probablemente las dos cosas. En cualquier caso, fingí entusiasmo por mi regalo de Navidad anticipado, que, casualmente, también costó 33 dólares.

Unas semanas después, perdí la segunda chaqueta. Me quedé en casa después de la escuela, temeroso, esperando a que mi madre volviera a casa y asimilara otro duro revés para la endeble economía de nuestro hogar. Oí girar la llave; tan pronto como hubo entrado, solté nervioso:

—He perdido la chaqueta. Pero no pasa nada, no me hace falta otra... ¡Lo juro!

Sentí ganas de llorar, de berrear en realidad. Pero sucedió algo peor: fue mi madre quien rompió a llorar. Luego se serenó, vino hacia mí, apretó el puño y lo descargó varias veces contra mi muslo como quien golpea la mesa de una sala de juntas para exponer sus argumentos. No sé si fue más embarazoso o extraño. Acto seguido, subió a su habitación. Bajó una hora después y no volvimos a hablar del tema.

La inseguridad económica es como la hipertensión: siempre está ahí, esperando hacer de una dolencia menor una enfermedad mortal. Y no es una metáfora. Los niños que crecen en hogares con bajos ingresos tienen la tensión arterial más alta que los niños que viven en hogares ricos.[9]

Mientras tanto, en los Alpes, un padre y su hijo con un solo guante llevan treinta minutos caminando a ocho grados. Intento aprovechar su cansancio y empiezo a cantar y a bailar que las cosas no son importantes, pero las relaciones sí. En mitad de esa patética escena digna de Hallmark Channel, mi hijo se detiene y corre hacia un pequeño árbol de Navidad que hay delante de la tienda de Philipp Plein. La misma tienda en la que, el día anterior, su hermano de ocho años había intentado convencerme de que le comprase una sudadera de 250 euros con una calavera brillante en la espalda. En lo alto del árbol, en lugar de una estrella, había un guante azul eléctrico. Un buen (e ingenioso) samaritano lo había encontrado y puesto a la vista de todo niño que buscase el llamativo accesorio. Mi hijo agarró el guante, suspiró y se lo llevó al pecho con una patente sensación de alivio y recompensa.

Vivimos en una época de innovación financiera, pero ninguna criptomoneda ni aplicación de pago podrá cumplir mi mayor deseo: enviar dinero al pasado, a mis seres queridos que les faltó. La inseguridad y la vergüenza presentes en el hogar de mi infancia siempre estarán ahí. No pasa nada, me sirvieron de motivación.

La búsqueda de riqueza puede estar impulsada por otros motivos. Tal vez validación o la sensación de un propósito. A lo mejor la afición por la buena vida, los lujos y las experiencias que solo el dinero puede comprar. Quizá el deseo de remediar los males del mundo. En mi experiencia, las intenciones nobles constituyen una buena motivación para trabajar arduamente; el deseo también es poderoso, pero el miedo vence a ambos. El motor de tu motivación solo te concierne a ti. Encuéntralo, nútrelo y llévalo contigo. Necesitarás una motivación, queda mucho trabajo por delante.

El camino intrincado

Entonces, ¿cómo se consigue seguridad económica? En realidad, solo hay dos vías. La inteligente es heredarla. Sin embargo, la mayoría de nosotros tendrá que tomar el camino intrincado. Es muy simple: ganar dinero trabajando a destajo, ahorrar una parte e invertirla. Si maximizas los ingresos, minimizas los gastos e inviertes sensatamente la diferencia, puedo afirmar con razonable certeza que obtendrás seguridad económica.

Ahora bien, llevar a cabo ese plan no es tan sencillo como formularlo. Trasciende del ámbito de las finanzas, de lo que es posible reflejar en una hoja de cálculo. La riqueza es producto de una vida bien vivida: trabajo duro, frugalidad y sabiduría. Ello no implica ser un monje: hay lugar para el placer, para el error, para la vida. Pero sí implica trabajo férreo y cierta disciplina. Y merece la pena. El álgebra de la riqueza se compone de cuatro elementos:

El **estoicismo**, que consiste en llevar una vida intencionada y moderada, dentro y fuera del trabajo. Se trata de ahorrar dinero, claro, pero también de fortalecer el carácter y relacionarse con la comunidad. Ello también es importante.

La **concentración** necesaria para generar ingresos. Como he dicho antes, el salario por sí solo no basta para crear riqueza, pero es un primer paso necesario. Por cierto, habrá que generar ingresos en cantidad. De modo que me centraré en la planificación y orientación de la carrera, así como en las estrategias para maximizar los ingresos.

El **tiempo**, nuestro bien más preciado. Empieza y termina con la comprensión de la fuerza más poderosa del universo: el interés compuesto. Veremos cómo hacer que trabaje a nuestro favor. El tiempo es la verdadera moneda, el único bien que todos poseemos al nacer y la base de la riqueza.

La **diversificación**, nuestra respuesta a las típicas preguntas sobre finanzas personales, una hoja de ruta para tomar decisiones de inversión acertadas y participar de manera informada en el mercado financiero.

De acuerdo, ¡encendamos esta vela!

CONCENTRACIÓN

+

(**ESTOICISMO**

×

TIEMPO

×

DIVERSIFICACIÓN)

1
Estoicismo

Durante gran parte de mi vida, lo que me impidió alcanzar seguridad económica fue la obstinada convicción de que yo era excepcional. El mercado reforzaba esa creencia. Yo fundaba empresas, salía en revistas y recaudaba decenas de millones de dólares para mis empresas emergentes. Estaba a punto (evidentemente) de conseguir decenas, si no centenares, de millones de dólares porque (evidentemente) yo era excepcional. El hecho de haber estado cerca de conseguirlo un par de veces no hizo sino reforzar aún más esa creencia.

Convencido de mi inminente gran salto a la velocidad de la luz, desatendí los principios de vivir por debajo de mis posibilidades y de ahorrar para invertir. La OPI o adquisición se produciría de un momento a otro. Entre los veinte y los cuarenta años, podría haber ahorrado fácilmente entre 10.000 y 100.000 dólares al año, pero qué sentido tiene hacer sacrificios cuando la fortuna está a la vuelta de la esquina, ¿verdad? Craso error. Tras la bomba puntocom del 2000, un divorcio y la Gran Recesión de 2008, cada vez que el balón parecía dirigirse a la portería, acababa por desviarse. Entonces, a mis cuarenta y dos años, nació mi primer hijo.

¿Ángeles cantando? ¿Un momentazo al estilo de Hallmark Channel? En absoluto. Las náuseas me impidieron mantenerme en pie. Lo que me dejó inservible no fueron la sangre y los gritos, sino la violenta sacudida de una ola de vergüenza. Había metido la pata hasta el fondo. Hubiera podido disponer fácilmente de unos cuantos millones de dólares en mi cuenta corriente, pero no. Había fracasado. Hasta unos minutos antes, había podido soportarlo, porque solo me había fallado a mí mismo. Lo que no pude soportar fue darme cuenta de que había fallado a mi hijo.

Mi fracaso se forjó a raíz de una serie de malas decisiones, no por falta de conocimientos. Tenía un máster en Administración y Dirección de Empresas, había recaudado varios millones de dólares en capital, pagaba nóminas todas las semanas y recogía beneficios todos los trimestres. *Entendía* de dinero, solo que *no se me daba muy bien*. No era el único. Un estudio sobre los consumidores británicos reveló que, aunque tanto el analfabetismo financiero como la falta de autocontrol contribuyeron al endeudamiento galopante, según los datos, «la falta de autocontrol desempeñó un papel más relevante que el analfabetismo financiero a la hora de explicar el sobreendeudamiento de los consumidores».[1]

La seguridad económica no es fruto de un ejercicio intelectual, sino el resultado de un patrón de conducta. ¿Cómo evitar el patrón de conducta que conduce al sobreendeudamiento y adoptar el que conduce a la riqueza? Dicho de otro modo, ¿cómo adecuar la conducta al propósito? A primera vista, parece un ejercicio de autocontrol. Sin embargo, el autocontrol implica fuerza de voluntad para seguir un plan a rajatabla. Además, la constante lucha contra los impulsos resulta extenuante. Debe de haber algo más profundo que permita mantener la coherencia entre nuestras acciones e intenciones de forma constante y duradera.

En esencia, la respuesta es el carácter. Frente a las tentaciones del capitalismo moderno, la fragilidad humana, los contratiempos y la mala suerte, la conducta deseada exige durabilidad, y ello solo es posible cuando esa conducta está arraigada en el verdadero carácter. Si la intención bastara para generar cambios duraderos en la conducta, cumpliríamos todos nuestros propósitos de año nuevo y nunca olvidaríamos escribir una nota de agradecimiento. Lo que hacemos es una expresión de lo que somos. Contrariamente al refrán, la intención no es lo que cuenta.

Este capítulo explora el desarrollo de nuestro carácter en tres partes. Empiezo explorando los mecanismos y los principios esenciales del desarrollo del carácter. A continuación, describo cómo he llevado a la práctica esos principios y propongo algunas ideas para fortalecer el carácter. Por último, abordo el tema desde un prisma más amplio para reflexionar sobre papel del carácter en la comunidad. Los seres humanos somos una especie social y solo podemos desarrollar todo nuestro potencial cooperando (y a veces compitiendo) con los demás.

Carácter y comportamiento

Los seres humanos han intentado forjar su carácter a lo largo de la historia. La buena noticia es que sabemos cómo hacerlo. La mala, que es difícil. Pero no tiene ningún misterio ni complicación. El carácter y el comportamiento coexisten en un ciclo que se refuerza. Del mismo modo que nuestros actos reflejan nuestro carácter, este es, en última instancia, producto de nuestros actos. Ese ciclo puede ser un círculo virtuoso o una espiral destructiva, cada uno elige. Esto no solo se aplica al éxito económico. Vivir con propósito y coherencia es vivir con autenticidad, dando todo de nuestra parte aunque nos quedemos cortos. La búsqueda de riqueza, como su prima hermana, la búsqueda de felicidad, es un proyecto personal integral.

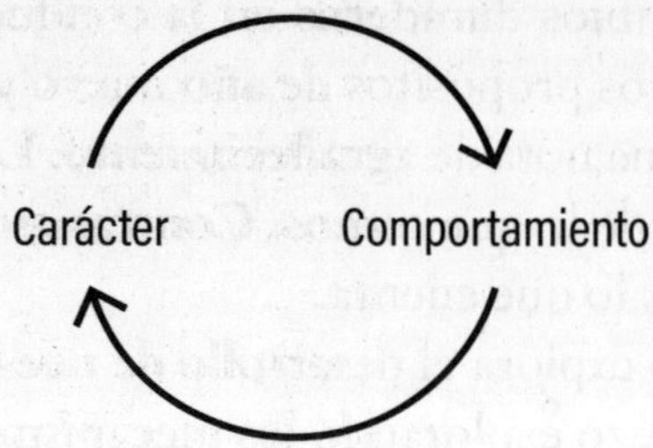

La humanidad ha aprendido el proceso numerosas veces, incluso a través de las enseñanzas del estoicismo, una escuela filosófica fundada en la Grecia clásica que floreció durante el Imperio Romano y ha sido revigorizada por intérpretes modernos. Los estoicos consideraban el fortalecimiento del carácter como la virtud más elevada y escribieron largo y tendido sobre ello. Este capítulo se titula «Estoicismo» porque conecto con el lenguaje de los filósofos estoicos y sus intérpretes modernos, y sus enseñanzas moldean mi proceder en la vida profesional y personal. Dicho esto, no pretende ser una exégesis de la filosofía estoica ni reducirse a sus enseñanzas. Dudo mucho que Marco Aurelio recomendara, como haré más adelante, codearse con los ricos. Con todo, me gustaría pensar que asentiría durante la mayor parte de la lectura.

En torno a la misma época en que los primeros filósofos estoicos reflexionaban en Grecia acerca de la virtud, los discípulos de Siddharta Gautama desarrollaron sus enseñanzas haciendo énfasis en la recta intención, la recta acción y la recta atención, los principios fundamentales del budismo. Siglos después, Jesús predicaría la importancia de la rectitud y de resistir la tentación, advirtiendo: «El espíritu está presto, pero la carne es débil». En el siglo XIX, el poeta y filósofo estadounidense Henry David Thoreau escribió que el propósito de la filosofía no consiste simplemente en «tener pensamientos sutiles», sino en «resolver algunos de los problemas de la vida, no en el ámbito teórico, sino en el práctico». Me temo que todas las culturas y filosofías presentan alguna variante de estos principios. Tomemos de esas tradiciones lo que nos sirva.

Hungría

Después de licenciarme en la UCLA, me fui de viaje por Europa. En el aeropuerto de Viena, cambié 300 dólares en cheques de viaje de American Express (quién sabe por qué… entonces tampoco tenía sentido). En cualquier caso, a cambio del equivalente a tres billetes de 100 dólares, convertidos en divisa extranjera al cambio de 96 centavos por dólar en una agencia de viajes de American Express (repárese en el sinsentido), recibí varios fajos de forintos y me convertí en el pez gordo que estaba destinado a ser. Solo un corto trayecto en tren me separaba de la orgía de consumo que me esperaba en Budapest.

En el escaparate de una tienda, vi un magnífico bolso de viaje de cuero, así que entré. Dentro, había varias personas comprando… carretes de hilo y agujas. Antes de que pudiera preguntar por el bolso, la mujer del mostrador lo señaló y dijo: «No está a la venta». Poco después, volví a la agencia de viajes con un fajo de forintos apenas más pequeño y aprendí una lección sobre el cambio de divisas y el diferencial comprador-vendedor.

Treinta y cinco años de capitalismo después, ya sea en Budapest, Hungría o en Budapest, Georgia (sí, es un lugar real), puedes comprar hasta dentífricos para dientes sensibles infusionados con aceite de oliva y cereales con sabor a torrijas. Esos productos existen y podrías tenerlos en la puerta de tu casa esta misma tarde. Del comunismo podrán decirse muchas cosas, pero lo cierto es que facilitaba mucho la frugalidad.

Un buen consejo es «la forma más fácil de ganar un dólar es ahorrar un dólar». Sin embargo, centenares de veces al día nos llegan mensajes, argumentos y estímulos que nos incitan a gastar. El capitalismo aprovecha el ingenio y la energía de toda la sociedad con un único fin: convencernos de que gastemos dinero. Es lo que hace que el sistema funcione. Las tentaciones son muchas, desde la compra impulsiva de chicles en la caja del supermercado hasta los complementos sugeridos en la cesta de Amazon, pasando por la mejora a clase turista plus con embarque prioritario y bebidas gratis. Por cierto, ¿quiere «viajar seguro» (es decir, contratar un seguro)? En caso contrario, marque la casilla «no quiero viajar seguro» y disfrute de la sensación de irresponsabilidad y negligencia. No se preocupe, American Airlines (o la compañía de seguros asociada) puede ayudarle a sentirse menos negligente por solo 39,95 dólares más.

El ansia está en nuestro ADN

El capitalismo tiene mucho terreno abonado. Durante el 99 por ciento de la existencia de nuestra especie, la mayoría de las personas no vivía más allá de los treinta y cinco años. La principal causa de muerte era el hambre, la escasez de «cosas». Hoy, ya no nos susurran al oído «solo se vive una vez», sino algo mucho más potente: «necesitas esto ahora mismo»... o morirás.

Estamos biológicamente programados para consumir azúcar, grasa y sal, porque, durante la mayor parte de la existencia de nuestra especie hubo escasez de esos bienes. El mero contacto de esas sustancias con nuestras papilas gustativas desencadena una avalancha de reacciones químicas que interpretamos como placer. Nuestro cerebro asocia los recuerdos de ese placer con todo tipo de cosas: desde el color del envoltorio del chocolate hasta el cruce donde se encuentra nuestra hamburguesería favorita. Lo hace con la intención de ayudarnos, trazando el camino de vuelta a la recompensa última, el mejor sentimiento de todos: la supervivencia.

El asunto se torna aún peor. Una vez marcada la casilla «supervivencia», otra voz instintiva empieza a gritar: reproducción. Para mí es fácil aconsejar a los jóvenes que ahorren, inviertan, etc. Sin embargo, el objetivo de alguien de veinte años es encontrar pareja. Y ello implica alardear y gastar. Los relojes Panerai y los zapatos Manolo Blahnik son guiños a nuestras obligaciones evolutivas de encontrar una pareja que sea más fuerte, más rápida y más inteligente que nosotros, para que nuestros genes se mezclen y vivan para siempre.

A los veintitrés años, después de mi primer año en Morgan Stanley, recibí un bonus de 30.000 dólares. Hasta entonces, nunca había tenido más de 1.000 dólares en la cuenta corriente. Por fin tenía una base sobre la que construir mi riqueza. ¿Una base? Sí, claro. Me compré un BMW 320i (hola, chicas). Era azul marino y llevaba unas gafas de natación colgando del retrovisor. ¿Por qué? Porque una vez a la semana iba (tachán, tachán...) a nadar. Ninguna de esas cosas tenía nada que ver con el transporte y el ejercicio, pero me servían para hacer alarde de virilidad y recursos. Indicaba a las mujeres que debían acostarse conmigo. De modo que… sí, del dicho al hecho… Por otro lado, hay cierta lógica en justificar cierto nivel de alardeo: tener buen aspecto, participar en situaciones sociales donde hay oportunidades de apareamiento (como los festivales, las discotecas o Cancún).

Los seres humanos modernos estamos en desventaja por partida doble. Vivimos en un mundo de excesos, pero estamos hechos para un entorno de escasez. Y, para colmo, hemos basado el desarrollo de nuestra economía en la explotación de esa incongruencia. Por mucho que lo pensemos, no encontraremos una salida a este dilema.

Somos lo que hacemos

No faltan los consejos sobre desarrollo profesional, presupuestos e inversiones. Las estanterías de libros, internet e incluso las reuniones sociales y familiares están repletos de ellos. Pero de nada sirven si no se ponen en práctica. La brecha entre intenciones y acciones es un buen indicador del éxito futuro, en términos emocionales y financieros. Cuando describimos a las personas que admiramos, las llamamos «valientes», «emprendedoras» o «innovadoras». Todos esos términos son sinónimos de acción, más concretamente de personas propensas a la acción que llevan a la práctica sus valores, sus palabras y sus proyectos. En palabras de Carl Jung: «Somos lo que hacemos, no lo que decimos que vamos a hacer».

Por desgracia, nos bombardean con mensajes que nos dicen que hay atajos para salvar la brecha entre intenciones y acciones. Mientras se preparaba para escribir la guía de desarrollo personal *Los siete hábitos de la gente altamente efectiva*, Stephen Covey no se limitó a estudiar a las personas exitosas, también analizó la literatura dedicada a la consecución del éxito.[2] Descubrió que, a partir del período de la posguerra de la Segunda Guerra Mundial, se produjo un viraje de la «ética del carácter» a la «ética de la personalidad». Las obras más antiguas animaban a los lectores a desarrollar el carácter: a cultivar unos valores y unos principios, a construir el éxito sobre la base de virtudes como la templanza, la diligencia y la paciencia. Los consejos más recientes, en cambio, se centraban en cómo cambiar solo la personalidad, cómo presentarse ante los demás. Como reza el título del abuelo de estos libros de desarrollo personal: *Cómo ganar amigos e influir en las personas*.

Covey llevó a cabo su investigación en la década de 1980, pero basta con navegar un poco por internet para confirmar que la tendencia no ha hecho más que acelerarse. Las redes sociales están plagadas de «trucos de vida» (¿qué es eso del café de setas?), de consejos infalibles para ligar y otros «trucos raros». Por cada aspecto de nuestra vida hay una dieta milagrosa para mejorarlo. Lo que mantiene el flujo de consejos sobre la ética de la personalidad es el hecho de que pueden darte un empujón momentáneo, pero no funcionan durante períodos prolongados ni frente a una oposición seria. (Un metaanálisis de 121 estudios reveló que varias dietas de moda, al margen de la teoría que promovieran o del famoso que las promocionara, no tuvieron ningún efecto en el peso al cabo de un año.)[3]

Del mismo modo que quienes siguen dietas de moda recuperan inevitablemente el peso perdido, las tácticas para alcanzar el éxito son solo eso —tácticas basadas íntegramente en un comportamiento específico— y no duran. Si te dijese que el secreto del éxito es despertarse a las 5.30 de la madrugada, darse una ducha fría y correr ocho kilómetros, no es un mal consejo. Probablemente estarás más concentrado y serás más productivo cuando lo hagas, y a lo mejor puedes hacerlo durante unos días o incluso unas semanas si eres muy disciplinado. Pero la novedad pasa, y la oscuridad y el frío de la madrugada persisten. Durante la mayor parte de mi vida profesional me he rodeado de personas adineradas; algunas de ellas se despiertan a las 5.30 y se dan una ducha fría. Pero no es por eso por lo que tienen éxito. Esos hábitos son el resultado de una vida diligente y disciplinada. El carácter y el comportamiento son inextricables.

Defensas ancestrales contra tentaciones modernas

Los estoicos identificaron cuatro virtudes: coraje, sabiduría, justicia y templanza. Tengo la convicción de que en ellas reside la clave para resistir las tentaciones (y mucho más).

El **coraje** es perseverancia, lo que los pensadores modernos suelen llamar «agallas». Tenemos coraje cuando no dejamos que el miedo (a la pobreza, al ridículo, al fracaso) determine nuestras acciones. En cambio, somos diligentes, mantenemos una actitud positiva y confiamos en nosotros mismos. Los vendedores son maestros a la hora de explotar nuestros miedos e inseguridades. El coraje cuesta menos que un Chanel y es más efectivo.

La **sabiduría**, según la descripción de Epicteto, es la capacidad de «identificar y separar los asuntos para que uno pueda determinar por su cuenta y con claridad los factores sobre los cuales se tiene control y los factores externos sobre los que no se tiene control». Como dice Annie Proulx en *Brokeback Mountain:* «Cuando algo no tiene remedio, hay que aguantarse».

La **justicia** es el compromiso con el bien común, el reconocimiento de que somos interdependientes. El emperador estoico Marco Aurelio consideraba la justicia como «la fuente de todas las demás virtudes». Cuando procedemos con justicia, somos honestos y asumimos plenamente las consecuencias de nuestros actos. Es prácticamente imposible establecer buenos hábitos por uno mismo; al final de este capítulo veremos cómo nuestro carácter depende en parte de la comunidad.

La **templanza** es, a mi parecer, la virtud más importante, porque es la que más pone a prueba la cultura moderna. El capitalismo se nutre de nuestra falta de autocontrol, de nuestra obsesión por el estatus y el consumo. Y no solo en el sentido más evidente, el de las patatas fritas supergrandes y los bolsos de lujo. La sociedad occidental fomenta la complacencia no solo en el gasto, sino también en los arrebatos emocionales, en victimizar a los demás y a nosotros mismos. La templanza es la resistencia —o por lo menos la gestión— de todas nuestras complacencias.

Poco a poco

¿Cómo ponemos en práctica estas virtudes? ¿Cómo fortalecemos el carácter que hace del autocontrol una forma de ser natural e intuitiva, en lugar de una lucha constante contra los impulsos? Para empezar, podemos tomarnos las cosas con más calma.

Todos los días, tomamos centenares de decisiones más o menos importantes: qué desayunar, si ir o no al gimnasio, cómo responder al mensaje de Slack de un colega, qué hacer al final del día cuando por fin tengamos tiempo. Es propio de la naturaleza humana tomar esas decisiones de forma reactiva, sin pensar, basándonos en el instinto o en las emociones. Es la manera más rápida de hacerlo. En retrospectiva, tendemos a atribuir nuestra respuesta a las circunstancias: me salté el desayuno *porque* llegaba tarde, fui seco al responder *porque* el mensaje era un disparate, etc.

Recordemos la virtud estoica de la sabiduría: saber lo que podemos controlar. La línea es fácil de trazar; como precisó Marco Aurelio: «Se tiene poder sobre la mente, no sobre las circunstancias externas». El psicólogo Viktor Frankl observó: «Entre el estímulo y la respuesta hay un espacio. En ese espacio reside el poder para elegir nuestra respuesta. En nuestra respuesta reside nuestro crecimiento y nuestra libertad». No podemos controlar nuestro entorno, pero sí cómo respondemos.

Si eres capaz de encontrar ese espacio que describe Frankl, entre el estímulo y la respuesta, en tan solo algunas de las múltiples decisiones que tomas a diario, y tienes en cuenta tus valores, el plan que has trazado para ti mismo, desarrollarás músculo para la siguiente. Aunque solo sea una vez al día, si dices «yo controlo esto, mi respuesta es mi elección» y eliges el comportamiento que sabes que es correcto en lugar de reaccionar, habrás avanzado en el camino del estoicismo.

Esto no implica que no nos enfademos; yo me enfado a menudo, de hecho, demasiado a menudo. Tampoco implica no desanimarse, frustrarse o avergonzarse nunca. Son respuestas humanas normales a los contratiempos y los errores. El objetivo, sin embargo, consiste en reconocer la ira, el miedo o la codicia, pero no dejar que determinen nuestro comportamiento.

El carácter y el comportamiento pueden crear un ciclo de refuerzo. Empieza con algunos comportamientos elegidos y, poco a poco, desarrollarás el carácter para abarcar más.

Hábitos

El ciclo puede potenciarse mediante la adquisición de hábitos. Los hábitos saludables canalizan la tendencia reactiva del cerebro hacia la respuesta proactiva deseada. En las últimas décadas, ha habido un creciente interés científico y cultural por «el poder de los hábitos», como lo denomina el libro más famoso sobre el tema. Resulta que gran parte de lo que hacemos lo hacemos por costumbre, lo cual es muy conveniente. Si tuviéramos que procesar conscientemente cada decisión, no pasaríamos del desayuno.

El secreto está en entrenar proactivamente nuestros hábitos para que la respuesta automática a los estímulos coincida con la respuesta que elegiríamos si tuviéramos tiempo para meditar la decisión. Cuanto más nos entrenemos para dar la respuesta habitual deseada en diversas situaciones, más energía emocional y cognitiva tendremos para hacernos cargo de las decisiones y reacciones más importantes, y más difíciles.

Existen varios marcos para la formación intencionada de hábitos. En *El poder de los hábitos*, Charles Duhigg describe el ciclo «señal, rutina, recompensa». Por su parte, James Clear, el autor de *Hábitos Atómicos*, prefiere «señal, anhelo, respuesta, recompensa». Seguramente existen otros. Como el estoicismo y el budismo, son caminos similares que conducen al mismo lugar.

Hazlo ya

Un jueves por la noche de finales de 2016, escribí mi primer artículo de blog. El equipo de mi empresa, L2, había estado deliberando sobre cómo darnos a conocer y se nos ocurrió la revolucionaria idea de empezar un blog, apenas veinte años después de que los blogs fueran una novedad. Yo ya escribía bastante como parte de mi labor cotidiana (cartas a los inversores, presentaciones para los clientes, etc.) e intentaba hacerlo con un estilo incisivo y colorido. Pero no me habría definido como escritor. Tampoco me habría considerado capaz de comprometerme a *nada* todas las semanas. Siempre fui más de «cuando me apetezca». En cualquier caso, la primera publicación fue bastante fácil: critiqué a Zuck y me burlé de los hábitos de ligoteo de los directivos de Silicon Valley, y mi equipo incluyó algunos gráficos bonitos. Lo llamamos «No Mercy, No Malice» [Sin piedad, sin malicia] y lo enviamos por correo electrónico a nuestra lista de clientes, compuesta por unas dos mil personas. Incluso recibimos algunos comentarios positivos.

Luego, como cada semana, volvió a ser jueves, lo que significaba que debía escribir otro artículo para el blog. El segundo fue menos original y más laborioso. Pero lo hice y lo enviamos. Y a la semana siguiente, otro. Puedes hacerte una idea de mi estado de ánimo al tercer jueves por el título de ese artículo: «Cada día me odio un poco menos». Ya no era divertido, pero era cada vez más gratificante; el blog había crecido en relevancia y publicábamos contenido decente… todas las semanas. Mi cerebro asoció los momentos de escritura con la satisfacción de que otros leyeran mi trabajo y respondieran. Las noches de jueves se convirtieron en una señal y, aunque la escritura en sí no se tornó más fácil, la decisión de sentarme frente al ordenador a escribir las primeras líneas se volvió un hábito. Al cabo de un par de años, ya era capaz de cumplir los plazos y producir unos textos de calidad uniforme. Mi hábito se había convertido en mi identidad. Era escritor.

Hoy, los artículos de *No Mercy* son mejores, más extensos y más analíticos. El blog ganó un premio Webby en 2022 y llega a más de 500.000 personas todas las semanas. Se sustenta en un principio clave que suscribo: la grandeza es fruto de las acciones de muchos. En Prof G Media hay un equipo de personas que trabajan en todos nuestros canales, incluido *No Mercy/No Malice*. Aun así, los jueves por la noche, me siento en el sofá con mis perros y un Zapaca y me pongo manos a la obra. Porque soy escritor.

Este libro, el quinto de mi autoría, me parece casi imposible. Imposible que el primero haya sucedido. Haber concebido, escrito, editado y publicado un libro. También podría no haber escrito nunca un esbozo, no haberlo presentado nunca a un agente, no haber renunciado a los fines de semana y a las salidas nocturnas, salvo que no lo hice. Sí, era una buena idea, pero eso representa (como mucho) un 10 por ciento del valor. El otro 90 por ciento ocurre todos los jueves por la noche. Todo el mundo debería preguntarse: «¿Qué es lo que debería hacer sin más dilación? ¿Qué debería empezar hoy mismo?». James Clear, cuyo libro *Hábitos Atómicos* ha vendido unos 8.000 millones de ejemplares, lo expresa así: «Tu identidad surge de tus hábitos».[4]

Fortalecer el carácter

Esa es la mecánica, los principios básicos. El modo de llevarlos —o no— a la práctica es personal, pero no tiene por qué ser privado. No soy (todavía) un dechado de comportamientos virtuosos y buenos hábitos, pero en los últimos quince años he descubierto algunas cosas que a mí me funcionan. No es casualidad que esos hayan sido también los años de mi mayor crecimiento económico y los más ricos en relaciones.

No siempre ha sido así. Pasé los primeros cuarenta años de mi vida persiguiendo alguna forma de relevancia occidental que me proporcionase más picos de dopamina. Véase al inicio del capítulo «yo era excepcional» (eso creía). Era insaciable; nunca tenía suficiente. Mi primer matrimonio y la atención requerida por dos de mis empresas exitosas me sirvieron de contención durante algún tiempo, pero a los treinta y tres años me divorcié y me aparté de la gestión activa de ambas empresas. Había decidido conscientemente que quería *desconectar*: de mi matrimonio, de mi comunidad y de nuestros amigos. Había discernimiento en aquel impulso —lo que tenía en ese momento claramente no me funcionaba—, pero estaba enterrado bajo una tonelada de egoísmo.

Me mudé a Nueva York, donde todo giraría en torno a Scott. Trabajaría un poco, entablaría falsas amistades (más compañeros de juerga que amigos) y no dependería de nadie ni sería de fiar para nadie. Sería una isla viviendo en una isla. Tom Wolfe dijo: «Uno pertenece a Nueva York al instante». También descubrí al instante que me gustaba estar solo. Tal vez por ser hijo único o porque poco a poco me fui pareciendo más a mí mismo, un introvertido. Podía pasar días enteros sin relacionarme con nadie, y no me importaba.

Daba clases en la Universidad de Nueva York, salía de juerga al Lotus y al Pangea, pasaba las vacaciones en San Bartolomé y, de vez en cuando, asesoraba a un fondo de inversión libre; todo eso se me daba bien. El egoísmo se me daba bien. Había involucionado al estado de cavernícola y solo salía de mi apartamento para comer, tener sexo o cazar (hacer dinero). Era una vacua experiencia que me proporcionaba el placer justo para seguir adelante.

Hoy veo más claramente mis defectos de *entonces*. En lugar de dirigir mis energías según una brújula interna, reaccionaba al estímulo más urgente en mi campo de visión inmediato. El estímulo que atraía mi atención con más urgencia era el dinero, no como un medio para alcanzar seguridad económica, sino para alimentar mi adicción: la aprobación de los demás. Deseaba cosas bonitas y poder cuidar de mi madre, pero contemplaba mi valía a través de ojos ajenos y confiaba en el criterio de los demás respecto del éxito económico. Y lo conseguí. Alcancé estatus y encontré placer, pero la verdadera seguridad económica y la felicidad duradera se me escaparon. No conocía otra forma de ser.

¿Qué cambió? El estímulo externo: el nacimiento de mi primer hijo. Pero el cambio externo es solo una oportunidad. Aún debía cruzar el umbral. La vergüenza y el remordimiento que sentí fueron un estímulo para hacer balance y una motivación para emprender cambios. Entonces comenzó realmente mi viaje. Estas son algunas de las cosas que descubrí en el camino. Empezaré con algunas cosas que he aprendido sobre lo que *no* funciona y luego abordaré algunas de las que sí.

Trabajar mucho no equivale a tener carácter

Esta es la gran mentira del mundo laboral, desde Wall Street hasta Silicon Valley: trabajar muchas horas implica ser disciplinado, virtuoso y fuerte. Esta falsa equivalencia fue mi filosofía durante años. Yo era disciplinado en el trabajo. Trabaja afanosamente, incluso cuando no creaba riqueza. Me engañaba a mí mismo creyendo que por trabajar a destajo tenía carácter.

Cuando tenía veinte años y trabajaba en Morgan Stanley, trasnochar era sinónimo de virtud. «¿Hasta qué hora te quedaste anoche?» era el reto del que se jactaba orgulloso el lomo plateado con tirantes de Hermès que presentábamos al mundo. Hoy es la pornografía del ajetreo y los batidos sustitutivos de comidas que te ahorran los tres minutos que tardarías en preparar un sándwich de pavo.

En el siguiente capítulo, defenderé el trabajo duro por considerarlo fundamental no solo para la seguridad económica, sino también para el desarrollo personal. «Haz cosas difíciles» es de los mejores consejos que pueden darnos. Sin embargo, aunque el trabajo duro es *necesario* para el éxito personal y profesional, no es *suficiente* y, más importante aún, **no es el objetivo**. Por sí solo, es quemar energía al vacío capitalista. Uno debe fortalecerse para cuidar de los demás; adquirir poder para hacer justicia. Pero trabajar por trabajar es masturbación económica.

Muchos utilizan el trabajo como un pretexto. Se escudan en él para no pasar tiempo con su pareja, para desatender la salud o para justificar la grosería, la crueldad y la explotación. Ya he dicho antes que la búsqueda de riqueza es siempre una tapadera. Equiparar el trabajo duro con el carácter es taparse las orejas con las manos y cantar «Roxanne» para acallar lo que realmente nos mueve, los asuntos de los que deberíamos ocuparnos.

El trabajo duro es necesario, pero tiene un coste. ¿Lo estamos reduciendo al máximo o lo estamos ignorando? Un buen indicador son los gastos. Cuando me remonto a mis veinte y treinta años, me doy cuenta de que me faltó disciplina de gastos. Me *merecía* cosas bonitas porque trabajaba a destajo (me decía a mí mismo). *No me hacía falta* ahorrar porque trabajaba mucho y siempre habría más (me decía a mí mismo). Ninguno de los consejos que ofrezco en el capítulo siguiente, «Concentración», llevarán a buen puerto a menos que se adopten también los consejos sobre gasto y ahorro del capítulo que le sucede, «Tiempo».

La falsa equivalencia entre trabajo duro y carácter esconde otros fallos más importantes que los malos hábitos de gasto. Mi mayor falta, en los primeros dos decenios de mi carrera, fue no haber invertido en otras personas ni en relaciones. El trabajo duro fue una magnífica excusa para ello. Todo se retroalimentaba: ni las amistades por conveniencia ni los compañeros de juerga me iban a pedir cuentas; menos aún que dejara de gastar. La riqueza es un proyecto personal integral.

Si el objetivo es el dinero, nunca habrá suficiente

En la década de 1970, los psicólogos Donald Campbell y Philip Brickman estudiaron la felicidad y observaron un hecho persistente: los cambios en las circunstancias vitales tienen un efecto poco medible en la felicidad a medida que nos adaptamos a la nueva realidad. Uno de los estudios que llevaron a cabo comparaba a personas que habían ganado grandes premios de lotería con personas que habían quedado parapléjicas. En contra de lo que cabría esperar, los ganadores de lotería no eran más felices que el grupo de control, y los parapléjicos solo eran ligeramente menos felices, además de expresar el mayor nivel de optimismo con respecto al futuro.[5] Estudios posteriores realizados con distintos grupos de ganadores de lotería y premios de diferentes cuantías han revelado en ocasiones aumentos mensurables de la felicidad, pero nada parecido al salto cuántico que cabría esperar de la riqueza repentina.[6]

Campbell y Brickman acuñaron el término «rueda hedónica» para describir lo que observaron en los datos: por mucho que avancemos aparentemente hacia nuestro objetivo, seguimos en el mismo sitio, solo que la rueda gira más rápido.

El historiador Yuval Noah Harari, el autor de *Sapiens*, escribió: «Una de las pocas leyes de hierro de la historia es que los lujos tienden a convertirse en necesidades y a engendrar nuevas obligaciones». La inflación del estilo de vida es inevitable; es una carrera armamentista. Desde la ropa vieja que te hace sentir mal vestido al lado de los trajes de diseño de tu colega (a lo mejor el teletrabajo nos ahorra ese gasto) hasta las clases de apoyo para tu hijo de seis años que compite con niños que tienen dos profesores particulares (prácticamente no hay nivel de ingresos que tu retoño no consuma).

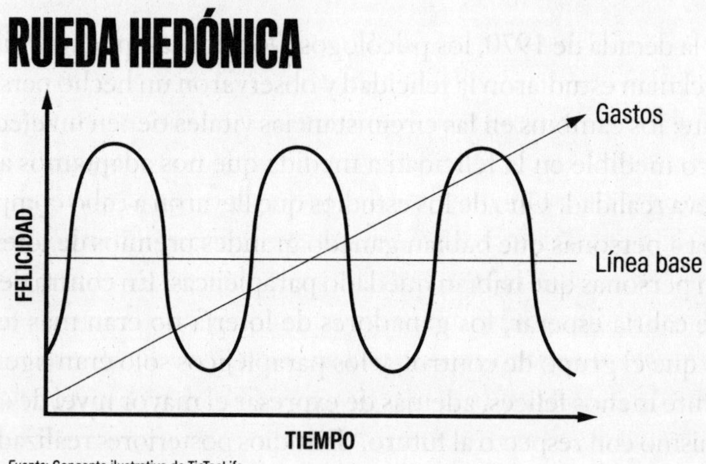

Fuente: Concepto ilustrativo de TicTocLife.

Cada mejora gradual del estilo de vida hará que todos los demás aspectos de tu vida parezcan estar descuidados y necesitar un cambio radical. Y cada mejora te acercará más a la siguiente, que ya no te parecerá ni tan inalcanzable ni tan descabellada. No se trata de mejoras frívolas. Probablemente te casarás y tendrás hijos, lo que naturalmente hará que te preocupes por tener la mejor atención sanitaria, comer más sano y conducir un coche más seguro. También querrás asegurar tus ingresos y las cosas buenas que has comprado. Aumentar los ingresos más rápido que la capacidad de la mente para aclimatarse al nuevo nivel es raro e improbable.

Soy miembro de algo llamado Barton & Gray, que es básicamente la propiedad compartida de un barco. Yo nunca me compraría un barco; primero porque no me gusta navegar, y segundo porque todos los que conozco que tienen uno siempre se quejan de lo mucho que cuesta y lo difícil que es mantenerlo. En fin, con Barton reservas uno y aparece un tipo con un alto coeficiente emocional en un gran barco provisto de Zacapa, hielo y anacardos. Te lleva a navegar con tu familia toda la tarde, luego (y aquí viene la mejor parte) te deja de vuelta en el muelle y se va.

El otro día, al zarpar del puerto de Palm Beach en un barco de Barton & Grey, vi un yate increíble. Aunque en general las embarcaciones no me llaman la atención, en ese momento pensé: «Cómo me gustaría tener ese barco». Un amigo que viajaba con nosotros (en el barco que desde entonces me parece barato) dijo que el dueño de ese yate era Eric Schmidt (el ex consejero delegado de Google). Nada mal. Pero entonces, cuando pasamos junto al barco de Schmidt, vimos, justo detrás, el yate encargado por Steve Jobs (que murió antes de que estuviera terminado). El de Eric es más grande, pero el de Steve tiene mucho más estilo. Mi primer pensamiento fue: «Existe una remota posibilidad de que Eric esté ahora mismo al otro lado del barco contemplando la embarcación diseñada por Jobs y pensando: "Cómo me gustaría tener ese barco"».

Siempre habrá un barco mejor, un coche más rápido, una casa más bonita. Pero al menos existe la posibilidad de saciarse o, por lo menos, de unos límites prácticos. Al final, uno se queda sin amarre. Lo realmente pernicioso son las recompensas abstractas. Hay un gran capítulo de la serie cómica *Fraiser* (un programa brillante) en que Frasier y su hermano Niles consiguen acceder a un exclusivo spa y, una vez allí, descubren que existen varias categorías VIP. Finalmente, satisfechos con lo que creen que es la categoría más alta, encuentran una puerta de platino a otra categoría más, y su experiencia se devalúa de inmediato. «Esto solo es un paraíso para los que no pueden entrar en el verdadero paraíso», exclama Niles.

¿Y quién es el rey de las recompensas abstractas? El propio dinero. Porque es solo un número, y los números son infinitos. Por tanto, nunca tendremos suficiente. Luke Skywalker prometió a Han Solo que la recompensa por rescatar a la princesa Leia sería «más riqueza de la imaginable». La respuesta de Han fue: «No lo sé, tengo mucha imaginación». Ese es el problema en una sociedad regida por el dinero: todos podemos imaginar más.

Además de que siempre habrá más, el dinero presenta la desafortunada característica de que cuanto más tenemos, menos vale. Los economistas se refieren a esto como «utilidad marginal decreciente». Si tienes 100 dólares en la cuenta corriente, cada dólar extra cuenta y 1.000 dólares pueden salvarte la vida. Si tienes 10 millones de dólares en la cuenta, 1.000 dólares más son irrelevantes.

Los trabajos de investigación sobre la felicidad y el nivel de ingresos lo confirman. Contrariamente a las conclusiones de estudios anteriores, las investigaciones más recientes (por lo menos hasta 2023) apuntan a que los ingresos más altos *se asocian* con una mayor felicidad, pero el aumento de la felicidad no sigue al aumento de los ingresos y, para algunas personas, no existe correlación con unos ingresos más altos.[7] El aumento de felicidad asociado con el salto de ingresos de 60.000 a 120.000 dólares es idéntico al asociado con el salto de 120.000 a 240.000 dólares; luego hay que alcanzar los 480.000 dólares para volver a registrar el mismo salto de felicidad. Estos hallazgos concuerdan con el concepto de utilidad marginal decreciente. Cuanto más tenemos de una determinada cosa, menos beneficio obtenemos de ella por unidad. Cuanto más ganamos, menos aprovechamos.

El dinero es la tinta de tu pluma, pero no tu historia. Puedes escribir nuevos capítulos y hacer que algunos sean más felices, pero el arco narrativo depende de ti.

Suficiente

La rueda no tiene por qué ser una trampa. No puedes salir de ella, pero, cuando te das cuenta de cómo funciona, puedes dejar de ser su esclavo. Las investigaciones apuntan a que la genética predetermina hasta el 50 por ciento de nuestro nivel de felicidad.[8] Esto concuerda con nuestra experiencia vital: todos conocemos a personas que casi siempre están animadas y alegres y a otras que parecen estar siempre deprimidas. Un apunte: ambas son un fastidio. Ahora bien, la predisposición genética del 50 por ciento deja el otro 50 bajo nuestro control. No es producto de las circunstancias, la suerte o cualquier otra cosa.

El afán por mover la rueda es innato, y también *útil*. La clave está en dirigir las recompensas externas para poder permitirse el lujo de centrarse en la realización interior. Los jóvenes *deben* sentirse motivados por el dinero, pero como un medio para un fin, y concentrar su atención en alcanzar cierto nivel de seguridad económica. Más allá de eso, es una cuestión personal; más dinero puede reportar más felicidad y nuevas oportunidades, pero los rendimientos pueden llegar a ser negativos en un momento dado. La obsesión por la carrera y el dinero (muy por encima de lo que se podría gastar) empieza a mermar lo que es fuente de verdadera satisfacción: las relaciones. Séneca, el gran estoico romano, escribió: «No hay dicha en poseer algo valioso a menos que se tenga con quién compartirlo». Muchas personas exitosas se dan cuenta de ello cuando solo tienen posesiones valiosas.

Suerte

Al reparar en mi éxito, observo que este se reduce sobre todo a dos cosas: el haber nacido en Estados Unidos en la década de 1960 y el haber tenido a alguien en mi vida que sentía una pasión irracional por mi éxito (mi mamá). Mi madre, a pesar de haberse criado en un hogar donde había poco afecto, siempre me colmó de cariño. Para mí, eso marcó la diferencia entre esperar que alguien creyera que yo era maravilloso o digno y tener la certeza de ello.

El indicador más fiable del éxito es el lugar y la época de nacimiento. Sin embargo, la cultura occidental predica la independencia y la autosuficiencia, y el mensaje implícito es que los resultados —ya sean buenos o malos— son únicamente fruto de nuestros esfuerzos. Cuando no reconocemos el inmenso papel que desempeña la suerte (y, en general, las fuerzas que escapan a nuestro control) en los resultados, extraemos de ellos las lecciones equivocadas y reducimos nuestras posibilidades de éxito futuro.

Las personas exitosas tienden a subestimar la cuota de suerte que ha contribuido a su éxito, y esto les trae problemas. Corren el riesgo de sobrestimar sus habilidades y malgastar su riqueza en empresas que no son de su incumbencia. Esto puede ocurrir con independencia del nivel de éxito: desde un ejecutivo de ventas júnior que gana 100.000 dólares al año y lo pierde todo en operaciones intradía hasta un multimillonario que compra un equipo de fútbol. Nunca se es más vulnerable a un error mayúsculo que después de un logro importante, cuando uno empieza a creerse la falacia de que el éxito es mérito propio. Sí, eres una persona brillante y trabajadora, pero la grandeza es fruto de las acciones de muchos y el momento oportuno (entre otras características de la suerte) lo es todo.

Cada persona es diferente en este sentido, pero, en términos generales, tendemos a atribuirnos rápidamente los méritos de los resultados positivos y a culpar a fuerzas externas de los negativos (lo que a veces se denomina sesgo de atribución). Piensa en los últimos resultados profesionales y personales importantes. Cuando tuviste éxito: ¿a qué se debió? Y cuando no alcanzaste la meta: ¿Cuál fue la causa del fracaso? Rara vez hay un resultado que no presente una mezcla de ambos, así que si estás poniendo todas las causas en la misma cesta o notas un claro sesgo al justificar tus aciertos y tus fracasos... Bueno, probablemente significa que eres un ser humano.

Dejando a un lado el sesgo de atribución, ignorar el papel de la suerte es igual de peligroso para los que no tienen éxito.

Se trata de la perniciosa contracara de la filosofía «puedes hacer cualquier cosa que te propongas». Porque ello implica que, si no tienes éxito, debe ser culpa tuya. Lo cierto es que todos cometemos errores y que la gran mayoría de los fracasos son atribuibles al error. Pero mucho depende de la suerte, de situaciones que escapan a nuestro control. Una emprendedora cuya primera iniciativa fracasa no es una fracasada, sino una empresaria más lista y con más ambición.

He cosechado muchos fracasos en mi vida. Pero el afán por superarlos me ha permitido triunfar. Nos centramos en las bases tradicionales del éxito: estudiar, asumir riesgos, hacer contactos, etc. Sin embargo, he descubierto que el atributo más importante es, como dijo Churchill, «la capacidad de afrontar el fracaso sin perder el entusiasmo».

Nada es ni tan bueno ni tan malo como parece

Es mucho más fácil seguir el consejo de Churchill si ponemos en perspectiva nuestros fracasos (y nuestros aciertos). Así como tendemos a infravalorar la suerte, sobrestimamos enormemente la importancia del momento presente. Esto es especialmente cierto cuando somos jóvenes. Extrapolamos el futuro a partir de nuestro estado emocional actual, cuando, en realidad, volveremos inevitablemente a la línea base de partida. Debemos desarrollar la fortaleza de carácter para sentir el dolor y disfrutar del placer, pero reconocer la eterna verdad: «Esto también pasará».

Una encuesta realizada a personas mayores reveló que lo que estas más lamentaban era haberse preocupado más de la cuenta.[9] Cuando miramos atrás, nos percatamos de que las cosas que realmente nos afligían no eran para tanto. Del mismo modo, más tarde nos damos cuenta de que esos momentos en que todo salió a pedir de boca se debieron en gran medida (véase antes) a la suerte.

Adquirir esta perspectiva es más fácil si puedes distinguir el acontecimiento de tu percepción y tu reacción. En *El obstáculo es el camino*, Ryan Holiday lo explica así: «No hay bien ni mal fuera de nosotros, solo percepción. Hay sucesos, y la historia que nos contamos a nosotros mismos sobre su significado».[10] Que no se malinterprete, los sucesos importan, pero nuestra percepción inmediata de ellos suele ser desmedida, reactiva y emocional. Los medios de comunicación modernos empeoran aún más las cosas con su tendencia a convertir cada giro de los acontecimientos en una catástrofe. No dejes que ello nuble tu perspectiva.

Ira, indiferencia y venganza

Tengo problemas con la ira. Me perjudica y ha sido un verdadero obstáculo para mi éxito y mi realización. Se trata de un rasgo heredado. Mi padre no hablaba mucho, al menos conmigo. Era un hombre encantador, intenso y proclive a los arrebatos de ira. Como muchos jóvenes, yo tenía adoración por mi padre. Cuando me recogía para pasar el fin de semana con él, me sentaba en el asiento del acompañante y lo observaba. De pronto, empezaba a hablar solo, pero no con él mismo. Con un tercero. ¿Quizá con alguien del trabajo? Fuera quien fuese, se enardecía y profería insultos entre dientes a su interlocutor imaginario. Siempre estaba enfadadísimo.

Cuando algo o alguien me saca de mis casillas, me cuesta superarlo. Hasta los cuarenta años, llevé conmigo (a todas partes) una libreta de puntuación imaginaria. Toda ofensa, grosería o falta de respeto debía ser contrarrestada con un contraataque equivalente para devolver el equilibrio al mundo. Dios mío, qué derroche de energía. No cometas ese error. No sabes lo que le pasa a la otra persona, puede que la hayan despedido, se haya divorciado o se haya enterado de que su hijo tiene diabetes. A lo mejor simplemente es cruel. ¿A quién le importa? No debería importarte en absoluto. No tienes por qué responder a toda ofensa o pequeña injusticia.

Se dice pronto, claro. Expresar la ira es útil a corto plazo, libera presión. El peso de un agravio no resuelto puede llegar a ser tan pesado como la rabia contra él. Toda persona o situación que se quede viviendo en tu cabeza sin pagar alquiler es un ocupa. Esa energía y ancho de banda podrían emplearse mejor en otra cosa.

El enfoque estoico de la ira consiste en cultivar la indiferencia. No podemos controlar lo que hacen los demás, pero sí nuestra respuesta. Algunas personas meditan para despejar por completo la mente. A mí me parece prácticamente imposible. Lo que hago, en cambio, es entrenarme para arrojar a la gente a la oscuridad. A la oscuridad de mi mente, quiero decir. En primer lugar, hago lo que recomienda la analista Lyn Alden: «No veas a tus enemigos como enemigos, sino como personas. Deja que crean que eres su enemigo, aprende de ello y sigue tu camino». Intento comprender qué puedo aprender (por ejemplo, qué hice yo para motivar esa acción, si podría reparar la situación o la relación, etc.). Luego arrojo a la persona a la oscuridad e intento no volver a pensar en ella.

Debo admitir, sin embargo, que a veces no es suficiente. Algunas personas se resisten a permanecer en la oscuridad. Pero no importa, porque sé cómo vengarme. Hace veinticinco años, Hamid Moghadam (el consejero delegado de ProLogis) me dijo algo que me ayudó ostensiblemente a gestionar mi ira y pongo en práctica todos los días. Llevaba años enzarzado en una disputa con Sequoia Capital, en concreto con un socio que me parecía tremendamente mezquino (véase antes: «Me cuesta superarlo»). Al oír mis quejas, Hamid me interrumpió y dijo: «Scott, la mejor venganza es vivir bien». Gran consejo.

Sudar la gota gorda

Uno de los consejos financieros más relevantes que puedo ofrecer no está directamente relacionado con las finanzas: Haz mucho ejercicio. Posiblemente sea lo más eficaz que puede hacer uno para mejorar en términos generales la calidad de vida a corto y largo plazo. Entre las numerosas personas de alto rendimiento que he conocido o con las que he trabajado, hay madrugadores y noctámbulos, maniáticos del orden y genios despistados, introvertidos y extrovertidos, pero, sin duda, la característica observable común en todos ellos es el compromiso con el ejercicio. En esto la ciencia me respalda. Una revisión de más de sesenta estudios sobre entornos, culturas y profesiones concluyó: «Las pruebas científicas de la eficacia del ejercicio físico en el lugar de trabajo para la productividad son irrefutables».[11] Elige un ejercicio que te guste. Será tiempo bien invertido y ganarás en salud y productividad.

En mi experiencia, el ejercicio devuelve el tiempo que le dedicas: si dedicas cuatro o seis horas a la semana a hacer ejercicio, recuperarás esas horas porque tendrás mucha más energía, ganarás en salud mental y podrás trabajar más. Como ocurre con muchas otras cosas, el ejercicio y el carácter forman un círculo virtuoso: cuanto más ejercicio hacemos, más fuerte se vuelve nuestro sentido de propósito, y cuanto más fuerte es nuestro sentido de propósito, más ejercicio hacemos.[12] El estrés laboral causa estragos en el sistema nervioso, y el ejercicio nos ayuda a regularlo. Produce neuroquímicos que mejoran el estado de ánimo y la calidad del sueño. Una revisión de noventa y siete estudios independientes concluyó que el ejercicio es un 50 por ciento más eficaz como tratamiento para la depresión que la terapia o los fármacos.[13] El periodista Steven Kotler, que ha hecho carrera estudiando a personas excepcionales de alto rendimiento, lo explica de forma sencilla: «El ejercicio es innegociable para rendir al máximo».[14]

Cualquier actividad física vale, desde una caminata a paso ligero por el barrio hasta una escalada, pero, si no has practicado ejercicio últimamente, empieza por la caminata. La marcha ha de ser lo bastante rápida para aumentar el ritmo cardíaco; ello despejará la mente y mejorará el humor. La idea es ir construyendo sobre esa base.

Soy un gran aficionado a los entrenamientos cortos de alta intensidad y el levantamiento de pesas. En nuestra cultura se ha desarrollado todo un mito en torno a esta última actividad. La gente cree que reduce la flexibilidad (aunque hace todo lo contrario) y que crea un cuerpo voluminoso (solo si se entrena para ello). De hecho, el entrenamiento de resistencia mejora el estado de ánimo y la memoria, y tiene beneficios para la salud a largo plazo.[15] Sé por experiencia que me ha hace sentir seguro y poderoso. (Aquí solía decir que deberías aspirar a ser lo suficientemente fuerte para que, al entrar en una habitación, sientas que puedes matar y comerte a todos los que están en ella. Curiosamente, me dijeron que era pasarse de la raya.)

El álgebra de las decisiones

La vida es un cúmulo de decisiones, grandes y pequeñas. Es extraño que la «toma de decisiones» no sea una asignatura reconocida, obligatoria en la escuela secundaria. Debería haber en las librerías una sección dedicada a ello. El segundo presidente Bush fue muy criticado por afirmar «soy el que toma las decisiones», pero estaba diciendo algo profundo sobre la naturaleza de su trabajo. Lo mismo que quiso decir Truman con la placa AQUÍ RECAE LA RESPONSABILIDAD ÚLTIMA sobre su escritorio. En la Casa Blanca hay un equipo de especialistas que toman todas las decisiones fáciles y la mayoría de las difíciles. Las únicas decisiones que llegan al despacho del presidente son las brutales e irresolubles. Nosotros también tomamos decisiones de ese tipo en nuestra vida, y no tenemos ningún equipo que se encargue de las otras. Así que vale la pena dedicar algo de tiempo a reflexionar sobre cómo tomamos las decisiones y cómo podemos tomarlas mejor.

Dicho esto, la idea es tomar más decisiones acertadas que erradas. Los instintos son una guía fiable para la supervivencia y la reproducción, pero el mundo complejo en que vivimos ofrece un número exponencialmente mayor de retos y recompensas. Personalmente, he aprendido que necesito un marco, un conjunto de valores que me ayuden a definir cómo quiero vivir y me sirvan de prisma para filtrar mis ideas.

- Para mí, el principio capitalista de competencia de mercado es importante. ¿Qué creará más valor? ¿Cuál será la jugada más acertada, aunque difiera de la que yo creo que *debería* ser?
- También he aprendido a atender a mis emociones, pero no a seguir necesariamente sus dictados. Las corazona-

das son útiles, pero hay que saber distinguir entre la sabiduría que emana del subconsciente y la amígdala pulsando el botón del pánico. O el de la codicia (lujuria). Ese sí que te hará cometer una metedura de pata atroz.

- Como describo más adelante en este capítulo, contar con el consejo de otras personas es fundamental a la hora de tomar grandes decisiones.
- Por último, procuro meditar las decisiones más importantes a la sombra de la muerte. *Memento mori*, decían los estoicos. «Recuerda que morirás.» ¿Suena demasiado siniestro? No debería. Soy ateo y estoy convencido de que cuando se acaba, se acaba de verdad. Como dijo Frida Kahlo: «Espero que mi salida sea gloriosa y espero no volver nunca más». Ponerme allí, al borde de la muerte, me ayuda a revisar mi vida y a sopesar las decisiones que me traerán sosiego. Sé que al final estaré más disgustado por los riesgos no asumidos que por las consecuencias de los que asumí.

Con todo, seguiremos errando en muchas de nuestras decisiones; de hecho, parte de esta habilidad esencial para la vida consiste en saber encajar los errores. Cuando era más joven, tenía la convicción de que podía hacer que cualquier decisión fuera la correcta mediante el liderazgo y la persuasión. Me centraba más en demostrar que mis decisiones eran acertadas (porque soy increíble, claro) que en tomar las mejores decisiones. Reconozco que tomar decisiones rápidas tiene sus ventajas; la rapidez puede compensar, en cierto modo, los desatinos. Pero una cosa es ser decidido y otra muy distinta alérgico a la corrección del rumbo. La gente suele confundir esto último con tener principios, pero no es así. **Nuestras decisiones son**

una guía y un plan de acción, no un pacto suicida. Debemos estar dispuestos a evolucionar, a cambiar de parecer a la luz de nuevos datos, opiniones y argumentos convincentes. Un paso atrás en el camino errado es un paso en la dirección correcta.

El dueño de una pequeña empresa exitosa me dijo hace poco que, en su experiencia, no son los que toman las *mejores* decisiones los que salen ganando, sino los que toman *más* decisiones. Así se obtiene experiencia e información y se puede mejorar. Cada decisión es una oportunidad para pivotar, para cambiar de rumbo, y cuantas más decisiones tomes, menores serán los riesgos de tomar malas decisiones. Acumular decisiones acertadas genera confianza; acumular las desacertadas crea cicatrices.

Formar una comunidad fuerte

Un error que me frenó durante mucho tiempo fue no reconocer que necesitaba a otras personas y debía invertir en ellas. La comunidad es polifacética, desde la familia y los mentores hasta la red profesional y la miríada de proveedores, socios, colaboradores y personas aleatorias con las que nos relacionamos cada día. Las personas más exitosas que conozco generan muchísimo valor a través de su comunidad y lo devuelven con creces.

Un aspecto fundamental del carácter, que además contribuye al éxito, es reconocer nuestra interdependencia y confiar en ella. En *Los siete hábitos de la gente altamente efectiva*, Covey describe tres formas de relacionarnos con los demás: la dependencia, la independencia y la interdependencia. La independencia se halla entretejida en el espíritu estadounidense. Sin embargo, es francamente difícil de mantener e improductiva a largo plazo. Incluso puede ser tóxica, ya que se convierte fácilmente en egoísmo. En cambio, Covey emplea el término *interdependencia* para referirse al tipo de relaciones que entablan las personas exitosas. En la filosofía estoica, el concepto equivalente es la *sympátheia*, la idea de que, en palabras de Marco Aurelio, «todas las cosas se entrelazan unas con las otras y todas, en este sentido, guardan afinidad entre sí». Por lo tanto, escribió: «Como existen los miembros del cuerpo en los individuos, también los seres racionales han sido construidos, por este motivo, para una idéntica colaboración, aunque en seres diferentes».

Cuidado con la estupidez

Nuestras acciones repercuten en nosotros mismos así como en las personas que nos rodean. Debemos aspirar al beneficio de ambos. En *Las leyes fundamentales de la estupidez humana*, Carlo Cipolla representa en una matriz de 2 × 2 esos dos grupos y nuestro impacto en ellos.

LA MATRIZ DE LA ESTUPIDEZ SEGÚN CIPOLLA

LOS INCAUTOS: Contribuyen a la sociedad aun cuando ellos no prosperan (por ejemplo: el artista muerto de hambre)	**LOS INTELIGENTES:** Canalizan su intelecto en beneficio propio y del bien común
LOS ESTÚPIDOS: Destructivos para ellos mismos y para la sociedad	**LOS MALVADOS:** Inútiles para la sociedad, pero lo suficientemente astutos para sacar provecho de ella

Fuente: Carlo Cipolla, *Las leyes fundamentales de la estupidez humana.*

En el cuadrante inferior izquierdo (nota: procuremos no situarnos allí), define al estúpido como aquel que perjudica a otras personas sin obtener ninguna ganancia para sí mismo, e incluso incurriendo en pérdidas. Siempre e inevitablemente subestimamos el número de individuos estúpidos en circulación, ya que la probabilidad de que cierta persona sea estúpida es independiente de cualquier otra característica o los títulos obtenidos (por ejemplo, podría tener un doctorado o ser presidente). Nosotros (los no estúpidos) somos vulnerables a los estúpidos y a sus acciones, puesto que tenemos dificultades para imaginar y comprender su comportamiento errático y construir una defensa racional contra un ataque carente de estructura racional y maniobras previsibles. En palabras de Friedrich Schiller: «Contra la estupidez, los propios dioses luchan en vano».

Reconozcamos que la estupidez existe, aprendamos a evitarla y aspiremos a ser «inteligentes», lo cual también existe… y es algo noble.

La grandeza es fruto de las acciones de muchos

La caricatura habitual representa a los ricos como el personaje del señor Burns de *Los Simpson*: confabuladores y deshonestos, enriquecidos a costa del sacrificio de otros (o de muchos). Pero, según mi experiencia, es bastante más frecuente lo contrario. Las personas más ricas son seres humanos de gran carácter. Suelen ser amables con los demás, trabajadores, moderados en sus gastos y placeres, y de principios. No debería sorprendernos, porque es mucho más fácil tener éxito cuando se cuenta con el apoyo de otras personas. Un carácter fuerte es un acelerador de la riqueza.

Sin embargo, toda regla tiene su excepción, y algunas personas consiguen amasar fortunas a pesar de su escaso carácter, o incluso gracias a él. Pero no por eso deben tomarse de ejemplo. Además, las personas de carácter endeble que se enriquecen suelen perder el rumbo y, con él, su riqueza. Entre otras cosas, porque, cuando empiezan a cometer errores, no tienen una red de apoyo ni amistades verdaderas cuya franqueza les reoriente. Es más probable que tengan aduladores. El carácter no solo ayuda a crear riqueza, también es la clave para preservarla.

Vínculos y barreras de protección

Debemos buscar oportunidades para crear vínculos que nos pongan al servicio de los demás. Para la mayoría de nosotros, el vínculo más profundo y fuerte es la familia. Las familias mormonas donan por tradición una décima parte de sus ingresos (y, en algunos casos, de su patrimonio) a la iglesia. Se trata de una poderosa motivación, ya que se establece un vínculo directo entre el trabajo y un propósito mayor. En mi experiencia, el coste de ese 10 por ciento se compensa con el mayor potencial de ganancia de quien trabaja para ese propósito mayor. Las democracias ponen a los dirigentes al servicio de los votantes y las empresas vinculan a los consejeros delegados con los intereses de los accionistas (al menos en teoría y, muchas veces, también en la práctica).

Esto adquiere mayor relevancia cuanto más éxito tenemos. El éxito en cualquier campo conlleva poder: el poder de la riqueza, el poder sobre la carrera de otras personas y el poder de cambiar el mundo. El poder es una droga que minimiza los costes y maximiza las recompensas. Las personas que lo ostentan están psicológicamente más inclinadas a seguir sus instintos. Ello contribuye al acoso sexual en el trabajo. El poder influye inconscientemente en la excitación sexual. Un rasgo común entre los agresores y acosadores sexuales es la creencia de que sus insinuaciones son bien recibidas. El poder, en efecto, obnubila.

El antídoto es buscar vínculos para ponerse al servicio de los demás, ya sea a nivel personal (hijos), institucional (iglesia) o estructural (consejo de administración). En *Wall Street*, el sumo sacerdote de la codicia, Gordon Gekko, advierte a su protegido: «Si quieres un amigo, cómprate un perro». La frase refleja a la perfección el egoísmo supremo de aquel canalla. Sin embargo, es un buen consejo. No porque los perros sean fieles (que los son) o cariñosos (que también es cierto), sino porque nos necesitan.

Gabinete de cocina

Para reforzar nuestras barreras de protección contra impactos, conviene contar, con el tiempo, con el consejo informal de un «gabinete de cocina». Este término se originó durante la presidencia de Andrew Jackson para referirse al círculo informal de asesores de confianza con el que el presidente solía reunirse extraoficialmente. Casi todos los líderes exitosos están familiarizados con el concepto. Se trata de un grupo de personas ajenas a la estructura formal de la empresa que aconsejan sin ambages y de manera desinteresada.

A medida que desarrolles tu carrera profesional, crea un gabinete de cocina compuesto por personas sinceras que puedan elevarte, pero que también se aseguren de que sigues con los pies en la tierra. Deben ser personas de confianza, que velen por tus intereses y no tengan miedo de decirte que te estás comportando como un idiota. Ese es tu gabinete de cocina, al que acudirás cuando necesites consejos profesionales, segundas opiniones sobre decisiones empresariales y personales y, en general, personas para el intercambio de ideas.

Lo ideal es que los miembros de ese círculo de confianza sean personas inteligentes y de dilatada experiencia, aunque esa no es su principal virtud. Su mayor valor radica en que son personas distintas de ti. Es prácticamente imposible leer la etiqueta desde el interior de la botella y, en ese sentido, el gabinete de cocina aporta algo que tú, por mucho que te empeñes, nunca podrías tener: un punto de vista diferente.

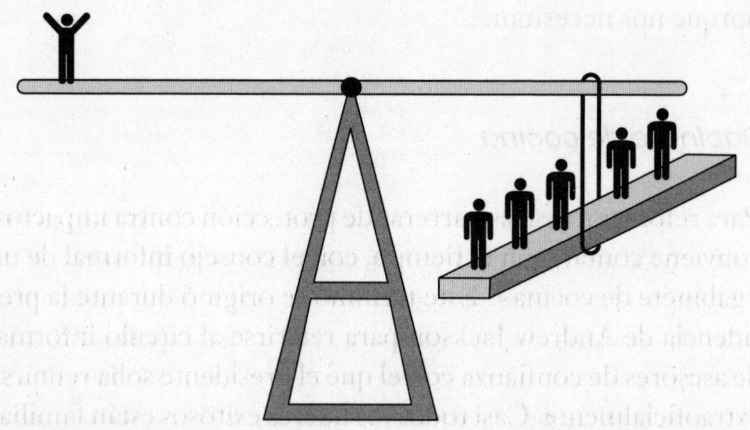

Ahora bien, pedir consejo no implica que tengas que seguirlo. A menudo, el mayor valor de un consejo no reside en el curso de acción recomendado, sino en las preguntas que recibes como respuesta y ponen a prueba tu razonamiento.

Incluso en mis momentos más egoístas, siempre he valorado (aunque no siempre haya seguido) el consejo de los demás. Procuro rodearme de personas de confianza que me conozcan y estén dispuestas a decirme lo que realmente piensan y no lo que deseo oír. Algunas de los consejos más valiosos que me han dado no son indicaciones sobre qué hacer, sino sobre qué no hacer. He cometido muchas estupideces en mi vida. Pero he evitado unos cuantos choques múltiples gracias a este consejo: «Oye, mejor no lo hagas».

Propinas

A menudo es difícil hacer lo correcto. Gestionar nuestra respuesta emocional a una traición o dirigir un equipo durante una grave caída de la productividad... son pruebas que requieren de todo nuestro carácter. Pero hay muchas más ocasiones en las que hacer lo correcto resulta muy fácil. Tan fácil, de hecho, que a veces desaprovechamos la oportunidad. Craso error, porque hacer lo correcto, sobre todo cuando es fácil, inculca los hábitos de la generosidad, la gentileza y la comprensión que necesitaremos cuando nos enfrentemos a verdaderos retos. Recuerda que eres lo que haces.

Por ello, sé generoso con las propinas. Y me refiero literalmente a la recompensa monetaria por el servicio, pero también en un sentido más amplio: practica la amabilidad con todas las personas que trabajan en restaurantes y hoteles, en la consulta del médico, al volante de un Uber, incluso en el más desquiciante de los centros de servicios: el aeropuerto. Vivimos en una economía de servicios y nos relacionamos con los trabajadores de ese sector varias veces al día. Cada una de esas situaciones es una oportunidad para practicar la virtud y forjar nuestro carácter. Ante un café con leche mal hecho o una reserva duplicada, se nos presentan dos opciones: podemos escoger entre adoptar una actitud prepotente y mezquina y reprender a un extraño por las molestias causadas o practicar la gentileza y que todos tengamos un buen día.

Ser amable disminuye las hormonas del estrés y fomenta la felicidad; gastar dinero en los demás reduce la tensión arterial tanto como comer sano; el altruismo es literalmente analgésico.[16] Así que, pidamos otra ración de patatas fritas, dejemos 20 dólares al cocinero y todos saldremos ganando. Me encanta la ciencia.

Amigos ricos

Desde la infancia, aprendemos por imitación. Nuestro subconsciente observa constantemente cómo actúan los que nos rodean y modela nuestro comportamiento en consecuencia. Estamos muy influenciados por las personas con las que nos relacionamos. La conclusión lógica es evidente: debemos exponer el subconsciente a los mejores ejemplos posibles.

Nuestro cerebro está programado para relacionar lo que hacemos con lo que hacen los demás. Las denominadas neuronas espejo son unos circuitos biológicos específicos que se activan al *realizar* una acción y también al *observar* a otros realizarla (y algunas se activan incluso al imaginar a otra persona haciendo una acción). Como animales sociales, nos comparamos todo el tiempo con los demás, aprendemos de ellos y adaptamos nuestro comportamiento para adaptarlo a las normas del grupo. Incluso comemos más cuando lo hacemos en compañía de otras personas.[17] Los seres humanos somos imitadores excepcionales; es nuestro principal medio de aprendizaje en la infancia y también en la edad adulta.[18] De hecho, las pruebas apuntan a que los adultos son *más* propensos a imitar irreflexivamente las acciones de los demás: los niños son lo bastante listos como para imitar solo aquellos que resuelven un problema o proporciona una recompensa, mientras que los adultos imitan servilmente a un profesor, hasta sus gestos. Y esto es extensible a la forma de comportarnos con el dinero. El 78 por ciento de los adultos jóvenes admiten que modelan de forma consciente sus hábitos financieros según los de sus amigos; me temo, sin embargo, que la cifra real se aproxima más al cien por cien.[19]

Una vez más, la filosofía se adelantó a la ciencia. Hace dos mil años, Séneca escribió: «Asóciate con aquellos que harán de ti una mejor persona. Da la bienvenida a aquellos a quien tú mismo puedes mejorar. El proceso es mutuo: los hombres aprenden al enseñar».

Uno de mis consejos más polémicos y que más mosquea a la gente es el corolario según el cual uno debería apartarse cortésmente de las relaciones personales que le impiden progresar. Aclaro: no estoy recomendando descartar a todos los amigos de la infancia ni cortar relación con tal o cual en función de su cuenta bancaria. Las relaciones duraderas tienen un valor inherente que es irremplazable. La verdadera amistad es un regalo. Pero la incómoda verdad es que incluso las amistades duraderas pueden volverse tóxicas. No todo el mundo crece y supera la inmadurez, la vida basada en el egoísmo y la mezquindad, y casi todo el mundo tiene amigos que no lo han hecho. No es un comportamiento que quieras imitar, y no tienes la obligación de seguir relacionándote con alguien solo porque fuisteis compañeros en el instituto o en vuestro primer trabajo. El filósofo estoico Epicteto lo expresó de esta manera: «Sobre todo, haz de ser cuidadoso con no mezclarte con alguno de tus antiguos conocidos y amigos tanto que te rebajes a lo mismo que él. Si no, te echarás a perder a ti mismo [...] Elige, pues, si quieres ser querido igual por los de antes siendo igual que eras antes o, siendo mejor, no obtener lo mismo [...] De otro modo, ni avanzarás en la medida adecuada ni conseguirás lo que antes conseguías».

Relacionarte con personas ricas te dará modelos de cómo alcanzar la riqueza y vivir con ella. Esto es especialmente relevante si creciste, como yo, sin mucho dinero ni contacto con él. Los ricos suelen relacionarse con otros ricos, y esa red puede tener un valor inestimable. Con todo, a menudo se da demasiada importancia a los contactos, pero raras veces bastan para compensan la falta de habilidad y de esfuerzo. Lo cierto es, sin embargo, que aumentan el número de oportunidades.

Ahora bien, desconfía de lo que te digan tus amigos ricos sobre sus inversiones (de hecho, esto vale para cualquier persona que hable del tema). Todos somos bastante más propensos a hablar de nuestras victorias que nuestras derrotas, de modo que, en las conversaciones sobre inversiones, es probable que te sientas un bicho raro y creas que eres el único que no tiene una fila de cabelleras exhibidas en la pared. Aprendamos de los triunfos de los demás, pero no olvidemos que también han sufrido derrotas.

Conversaciones sobre dinero

Es importante hablar de dinero con quienes entablamos vínculos. Los ricos (y los empresarios) perpetúan la idea de que ese tema no debe tocarse porque es de mala educación.

Vaya chorrada. Vivimos en una sociedad capitalista y, quiérase o no, el dinero es el sistema operativo de esa sociedad. Por supuesto, los que tienen dinero no quieren que los demás hablen del asunto, porque podrían aprender algo. Los músicos hablan de música, los programadores hablan de código informático, los golfistas hablan de golf (y por los codos, no me arrepiento de haberlo dejado). Nos guste o no, todos somos capitalistas, así que ¿por qué no hablamos de dinero? Obtendrás información sobre remuneraciones, perfeccionarás las estrategias para reducir impuestos, compararás tu perspicacia presupuestaria y pondrás a prueba tus planes de emergencia. Debemos normalizar las conversaciones sobre el dinero si pretendemos ser hábiles con él.

La relación más importante

La decisión económica más importante que tomarás en tu vida no es qué especialidad vas a seguir, dónde vas a trabajar, qué acciones vas a comprar o dónde vas a vivir. Es la elección de tu pareja. La relación con tu cónyuge es la relación más crucial de tu vida y tendrá enormes repercusiones en tu trayectoria económica.

Desde el punto de vista económico, casarse —y seguir casado— resulta de lo más provechoso. Las personas casadas son un 77 por ciento más ricas que las solteras.[20] Por cada año de matrimonio, el patrimonio neto suele incrementarse un 16 por ciento. Además, los casados viven más años y son estadísticamente más felices que los solteros.[21] Hay muchas razones para ello, pero la más convincente, en mi opinión, es que el cónyuge es un medio de rendición de cuentas, y la rendición de cuentas es fundamental para el éxito. Así como los consejeros delegados deben rendir cuentas al consejo de administración y los accionistas, tu cónyuge es la persona que te ayudará a alcanzar tus objetivos, pues es la parte más interesada en tu triunfo. En las relaciones más exitosas que conozco, ambos han reconocido el valor de satisfacer las expectativas del otro.

Sin embargo, como en toda decisión importante, existen riesgos. El divorcio es una de las peores medidas económicas que pueden tomarse. Se calcula que, en Estados Unidos, reduce el patrimonio en tres cuartas partes, tanto para los hombres como para las mujeres.[22]

El proyecto de un matrimonio bien avenido abarca diversas facetas, y el dinero es una que reviste más importancia de la que nos gustaría admitir. En Estados Unidos, el mayor factor predictivo del divorcio, tanto para hombres como para mujeres, no son las infidelidades, las decisiones sobre la crianza de los hijos o los objetivos profesionales, sino los desacuerdos financieros. El dinero es el segundo tema de discusión más frecuente entre las parejas estadounidenses (el primero es el tono de voz o la actitud).[23] La mitad de los estadounidenses que sufren tensiones económicas afirman que estas han repercutido negativamente en la intimidad de la pareja.[24] La falta de dinero es uno de los mayores factores de estrés —si no el mayor— en las relaciones de pareja, razón por la cual la tasa de divorcio es considerablemente mayor en la población con bajos ingresos.[25] Casarse con una persona más próspera puede ser una gran ventaja (nota: tener más dinero no implica ser mezquino). Y casarse con una persona con menos habilidades económicas no es ningún problema (es lo que hace la mitad de los cónyuges), pero es bueno saber lo que hay. Un amigo mío, que se gana muy bien la vida, tiene una esposa que es una derrochadora empedernida. No estoy de broma, puede gastar 1.500 dólares en flores para una cena. Los dos están perdidos a la hora de administrar el dinero. Es un motivo de ansiedad para ambos. Las relaciones malsanas con el dinero pueden adoptar muchas formas y desgastar las relaciones.

Desde el inicio de la relación, hay que adoptar una actitud realista con respecto al dinero. El matrimonio implica muchas cosas y una de ellas es establecer un acuerdo económico. Hay que hablar de ello. Tratar el dinero como un tabú es quizá una de las peores normas sociales en Estados Unidos. Debemos encontrar el momento para mantener una conversación más profunda y amplia: ¿de qué forma nos relacionamos con el dinero? ¿Qué hechos lo demuestran? (Porque la cuestión no está en cómo *desearíamos* relacionarnos con el dinero, sino en cómo lo hacemos realmente.) ¿Cuál es la carga económica de la clase a la que esperamos pertenecer? ¿De qué manera contribuiremos a mantenerla? (Algunas de las contribuciones más importantes no son monetarias.) El diálogo es fundamental, sobre todo cuando las cosas van mal. Como en un consejo de administración, las malas noticias son admisibles; las sorpresas no.

REPASO DEL CAPÍTULO

PUNTOS PARA LA ACCIÓN

- **Mantén la coherencia entre intenciones y acciones.** La seguridad económica no es fruto de un ejercicio intelectual, sino el resultado de un patrón de conducta. La planificación por sí sola no basta para alcanzar los objetivos.
- **Fortalece el carácter a largo plazo.** La clave para que tus acciones coincidan con tus intenciones es el carácter. El carácter es tu defensa contra las debilidades de nuestra especie y las tentaciones que ofrece el capitalismo para explotar esas debilidades.
- **Tómate las cosas con más calma.** Repara en la cantidad de decisiones que tomas de manera inconsciente todos los días: saltarse el desayuno, responder a un agravio, etc. Repítete a ti mismo: «Tengo el control, yo elijo cómo responder».
- **Reconoce las respuestas emocionales.** No niegues la ira, la vergüenza y el miedo; son naturales y saludables. Pero no dejes que determinen tus actos. A veces necesitas una válvula de escape. Encuentra una saludable.
- **Entrena los hábitos.** Identifica los comportamientos *deseados* y aplica la ciencia de la formación de hábitos para que se vuelvan instintivos.
- **Hazlo ya.** Cuidado con la parálisis por análisis. No hay que confundir planificación con acción. A base de ensayo y error, aprenderás y progresarás más que teorizando.
- **Busca recompensas, pero no dependas de ellas.** Todos necesitamos una motivación, y las recompensas como el dinero y el estatus son poderosos motivadores. Pero siempre habrá una casa más grande y un club más exclusivo; cuanto más dinero ganes, menos valdrá. No busques la felicidad en las recompensas.
- **Reconoce el papel de la suerte.** La mayoría de las personas tiende a atribuirse el mérito de los resultados positivos y a culpar injustamente a las circunstancias de los resultados negativos. Algunos tienden a lo contrario. Sé consciente de tus tendencias y tenlas en cuenta a la hora de evaluar los resultados.

PUNTOS PARA LA ACCIÓN

- **Suda la gota gorda.** La correlación entre el ejercicio físico regular y la salud, el éxito y la felicidad es innegable. El tiempo que dediques al ejercicio lo recuperarás, pues lo ganarás en productividad. Levanta pesas. Sal a correr. Muévete.
- **Toma decisiones acertadas.** Sé consciente del proceso de toma de decisiones, analiza los aciertos y los errores y aprende de ambos. A final, probablemente lamentarás más los riesgos no asumidos que las consecuencias de los asumidos.
- **Cuidado con la estupidez.** Las acciones de los estúpidos son perjudiciales para ellos mismos y para la comunidad. El éxito depende de tu red y de la salud de tu ecosistema.
- **Busca barreras de protección y pide consejo.** Reconoce y valora a las personas y estructuras que te mantienen con los pies en la tierra y te ofrecen un punto de vista alternativo respecto de tus actos. Esto es especialmente importante a medida que ganas riqueza y poder, ya que muy pocas personas se atreverán a decirte lo que realmente piensan.
- **Sé generoso con las propinas.** Te atenderán, te sentirás más contento y vivirás más.
- **Codéate con los ricos.** Las personas ricas son referentes de prosperidad y éxito económico, brindan oportunidades y elevan las aspiraciones.
- **Habla de dinero.** Nos guste o no, el dinero es el sistema operativo de nuestra sociedad. Normaliza las conversaciones sobre dinero; son demasiado importantes para evitarlas.
- **Invierte en tu pareja.** La decisión más importante que tendrás que tomar es la de formar pareja y transitar la vida en equipo; tu pareja será la relación más importante que tengas. El matrimonio proporciona un importante impulso económico, pero requiere esfuerzo y atención constante.

CONCENTRACIÓN

+

(ESTOICISMO

×

TIEMPO

×

DIVERSIFICACIÓN)

2
Concentración

La concentración nos define. En todo momento, nuestro cerebro procesa cantidades ingentes de datos procedentes de los sentidos y el subconsciente. La consciencia —nuestro sentido del yo— es el implacable descarte de casi todos ellos. En cada momento, seguimos un único hilo de pensamiento, observamos solo una estrecha corriente de estímulos. Concentrarse es elegir a qué prestar atención.

Semana tras semana, año tras año, la sociedad nos presenta un abanico de tentaciones y horrores, de nuevos horizontes y encrucijadas. Nuestras vidas son el producto de las decisiones que tomamos. Podemos vagar sin rumbo, tropezar con la prosperidad un año y perdernos al siguiente. O podemos escoger un camino deliberadamente, con previsión y flexibilidad. Podemos ser conscientes. Podemos concentrarnos.

Construir seguridad económica exige un esfuerzo continuo durante décadas, y ello resulta imposible sin concentración. El éxito depende de numerosos factores, la mayoría de los cuales escapan a nuestro control. Sin embargo, hay uno que todos podemos controlar. Podemos trabajar mucho, con afán y… concentración. Trabajar duro es el motor que impulsa la carrera. Pero, sin concentración, quemaríamos combustible dando vueltas y vueltas en el mismo sitio.

Dado que no basta con que nos exhorten a concentrarnos, este capítulo explora el modo de centrar y dirigir la atención, en concreto, hacia el desarrollo de la carrera profesional, por tratarse, en mi opinión, de una empresa que requiere gran parte de nuestra energía. Los consejos se basan en mis aciertos y mis considerables errores, así como en algunas experiencias enriquecedoras de colegas, clientes, estudiantes y amigos. Se desarrolla en orden más o menos cronológico, partiendo de unos consejos sobre la elección del camino profesional seguidos de otros más pertinentes a medida que se avanza en el tema. Si bien las profesiones cambian y se transforman constantemente, creo que los principios aquí presentados son aplicables a la mayoría de los campos y coyunturas.

Equilibrio

Se ha dicho muchas veces: podemos tenerlo todo, solo que no todo a la vez. Se trata de una verdad universal, pero se manifiesta de forma diferente para cada persona. Mi vida ha sido secuencial: hoy gozo de mucho equilibrio, por todo el que me faltó a los veinte y a los treinta años. De los veintidós a los treinta y cuatro años, aparte de la escuela de empresariales, solo recuerdo trabajar y poco más: horas en la oficina, días de viaje, planes frustrados y vivencias perdidas. La falta de equilibrio en mi juventud profesional me costó el matrimonio, el pelo y, probablemente, la veintena. Tuvo un precio muy tangible. Para mí, en vista del rumbo que ha tomado mi vida, valió la pena. Hay cosas que haría de otra manera. Trabajar menos no sería una de ellas.

Para muchos, ese es el camino a seguir. De hecho, no conozco a ninguna persona inteligente que, después de heredar dinero, no siguiera trabajando a destajo y haciendo poco más durante al menos otros veinte años. Un estudio reciente sobre la vida de 233 millonarios reveló que el 86 por ciento de ellos trabajaba más de 50 horas a la semana.[1]

Por supuesto, no todo el mundo puede o quiere dedicar esa cantidad de tiempo y energía a la carrera. Y aunque no creo que haya una forma (lícita) de obtener seguridad económica sin trabajar mucho y con afán, hay herramientas que podemos utilizar para sacar el máximo partido de nuestro tiempo. Precisamente de ello se ocupa el resto de este capítulo: al margen de que trabajes treinta o sesenta horas semanales, la idea es que esas horas sean productivas. Pero, si estás más cerca de las treinta, es fundamental que las exprimas al máximo.

Aceptación

Existen unas limitaciones prácticas respecto de la cantidad de tiempo que podremos dedicar al trabajo debido a una serie de decisiones y factores que escapan a nuestro control. No compliquemos las cosas con nuestras limitaciones psicológicas. Me refiero a que debemos aceptar la primacía del trabajo en los años decisivos (para la gran mayoría, de los veinte a los cincuenta años, aunque se trata de un criterio orientativo). Vas a pasar *muchísimo* tiempo trabajando, ¿realmente quieres pasar todo ese tiempo resentido?

Como explico en este capítulo, es más fácil aceptar el papel del trabajo cuando este se nos da bien y está bien remunerado y cultivamos la pasión por el creciente dominio de la profesión.

Ese es el círculo virtuoso de la concentración. Si, en cambio, te sientes privado de tus aficiones y placeres, y estás resentido por tener que trabajar hasta tarde e incluso los fines de semana (más aún, por el desgaste mental y emocional que ello supone), ni darás lo mejor de ti ni harás bien tu trabajo y, lo que es peor, tampoco disfrutarás del tiempo libre porque seguirás resentido, y el resentimiento todo lo empaña. Recuerda que la persona en la que te convertirás en el futuro, aunque te parezca irreal ahora mismo, te agradecerá con creces el sacrificio.

Por otro lado, no finjas ser quien no eres ni te resientas de tus limitaciones. Conocerás a personas que mantienen relaciones fuertes y duraderas, están en forma, donan su tiempo de manera altruista a la Sociedad para la Prevención de la Crueldad contra los Animales, llevan un blog de cocina y, además, son profesionales de primera. Hazte a la idea de que tú no eres esa persona (probablemente ellos tampoco: nunca se sabe los sacrificios que hacen entre bastidores o con qué ayuda cuentan). Yo me di cuenta enseguida de que no era ese tipo de persona. Tengo talento, pero no el suficiente como para tener éxito económico sin esforzarme y (siendo realista) tú tampoco. Acepta tus limitaciones.

Flexibilidad

Cuando tienes la posibilidad de repartir y organizar el trabajo en torno a otras obligaciones y modificar los horarios a voluntad, puedes trabajar más horas. La tecnología ha flexibilizado el trabajo intelectual en general, pero no lo ha hecho de forma equitativa. Los compromisos inamovibles son más frecuentes en los trabajos de naturaleza colaborativa, los puestos directivos y, en general, en las grandes empresas. Todo lo que implique clientes, pacientes o atención al público es inherentemente menos flexible. Cuanto menos tiempo se tiene para dedicar a la profesión, más ventajas ofrece la flexibilidad.

La flexibilidad puede ganarse con la reputación, pero, cuidado, porque dependerá de cada organización. Después de cinco o diez años en una empresa, un profesional de alto rendimiento se habrá ganado la confianza de la dirección y estará en condiciones de adaptar los horarios a su conveniencia. No obstante, si cambia de empresa, empezará de cero y tendrá que volver a labrarse una reputación.

A medida que se va ascendiendo en el escalafón, la buena gestión puede brindar flexibilidad. Hay pocas cosas más reconfortantes en el trabajo que delegar una tarea compleja en un equipo con la plena confianza de que van a cumplirla. (La gestión es una habilidad, no un rasgo de la personalidad, y puede ejercitarse.)

Por tanto, si uno desea mantener determinados compromisos no negociables fuera del trabajo, debe orientar la carrera profesional hacia el rendimiento individual, forjarse una reputación de buen cumplidor y (si se trabaja para una empresa) tener habilidad para gestionar y delegar tareas.

Pareja

Encontrar la pareja adecuada es un trampolín para maximizar la eficiencia. Un equipo de dos puede hacer más que dos personas individualmente, ya que todo hogar requiere un mínimo de tiempo y dedicación para funcionar bien. Lo ideal es compartir el peso de esa responsabilidad con otra persona.

Por supuesto, esto adquiere mayor relevancia cuando se tienen hijos, pero, en general, la gente tiende a subestimar el acelerón profesional que proporciona el matrimonio.

La mayoría de las personas realmente exitosas que conozco forman parte de un equipo cuyos miembros desempeñan papeles distintos respecto de las obligaciones domésticas y profesionales. Así como el equilibrio es algo por lo que hay que esforzarse a lo largo de toda la vida y no solo durante un día, la mayoría de las parejas exitosas encuentran el equilibrio juntos, no individualmente. Conviene no dar por sentado quién se dedicará a la profesión y quién se encargará del hogar. Ello dependerá de la flexibilidad de cada uno. Una de las socias que fundó L2 conmigo pudo dedicarse de lleno a su carrera (en informativos de televisión) cuando los niños eran pequeños porque su marido estaba emprendiendo un negocio. Sus obligaciones horarias eran inmensas, pero tenía mucha flexibilidad. Así pues, cuando había que recoger a un niño enfermo del colegio, él iba a buscarlo; si tenía que reunirse con un proveedor, hacía la reunión en casa y, de ese modo, ella no tenía que dejar el estudio.

El poder de las limitaciones

Incluso con otras prioridades, no debemos subestimar nuestra capacidad de trabajo y la cantidad de cosas que podemos hacer. Eso lo aprendí cuando fundé Prophet, una consultora de estrategia de marca. Desde el comienzo, nuestra empresa tuvo limitaciones de oferta. Yo conseguía clientes, pero no podía atraer a personas competentes para hacer crecer la empresa al ritmo que debíamos hacerlo. La razón era evidente: los consultores experimentados no querían trabajar para un chaval de veintiséis años que acababa de graduarse en empresariales. La solución que se nos ocurrió fue contratar a mujeres que habían sido madres y deseaban reincorporarse al mercado laboral. Las grandes empresas eran inflexibles en sus condiciones, porque podían permitírselo. A nosotros, en cambio, no nos conocía nadie y tuvimos que ser creativos. Total, que conseguí que estas brillantes y experimentadas consultoras trabajaran para nosotros porque les ofrecí salir antes y trabajar desde casa (¡guau!) un par de días a la semana.

Fueron de las empleadas más valiosas y productivas que tuvimos. Abarcaban muchísimo: clientes, equipos júnior y el trabajo intelectual en sí, además de las obligaciones familiares. No tenían más remedio que ser eficientes. Sus colegas incumplían los plazos y no se encargaban ni de una cuarta parte de su trabajo, lo que resultó ser un lastre, ya que creían que podían alargar los descansos y dirigir equipos de fútbol virtuales desde la oficina y luego quedarse hasta tarde para hacer el trabajo. Se cumplió la máxima: «Si quieres el trabajo hecho, encárgaselo a una persona ocupada».

Todo es cuestión de concentración. Concentrarse es decir «no». Steve Jobs solía decir que lo más importante que hacía como consejero delegado era decir que no. El mantra de Elon Musk cuando construyó el mejor coche de la historia era: «La mejor parte es ninguna parte». Averigua cómo simplificar y hacer más eficiente tu vida para poder centrarte en lo importante. Y luego hazlo.

No sigas tu pasión

Si alguien te aconseja que sigas tu pasión, es porque ya es rico. Y lo más probable es que haya amasado su fortuna en un sector poco glamuroso, como la fundición de hierro. Tu misión es encontrar algo que se te dé bien y dedicarle las miles de horas de esfuerzo y sacrificio necesarias para desarrollar pericia. Cuando lo hayas hecho, la satisfacción por el crecimiento y el dominio cada vez mayor de la profesión, junto con las recompensas económicas, el reconocimiento y la camaradería, despertarán tu pasión. Nadie crece diciendo: «Me apasiona el derecho fiscal». Sin embargo, los mejores abogados fiscales del país gozan de estabilidad económica y tienen acceso a un abanico más amplio de compañeras sentimentales y, como lo que hacen se les da de maravilla, les apasiona el derecho fiscal. Es poco probable que destaques en algo que no te gusta hacer; el dominio y la maestría, sin embargo, pueden conducir a la pasión.

Se ignora lo que se desconoce

Quizá el peor aspecto del consejo «sigue tu pasión» es que, para la mayoría, simplemente no es factible. William Damon, psicólogo de la Universidad de Stanford, descubrió que solo el 20 por ciento de los menores de veintiséis años puede identificar una pasión que guíe sus decisiones vitales.[2] Así pues, cuatro de cada cinco personas no pueden seguir su pasión por mucho que se empeñen, pues no saben cuál es. Además, incluso cuando es posible identificarla, a menudo está condicionada por la sociedad y refleja las expectativas que la cultura tiene de nosotros, no algo inherente a nuestra persona. Los investigadores que estudian las aspiraciones de los jóvenes han descubierto que sus «pasiones» son «sumamente maleables y susceptibles de influencia» por factores como la forma en que se enaltecen determinados temas en el aula.[3] Para la mayoría de nosotros, el tipo de pasión que nos guía, esa especie de estrella polar en el horizonte, no es un derecho innato, sino algo que descubrimos a través del trabajo esmerado.

Cal Newport ha dedicado un libro entero, *Hazlo tan bien que no puedan ignorarte*, a refutar lo que él llama la «hipótesis de la pasión». Comienza analizando al quizá más célebre propagador de este mito, Steve Jobs. En 2005, al pronunciar el discurso de apertura de la ceremonia de graduación en la Universidad de Stanford, Jobs instó a los licenciados a «descubrir lo que te apasiona» y a dedicarse profesionalmente a ello. El vídeo del discurso ha tenido más de cuarenta millones de visualizaciones en YouTube. Sin embargo, como señala Newport, la carrera del propio Jobs contradice los consejos de su discurso. Antes de fundar Apple, Jobs tenía numerosas pasiones, entre ellas la meditación, la caligrafía, el frugivorismo y andar descalzo. La primera vez que se interesó por la tecnología fue para construir un dispositivo que permitiera hacer llamadas telefónicas gratuitas de larga distancia (si te parece un sinsentido, pregunta a tus padres). Cuando por fin encontró su vocación, se trató de algo totalmente distinto: la promoción de un ordenador de uso doméstico creado por un tercero (su amigo, Steve Wozniak). Jobs no descubrió su pasión, descubrió su talento. Se apasionó por comercializar ordenadores personales —a los que más tarde llamaría «bicicletas para la mente»— porque se le daba muy bien.

Las profesiones basadas en la pasión son la ruina

Creer que hay que sentir pasión por algo antes de embarcarse en el arduo camino hacia la maestría conduce a unas carreras en las que la oferta de trabajadores entusiastas supera con creces la demanda, que se prestan más para aficiones que para profesiones.[4] Solo el 2 por ciento de los actores profesionales vive de la actuación, el 1 por ciento de los mejores músicos obtiene el 77 por ciento de los ingresos de sus grabaciones musicales y la mitad de los artistas plásticos obtienen menos del 10 por ciento de sus ingresos del arte. Se suponía que los medios digitales contribuirían a democratizar esa situación, pero no han hecho sino reforzar una economía en la que los ganadores se llevan la mayor parte. El 3 por ciento de los principales canales de YouTube (el top 3) acapara el 85 por ciento de todas las visualizaciones de la plataforma, e incluso si un creador alcanza ese umbral (en torno a un millón de visualizaciones al mes), esa pasión solo le reporta 15.000 dólares de ingresos anuales.

En el mundo del espectáculo y otras profesiones atractivas a simple vista, los directores de reparto, los productores y los vicepresidentes sénior —es decir, el minúsculo grupo de personas influyentes— saben que el talento bruto es barato y abunda. Tienen pocos alicientes para invertir en artistas que no sean ya estrellas rentables. La banca de inversión, el deporta, la música y la moda adolecen del mismo problema. Un antiguo cliente mío, Chanel, es una de las marcas más fuertes del mundo, con precios que rondan los miles de dólares y unos márgenes brutos superiores al 90 por ciento. La familia propietaria de Chanel es multimillonaria y empleaba a becarios no remunerados. Multimillonarios que decidieron que no podían permitirse pagar 7,25 dólares la hora a jóvenes (en su mayoría mujeres) cuyo sueño era formar parte del mundo de la moda. ¿Por qué? Porque podían. «Sigue tu pasión» significa «prepárate para ser explotado».

Este consejo también es válido incluso si tu pasión es una profesión más tradicional, al menos en la juventud. Las facultades de Derecho están abarrotadas de estudiantes que sueñan con ser abogados porque crecieron viendo la serie *Ley y orden*, pero que acabarán arrepintiéndose de su elección y abandonando la carrera. Lo que una profesión parece desde fuera (o peor, en la televisión) casi nunca se corresponde con lo que es en realidad. No es que sea peor, sino diferente. A los deportistas profesionales, sobre todo a los que practican deportes de equipo, les encanta competir; sin embargo, cuando se retiran, lo que más echan de menos, dicen, no son los triunfos, sino la camaradería, los momentos de altruismo, los lazos creados por el esfuerzo conjunto en los entrenamientos… En fin, cosas que los aficionados no vemos.

El trabajo mata la pasión

Seguir tu pasión no solo es malo para tu carrera, sino también para tu pasión. El trabajo requiere esfuerzo y conlleva contratiempos, injusticias y decepciones. Si te has decantado por una disciplina solo porque te apasiona, ten en cuenta que la pasión puede extinguirse. En palabras de Morgan Housel: «Hacer algo que te encanta siguiendo un horario que no puedes controlar puede hacerte sentir igual de mal que hacer algo que detestas». Jay-Z siguió su pasión y ahora es multimillonario. Suponiendo que no eres Jay-Z, sigue tu pasión los fines de semana.

Sigue tu talento

A diferencia de la pasión, el talento es observable y demostrable; puede convertirse más fácilmente en una carrera bien remunerada y mejora cuanto más se ejercita. La pasión puede ayudarnos a hacer mejor una actividad; el talento, en cambio, garantiza ese efecto. Los economistas denominan «calidad de emparejamiento» a la relación entre el talento y las funciones de un trabajador.[5] Los estudios han demostrado repetidamente que las personas rinden más, progresan más rápido y ganan más dinero cuando existe una alta calidad de emparejamiento. Dedicarnos a lo que se nos da bien crea un círculo virtuoso. Los logros llegan más rápido, lo que refuerza la confianza y estimula un esfuerzo aun mayor. El cerebro también funciona mejor, ya que el flujo de neuroquímicos responsables de la sensación de gratificación favorece la memoria y el desarrollo de habilidades.[6] La experiencia en general se torna mucho más placentera que extenuante y trabajar se vuelve más fácil día a día y año a año.

«Talento»

Defino el talento en sentido amplio. Una buena definición general sería: ¿qué es fácil para ti y difícil para los demás? Por cierto, también es la pregunta que subyace a toda estrategia empresarial: ¿qué puedes hacer tú que no puedan hacer los demás? Tendemos a creer que el «talento» es tocar bien un instrumento o sobresalir en matemáticas. Pero el éxito profesional depende de un conjunto mucho más amplio de habilidades.

Una de las primeras personas que contraté fue Connie Hallquist, una consultora de Prophet que, antes de incorporarse a nuestra empresa, había sido profesora de francés, tenista profesional y corredora de divisas. Todas esas trayectorias explotaban unos talentos muy concretos y evidentes. En Prophet, sin embargo, Connie descubrió que se le daba francamente bien dirigir personas. Pocas veces he visto a alguien tan competente para trazar un plan, motivar a un equipo y guiar a todos hacia un objetivo común. No podía ser de otra manera, ya que, desde su primera semana en la empresa, mi estrategia consistió en vender el proyecto más grande y ambicioso posible y recurrir a Connie para que lo llevara a cabo. Y así lo hizo. Más tarde, fundó su empresa y trabajó como directora ejecutiva en varias empresas. A diferencia del tenis o el corretaje de divisas, la «gestión de personas» es una tarea amorfa y difícil de identificar como talento. Sin embargo, una vez identificado y cultivado, es probablemente el talento más preciado que alguien pueda tener. A menudo se da por hecho que si alguien es inteligente y buena persona, es un buen director. No es cierto. Se trata de una habilidad que puede ejercitarse, pero, como ocurre con la mayoría de las habilidades, florece con mayor esplendor en quienes poseen un don natural para ello.

Una gran fuente de inspiración en mi vida ha sido mi tocayo Scott Harrison, el fundador de una extraordinaria y fascinante asociación sin ánimo de lucro llamada Charity: Water. Conocí a Scott en su otra vida, cuando trabajaba como promotor de discotecas en Nueva York. Scott se ganaba la vida haciendo contactos y estando al tanto de todo. Sabía adónde ir y quién estaría allí. Era, y es, un tipo muy enrollado. Resulta que eso es un talento. Y cuando llegó a un punto en su vida en que decidió poner su talento al servicio de algo más relevante que una serie de noches increíbles, lo aprovechó para recaudar fondos. Creó la lista de donantes que financian Charity: Water del mismo modo que creaba las listas de invitados para las fiestas nocturnas en el centro de la ciudad. Scott es un hombre de numerosos talentos y su fundación es innovadora y admirable en muchos sentidos, pero nada de ello habría sido posible si no hubiese cultivado su talento para las relaciones sociales.

El talento es *todo* lo que uno puede hacer y otros no pueden o no quieren hacer. Tras graduarme de la universidad, mi primer trabajo fue como analista de Morgan Stanley. La mayoría de mis colegas estaban más preparados que yo. Se habían ganado el puesto. Yo tuve enchufe: el jefe de departamento también había estado en el equipo de remo de la universidad y aquello le pareció un indicio de que sería un gran banquero de inversión. Mis colegas se sentían más cómodos con las finanzas y la cultura de Wall Street, tenían muchas más afinidad con nuestros jefes «amos del universo» y, aún más importante, una idea más clara de por qué estaban allí. Yo nunca iba a ser mejor analista de banca de inversión que Chet, de Falls Church, o Shannon, de Greenwich. Sin embargo, el vicepresidente que me contrató llevaba razón en una cosa. Formar parte del equipo de remo implicaba levantarse a las cinco de la madrugada y remar hasta vomitar: había aprendido a soportar el dolor. De modo que me refugié en ello. Cuando Chet y Shannon se iban de la oficina a las dos de la madrugada, yo seguía allí. Cuando volvían a las ocho de la mañana, yo seguía allí. Guardaba una camisa de repuesto en el cajón para esas ocasiones. Todos los martes trabajaba treinta y seis horas seguidas, desde las nueve de la mañana. Se me conocía por eso. En ese entorno, se valoraba mucho. Si todo esto te parece enfermizo o una apología de la cultura del ajetreo… confía en tus instintos. Mi consejo no es que trabajes a destajo toda la noche porque sí. Si hubiera podido estar a la altura de Chet y Shannon y dormir más, lo habría hecho.

La clave está en darse cuenta de lo que uno puede hacer y los demás no pueden o no están dispuestos a hacer. Trabajar arduamente es un talento. La paciencia y la empatía son talentos. Para los luchadores y los boxeadores, ganar peso es un talento. Para los jinetes, ser bajito es un talento. El objetivo consiste en desplegar una red más extensa que abarque no solo tus *habilidades*, sino también tus ventajas, lo que te distingue, lo que eres capaz de tolerar, lo que te hace único. Ello requiere tiempo, flexibilidad e introspección.

Cómo descubrí mi talento

Necesitaría muchos años y muchas falsas certezas para descubrir mis verdaderos talentos (aparte de la resistencia al dolor). Pasé de la consultoría al comercio electrónico, luego a los fondos de inversión y a cuanto creía que impresionaría a los demás. No encontraba la horma de mi zapato. Esos caminos profesionales estuvieron a punto de fracasar y, si no lo hicieron, fue porque todos se relacionaban de algún modo con mi verdadera vocación: la comunicación. Ahora, mirando atrás, es una obviedad, pero no lo era en aquel momento.

Casi lo consigo a los treinta y ocho años, cuando me incorporé al cuerpo docente de la Universidad de Nueva York. Ahí empezó realmente mi carrera. De pie, frente a quince, cincuenta y después trescientos estudiantes de segundo curso del máster en Administración y Dirección de Empresas, intentando condensar los principios del marketing en doce sesiones de ciento cuarenta minutos, tuve la oportunidad de afinar mi talento para la comunicación. Después empecé a escribir un boletín semanal (*No Mercy / No Malice*), produje un programa semanal en YouTube, escribí mi primer libro, comencé a dar conferencias remuneradas y lancé dos pódcast. En algún punto del camino, ese talento floreció y se convirtió en mi verdadera profesión, la cual he seguido ejerciendo incluso mucho después de haber conseguido seguridad económica. Mi talento devino —y esto es tan embarazoso de escribir como imagino que será de leer— en mi pasión.

Con todo, recorrer el camino más largo para encontrar mi talento he tenido sus ventajas; la mayor de ellas: que todos esos años de experiencia como empresario y consultor me han dado tema del que hablar. Fue un lujo, y también un camino muy poco eficiente. Tú puedes ser más deliberado a la hora de identificar tu talento.

Cómo descubrir tu talento

Entonces, ¿cómo descubre uno su talento? Para la mayoría, los estudios acaparan las primeras dos décadas de la vida; sin embargo, el sistema educativo se centra en nuestra capacidad de producir y no en quiénes somos. Es poco probable que el talento aflore si no se ejercita, y en el aula solo se desarrolla una ínfima parte de los talentos que podemos explotar en el trabajo.

Recomiendo exponerse a diferentes contextos, puestos de trabajo y organizaciones. El voluntariado, las asociaciones de estudiantes, los trabajos, los deportes… Los entornos revelan los talentos latentes, por lo que conviene explorar unos cuantos, cuanto antes mejor. Insisto, encontrar lo que no es adecuado para uno, lo que a uno no se le da bien, forma parte del proceso. Este tipo de exploración será más fructífero durante los años universitarios o al inicio de la carrera, porque se dispone del tiempo necesario para ello. Es aconsejable considerar la veintena como un período de aprendizaje, la treintena como una etapa de perfeccionamiento y de la cuarentena en adelante como el momento propicio para la cosecha.

Los modelos de evaluación de la personalidad pueden ayudar a orientar la búsqueda del talento. No soy demasiado partidario de ese tipo de sistemas, pues la evidencia científica que los respalda es limitada y controvertida,[7] pero considero que probarlos toma muy poco tiempo y que incluso una pequeña corrección del rumbo o un empujoncito al inicio de la carrera puede reportar grandes beneficios. El multimillonario gestor de fondos de inversión Ray Dalio confía ciegamente en los test de personalidad y los utiliza en su empresa, Bridgewater Associates. Mediante un sistema de «tarjetas de béisbol», la empresa pide a los empleados que se evalúen los unos a los otros en diversas categorías, entre ellas «creatividad» y «extraversión», con el propósito de conocer mejor sus talentos. A mí me parece que eso es ir demasiado lejos, pero seguramente Dalio puede señalar más de 200.000 millones de razones (el patrimonio gestionado por Bridgewater) por las que estoy equivocado.

La herramienta más conocida es el indicador Myers-Briggs. Se trata de un test que, mediante una serie de preguntas, define la personalidad sobre la base de cuatro categorías. Dudo mucho que alguien se *sorprenda* del resultado, pero el proceso de responder a las preguntas y leer los resultados es revelador: merece la pena ir más allá de las etiquetas y consultar los resúmenes de las cuatro categorías. Otra herramienta para tener en cuenta es la evaluación CliftonStrengths de Gallup, que pretende identificar de forma más explícita los talentos. Se presentan treinta y cinco áreas de fortaleza que, al final de la prueba, se reducen a cinco.

Además de los cuestionarios de evaluación, busca pruebas que revelen tus verdaderos talentos. ¿Qué funciones suelen pedirte que asumas? ¿En qué has tenido éxito y en qué has tenido dificultades? Es importante analizar a fondo esas experiencias en busca de talentos más profundos aplicables a la carrera. Pregúntate *por qué* tuvieron ese desenlace. Por ejemplo, el hecho de que organices unas fiestas estupendas no implica (necesariamente) que debas dedicarte a la organización de eventos. A lo mejor indica que eres creativo, organizado, que se te da bien promocionar y vender, que tienes dotes empresariales o incluso que eres hábil para conseguir que los demás hagan lo que tú quieres (ir a tus fiestas). Algunas personas se refieren a esto último como liderazgo. En síntesis, repasa tus éxitos (y fracasos) y repara en las habilidades que fueron necesarias para materializarlos. Puntúate en cada una de ellas. ¿Cuáles contribuyeron al éxito y cuáles al fracaso? (Saber lo que no se te da bien es la otra cara de la moneda del autoconocimiento.) Si algo te apasiona, indaga. ¿Qué es concretamente lo que te gusta? Seguro que explotando ese aspecto brotará tu talento. ¿Qué más puedes hacer con él?

No siempre se consigue lo que se desea

Es injusto, pero raras veces nuestros talentos coinciden con nuestras primeras aspiraciones. Y no me refiero solo a los deseos infantiles de «quiero ser lanzador titular de los Dodgers». Incluso al inicio de la carrera, tendemos a formarnos ideas sobre lo que *queremos* ser basándonos en datos mínimos: lo que hacían o valoraban nuestros padres, en lo que destacan nuestros amigos o lo que se valora en el trabajo que tenemos al terminar la universidad. Puede ser difícil aceptar, o incluso reconocer, que nuestros talentos son otros.

A veces las personas se dan de cabezadas contra la pared cuando tienen la puerta justo al lado. Otra de mis primeras contrataciones en Prophet fue un muchacho que había trabajado unos años en el sector financiero. Johnny Lin se desenvolvía entre números y análisis cuantitativos con la gracia y la soltura del músico que coge un instrumento y lo ejecuta a la perfección. Podías darle una batería de datos inconexos, preguntarle lo que quisieras sobre ellos y él los convertía en respuestas respaldadas por una hoja de cálculo lógica y depurada. Al único que no le maravillaba el don de Johnny era al propio Johnny. Él aspiraba a consultor de estrategia, a tejer relatos basados en diapositivas de Power Point. Siguió su carrera en el sector minorista, donde múltiples empresas lo ascendieron a puestos directivos por su destreza con los números. Finalmente, hizo las paces con su talento y aprendió a utilizarlo para desempeñar un rol más amplio como director de marketing y luego presidente en varias empresas minoristas. Por el camino, se esforzó mucho por subsanar sus debilidades y, además, se convirtió en un excelente comunicador. El consejo es que sigas tu talento, no que te limites a él.

La brecha entre nuestra percepción del talento de Johnny para los números y su propia percepción es bastante frecuente. Tendemos a restar importancia a nuestros talentos (y a distinguir mejor los de los demás) por tratarse de habilidades que se nos dan de manera natural. Cuando tenemos facilidad para algo, no lo valoramos. En cambio, cuando vemos que alguien hace algo que a nosotros nos cuesta, nos maravillamos de su talento. Lo más probable es que esa persona también vea algo en nosotros con el mismo asombro.

Toda suerte de cosas puede ofuscar la capacidad para identificar nuestros talentos. Nuestro redactor jefe en Prof G Media, Jason Stavers, fue un exitoso abogado y ahora es un editor y escritor excepcional, aunque él insiste en que tendría que haber sido programador. ¿Por qué no siguió ese camino? Aunque le fascinaba el código informático y lo domina con naturalidad desde niño, rehuyó ese camino porque no era guay. «Me da vergüenza admitirlo —me dijo—, pero a los trece años, aunque vivía literalmente en Silicon Valley, no tenía la suficiente confianza en mí mismo como para que me vieran en un laboratorio de informática; lo único que me importaba era caer bien a mis colegas.» El mundo es un lugar bullicioso y puede ser difícil acallarlo para concentrarnos en lo que realmente nos llena.

Aquí está la letra pequeña, antes de que aplaste todos tus sueños: hay personas (menos del 1 por ciento) que muestran un formidable talento precoz en la «categoría pasión» (deportes, artes, etc.) y, de ser así, lo más sensato sería dedicarse a ello profesionalmente. Si tienes motivos para creer que ese es tu caso, adelante, pero aplica un criterio estricto para evaluar desde el principio si ahí reside realmente tu talento y (aun más importante) si el mundo lo reconoce. Para ganarse la vida con las carreras de la categoría pasión hay que estar entre el 0,1 por ciento de los mejores. Con el resto de las carreras (todo lo que *no* responda un niño de cinco años cuando le preguntan qué quiere ser de mayor), se puede vivir bien simplemente siendo competente. En otras palabras, es mil veces más fácil ganarse bien la vida con las profesiones no idealizadas. Consigue estabilidad económica y sigue tu pasión los fines de semana.

Descubre tu pasión

La búsqueda del talento tiene un final feliz: conduce a la pasión. No me refiero a los flechazos típicos de la adolescencia, sino a la pasión duradera de una carrera importante, necesaria para afrontar los años de arduo trabajo. Ese tipo de pasión nace de la maestría, de la sensación de hacer especialmente bien una actividad o un trabajo complejo. En el libro *Design de vida*, basado en el archiconocido curso homónimo que imparten en Stanford, los profesores Bill Burnett y Dave Evans lo explican así: la pasión es el resultado, no la causa, de un buen diseño de vida.

(Talento + Concentración) → Maestría → Pasión

Es difícil exagerar el valor de la maestría e incluso más difícil transmitírselo a los jóvenes que no han tenido tiempo suficiente para desarrollarla. Según mi experiencia, muy pocas personas menores de veinticinco, o incluso de treinta, llegan a dominar una actividad compleja. Incluso los deportistas de élite, que generalmente dedican su juventud al deporte, son «principiantes» cuando firman su primer contrato profesional y, por tanto, juegan como tales. Suelen tardar años, ya como profesionales adultos, en dominar su arte. Malcolm Gladwell popularizó la idea de que la maestría requiere *diez mil horas* de práctica.

El camino hacia el dominio de nuestros talentos imita el diseño de un gran producto. La innovación es progresiva; la clave está en lanzar algo y empezar a mejorarlo. Lo primero que produjo cada una de las empresas que fundé no se parecía en nada a lo que sería dos años después. Tengo una obsesión irremediable por alcanzar el éxito televisivo, y llevo años intentando dominar ese terreno. El primer vídeo que produjimos para YouTube fue espantoso. Sin embargo —y he aquí la clave—, lo hicimos. Y lo seguimos haciendo una y otra vez. Con los años, introdujimos centenares de pequeñas mejoras: en la iluminación y el sonido, en unificar el lenguaje de diseño, en la forma de preparar y escribir los guiones y el contenido, etc. Al final, el resultado fue lo suficientemente bueno como para que Vice me ofreciera, en 2020, la oportunidad de tener un programa propio. Grabamos el primer episodio (es decir, firmamos nuestro primer contrato profesional) y se lo enseñé a mi mujer. Lloró (y no precisamente de alegría). Éramos principiantes, pero fuimos mejorando. Dos años después, me pidieron que presentara un programa propio en Bloomberg (no llegó a concretarse, es una larga historia en la que salgo descamisado); un año más tarde, lo hice en CNN+ y resultó inmensamente mejor que todo lo que había hecho hasta entonces. Tras el cierre de CNN+, la BBC me ofreció hacer un programa para su nueva red de *streaming*, que seguramente habría sido mejor que todo lo anterior, solo que el mercado de los medios de comunicación se corrigió y el lanzamiento de la red se canceló. No pasa nada. Cada programa ha ido a mejor y, gracias a ello, ahora recibimos regularmente ofertas de varias cadenas.

Lo importante es adquirir pericia. Aún no he conquistado la televisión, pero mi fuerte es ponerme frente a un público y hablar de negocios y otros temas de mi interés. Siempre que lo hago, me encuentro en un estado de flujo, que es la sensación característica de la maestría. El término «flujo» fue acuñado por el psicólogo Mihály Csíkszentmihályi y se refiere a un estado de intensa concentración en el que, entregados con plena atención e interés a una actividad, perdemos la noción de nosotros mismos e incluso del tiempo. La experiencia de flujo no solo aumenta el rendimiento, también potencia el aprendizaje. Además, es placentera, ya que, debido a la rápida liberación de grandes cantidades de neuroquímicos, produce un subidón que hace que queramos más, lo que nos lleva a repetir la experiencia y, por tanto, al desarrollo de la maestría. Así pues, el secreto de una carrera exitosa se reduce a esto: descubre tu talento, cultívalo hasta dominarlo y la pasión llegará. «Sigue tu pasión» no sería un consejo tan desacertado si se planteara de este modo: tu pasión sigue… al talento.

Opciones de carrera

Tras un inicio fallido en la banca de inversión, me decanté por la iniciativa empresarial o, para ser más precisos, ella se decantó por mí, porque no tenía las habilidades necesarias para prosperar en una empresa. Era demasiado inseguro para trabajar para otras personas; además, no se me daba especialmente bien. Resulta que no soy el único. Los investigadores llevaron a cabo un estudio con un grupo de trabajadores tradicionales y emprendedores y descubrieron que los emprendedores tenían puntuaciones considerablemente más bajas en la categoría «amabilidad» (uno de los cinco grandes rasgos de la personalidad).[8] Sorprendente. También hay pruebas que apuntan a que el espíritu emprendedor se correlaciona con la propensión a asumir riesgos[9] y es genético[10]. ¿La moraleja? Conocerse a uno mismo puede y debe informar sobre la elección de la carrera profesional.

Ahora bien, cuando uno tiene más o menos claro quién es y cuáles son sus talentos, ¿cómo encuentra la carrera adecuada? A lo mejor resulta útil empezar por un descarte: evitar las carreras inadecuadas probablemente sea más importante que encontrar el camino adecuado. Yo empecé en banca de inversión y descubrí que no me gustaba ni el trabajo ni la gente ni los clientes.

Hay que tener cuidado, sin embargo, de no descartar opciones por las razones equivocadas. Bill Burnett anima a la gente a hablar con personas que estén más avanzadas en la carrera. «Es como viajar en el tiempo», dice, porque puedes anticipar cómo será tu carrera en una etapa posterior, que a menudo no se parece en absoluto a la etapa incipiente. Al principio de la carrera, querrás basar tus decisiones profesionales en las metas, no en el punto de partida. En palabras de Burnett: «¿Quieres que la persona que eres a los veintidós años le diga a la que serás a los cuarenta lo que tiene que hacer?».[11] Ten en cuenta el futuro. Muchas carreras requieren trabajo monótono en los primeros años y casi todas comportan algunos aspectos tediosos, sobre todo una vez que se domina lo básico. Burnett señala que no pasa nada por aburrirse de las *tareas*, porque, a medida que se progresa, se irán asumiendo otras diferentes. Lo que hay que evitar es aburrirse de lo *esencial*.

Algunos conceptos básicos sobre las carreras profesionales

El trabajo, la profesión y el sector son diferentes. Un vicepresidente financiero de Disney no tiene el mismo trabajo que un director de animación de Disney. Ni tampoco el mismo que un vicepresidente financiero de una empresa emergente con una plantilla de veinte empleados. Los fiscales y los abogados de patentes son ambos abogados, pero tienen experiencias cotidianas muy diferentes tras graduarse de la Facultad de Derecho (y a menudo también antes). El trabajo que realmente se hace (y los talentos utilizados) se sitúa en la confluencia del sector, el área, la empresa y la geografía, entre otros factores.

A la hora de evaluar tus opciones, el potencial de crecimiento es clave. ¿Cuál será el resultado económico si todo sale como esperas? Si no es suficiente para alcanzar tus objetivos económicos, entonces tus expectativas o tu camino profesional deben cambiar.

A propósito del potencial de crecimiento, algunos sectores son más fácilmente escalables que otros, al igual que la remuneración. Tu objetivo es encontrar puestos en los que la paga aumente con los beneficios y las mejoras de valoración. El ejemplo por excelencia son las finanzas: muchos empleos en el sector de corretaje, banca de inversión y otras funciones relacionadas con la inversión participan en el crecimiento del negocio de la inversión. En el área de ventas, sobre todo en empresas en crecimiento, el aumento es bueno en los años prósperos y el sector inmobiliario suele incluir una tajada de los beneficios. Las empresas de *software* son especialmente escalables, ya que la mayor parte del trabajo consiste en crear el programa; lo que se vende después es todo beneficio. En cambio, los productos que requieren trabajo humano son difíciles de escalar. Un consultorio médico o un bufete jurídico solo puede atender a un número limitado de pacientes o clientes en función del número de médicos o abogados de la empresa. Aun tratándose de un sector escalable, la remuneración solo aumentará si está vinculada a los beneficios, ya sea mediante un plan de primas o una participación en la empresa. En suma, querrás un trozo del pastel.

La dinámica del mercado prevalece sobre el rendimiento individual. (Lo sé, suena fatal.) En el último decenio, un trabajador de talento medio se ha ganado mejor la vida en Google que un trabajador de talento extraordinario en General Motors. Especialmente en las primeras etapas de la carrera, debes ser consciente de la ola hacia la que estás remando; cuando uno es joven, toda oportunidad de elegir entre diferentes caminos es una gran ventaja.

Así pues, busca la playa con las olas más grandes. Hace veinticinco años, me subí a la ola del comercio electrónico. Mi primera empresa (Red Envelope) fracasó. Peor aún, fracasó lentamente... en el curso de diez años (véase más adelante: «Abandonar a tiempo»). Sin embargo, había escogido la ola adecuada. Volví a remar y fundé otra empresa (L2), que ayudaba a otras empresas a desarrollar estrategias digitales. Me llevó un tiempo, pero la potencia y el tamaño de la ola me mantuvieron a flote y me impulsaron hacia delante, dando a los demás la impresión de que era un surfista con más talento del que realmente tengo. Simplemente estaba surfeando una ola del tamaño de las de Nazaré.

Los ciclos macroeconómicos moldean el tipo de oportunidades que hacen brillar a los buenos surfistas. Las recesiones económicas son, en mi opinión, el mejor momento para emprender un negocio. He fundado nueve empresas y el único factor común que puedo identificar en todas las exitosas es que se fundaron en períodos de recesión. No soy el único. Microsoft se fundó durante la recesión de mediados de la década de 1970 y Apple, poco después de que esta terminara. En el período posterior a la Gran Recesión de 2008, surgieron empresas como Airbnb, Uber, Slack, WhatsApp y Block. Esto se explica por múltiples motivos. En las recesiones, es difícil encontrar empleos bien remunerados porque nadie dimite, de modo que abundan los buenos profesionales (y los activos baratos). La falta de capital barato y accesible significa que la idea debe funcionar desde el primer día. En épocas de recesión, los fundadores imprimen un ADN más disciplinado en la cultura de la empresa, porque no tienen más remedio. Los clientes y los consumidores también están más receptivos al cambio que en épocas de prosperidad, cuando hay poca motivación para hacer algo distinto de lo que se ha hecho siempre.

Otra consideración macroeconómica es la búsqueda de formas de aprovechamiento de las inversiones de terceros. Las empresas que sacan partido de inversiones públicas y activos ociosos tienen más facilidad para crear riqueza extrema. Su genio reside en la gruesa capa de innovación que se sustenta en enormes inversiones públicas en investigación e infraestructura. También puede tratarse de empresas hiperaceleradas por regímenes normativos y fiscales favorables (por ejemplo, el sector inmobiliario). Silicon Valley es, en esencia, la inversión pública más exitosa de la historia. Basta con hacer doble clic en cualquier producto o empresa tecnológica importante para encontrar financiación pública. Apple, Intel, Tesla y Qualcomm se han beneficiado de programas federales de crédito. Tesla probablemente se habría ido a pique sin el salvavidas proporcionado por el Gobierno federal. El desarrollo del algoritmo principal de Google se financió con una beca de la Fundación Nacional de Ciencias de Estados Unidos. La economista Mariana Mazzucato, en su libro *El Estado Emprendedor*, calcula que las agencias gubernamentales estadounidenses han concedido alrededor de una cuarta parte de toda la financiación a las nuevas empresas tecnológicas y que, en el sector farmacéutico (un sector que requiere una enorme experimentación y predisposición al fracaso), el 75 por ciento de las nuevas entidades moleculares han sido descubiertas por agencias gubernamentales o laboratorios financiados con fondos públicos.[12] Dado que pagamos impuestos, tenemos derecho a beneficiarnos de esas inversiones.

Como ya he comentado, las carreras basadas en la pasión son una trampa. Cuanto más atractivo parezca un sector para los de fuera, menos gratificante será como carrera. Mudarse a Los Ángeles para ser actor es muy romántico, pero, cuando llegas allí, te encuentras con decenas de miles de personas (que también fueron las más guapas y las más carismáticas del instituto) compitiendo por el mismo centenar de papeles. El problema no es la competencia, sino la explotación.

El mejor plan de carrera para muchas personas (sobre todo al inicio de la andadura profesional) es el poco atractivo ascenso por la jerarquía empresarial. La empresa estadounidense sigue siendo el principal vehículo de creación de riqueza de la historia. Si tienes la suerte de poder trabajar en empresas como Goldman Sachs, Microsoft o Google, deberías aprovechar esa oportunidad. Es fácil menospreciar la seguridad ofrecida por las grandes empresas, pero no tienes por qué quedarte allí para siempre; hay mucho que aprender y, potencialmente, mucho que ganar. Véase con anterioridad: las empresas estadounidenses son las mayores generadoras de riqueza de la historia. La diplomacia es una cualidad indispensable para desenvolverse bien en una organización y conseguir el apoyo de la alta dirección; además, deberás tener la madurez y la disposición necesarias para tolerar las injusticias, que es una característica estática del mundo empresarial. Si tienes esas habilidades (o te esfuerzas por desarrollarlas), crearás riqueza a paso lento pero seguro.

Salvo contadísimas excepciones, la habilidad que acelera el desarrollo de toda carrera es la capacidad para comunicar ideas. No tiene por qué ser un talento natural y, desde luego, puede aprenderse. Si hay una habilidad que procuraré que mis hijos dominen al menos mínimamente cuando se incorporen al mundo laboral, no será la informática ni el mandarín, sino la comunicación. No me refiero a ciencias de la comunicación o lingüística, sino a la capacidad de expresarse en diferentes medios. Acabo de comprar a mi hijo pequeño una cámara Insta360, porque le gusta hacer vídeos, y he estado grabando algunos pódcast con mi hijo mayor, al que le hago escribir y grabar unos segmentos de dos o tres minutos en los que le entrevisto sobre un tema concreto. La comunicación es ante todo una competencia verbal, pero no debe subestimarse la importancia de la comunicación visual. El diseño está ganando cada vez más relevancia. No es casualidad que los consejeros delegados de Airbnb y Snap se licenciaran por la Escuela de Diseño de Rhode Island y la Escuela de Diseño de Stanford, respectivamente.

Por último, debemos tener presente que las organizaciones también son culturas, en el sentido de que el ambiente tiende a formarse en torno a determinados tipos de personalidad. Claro que habrá variedad, por ejemplo, entre los bufetes de abogados, pero dos bufetes tendrán más en común entre sí que con un plató de cine o un hospital. Es probable que hayas pasado demasiado tiempo con personas a las que aborreces y poco tiempo con las personas que aprecias o, al menos, con las que te gusta estar.

En el célebre manual para la búsqueda de empleo *¿De qué color es tu paracaídas?*, Richard Bolles propone el «ejercicio de la fiesta» a fin de identificar los entornos en los que podríamos prosperar, que clasifica seis tipos: realista, investigador, artístico, social, emprendedor y convencional. El ejercicio es sencillo: Imagina que te invitan a una fiesta. En seis rincones distintos del salón donde se celebra hay seis grupos de personas, cada uno de los cuales representa una de las anteriores categorías. ¿A qué grupo irías primero? ¿Con cuál querrías estar? ¿Cuál evitarías? Las personas con las que trabajas tienen el poder de crear o destruir el entorno. Son, como escribe Bolles, «drenadores de energía o creadores de energía».

¿Cuál es la opción más adecuada para ti?

No pretendo saber qué conduce al éxito en todas y cada una de las profesiones; para ello, debes investigar los factores decisivos del éxito en la carrera de tu interés. Conviene no dar por sentado que estos resultarán evidentes para las personas ajenas a la profesión. Para un estudio general de los rasgos de la personalidad y otros factores determinantes del éxito en diversos campos, recomiendo consultar *Do What You Are*, que utiliza la tipología Myers-Briggs para identificar centenares de opciones profesionales según el tipo de personalidad. Incluso si Myers-Briggs no despierta especialmente tu interés, la obra es un útil compendio de todas las formas imaginables de ganarse la vida.

Sin embargo, estoy familiarizado con algunos ámbitos más que con otros y, a continuación, expongo mis ideas al respecto. Empezaré por los que más conozco: la iniciativa empresarial, el mundo académico y los medios de comunicación. En el primero, coseché un éxito modesto; en el segundo, mejoro constantemente y el tercero resultó ser una sorpresa en la etapa final de mi carrera. Estos, y algunos otros de los que también hablaré, son los que domino. No constituyen, ni mucho menos, el abanico completo de oportunidades a tu alcance.

Iniciativa empresarial

Una de las muchas lecciones que aprendí trabajando en Morgan Stanley fue que no quería trabajar en Morgan Stanley ni en ninguna otra gran organización. Tampoco para un tercero. Me indignaba con mis superiores, no llevaba bien las críticas, me ofendían las pequeñas injusticias y carecía de motivación a menos que notara una conexión directa con las recompensas. Léase: no tenía las aptitudes necesarias para triunfar en una organización. Afortunadamente, se trata de la característica distintiva del empresario. Como sociedad, idealizamos la iniciativa empresarial.

He conocido a centenares, quizá millares, de empresarios y estoy convencido de que la mayoría no fundó empresas por gusto, sino porque no tuvo más remedio.

Los jóvenes parecen desanimarse cuando digo esto, pero trabajar en una organización o en una plataforma ofrece mejores rendimientos ajustados al riesgo. La existencia de la organización se justifica por su capacidad para reunir recursos y valer más que la suma de sus partes. Conviértete en una de sus partes y la organización compartirá el excedente de valor contigo. Si tienes la habilidad y la paciencia necesarias para superar obstáculos y políticas, y la madurez para tolerar injusticias garantizadas, recogerás los frutos a medio y largo plazo. Yo empecé en Morgan Stanley con un colega que ahora es vicepresidente. Acabamos en una posición económica similar, pero me temo que él ha sufrido bastante menos estrés y volatilidad.

Nuestra economía se beneficia de la mitificación del espíritu empresarial porque necesitamos personas que encuentren formas de impulsar el futuro desafiando la ortodoxia y rompiendo con los modelos empresariales tradicionales. Sin embargo, las historias que nos contamos sobre el espíritu empresarial tienen como protagonistas al reducido número de empresas que han cosechado un éxito fenomenal. El 20 por ciento de las empresas de nueva creación quiebra en su primer año y, en cierto modo, estas son las afortunadas.[13] Al cabo de diez años, otro 45 por ciento sufrirá el golpe de gracia, y menos del 15 por ciento de las nuevas empresas sobrevivirá dos decenios. Los medios de comunicación se centran casi exclusivamente en los casos más atípicos de los atípicos: las aplicaciones de consumo y los productos y servicios que nos son familiares y entendemos. Entre las excepciones, es decir, entre las empresas emergentes que proporcionan riqueza a sus fundadores e inversores, la mayoría pertenece a categorías menos atractivas (las mayores tasas de supervivencia corresponden a empresas de servicios públicos y manufactureras) que requieren experiencia y pericia en el sector, no solo una buena idea y algo de ambición. Sí, dos chavales en un garaje experimentando con un ordenador *pueden* cambiar el mundo; ha ocurrido unas cuantas veces, pero, como estrategia para conseguir seguridad económica, es mejor trabajar en Google y dejar los experimentos en el garaje para los fines de semana.

Por otro lado, al margen de que se gane o se pierda, probar suerte como empresario implica trabajar y sufrir estrés las veinticuatro horas del día. A mayor éxito inicial, mayor estrés. Supongamos que tu idea de producto es atractiva y consigues financiación. «Financiación» significa dinero para contratar a otras personas. La primera mañana que pones los pies en la nueva oficina (por la que seguramente has firmado un contrato de alquiler de dos años que no puedes pagar) y ves a esos radiantes y ambiciosos jóvenes que han apostado por tu visión, la sensación es magnífica. Pero solo dura hasta el mediodía, cuando se impone la realidad. No solo tu seguridad económica depende de tu descabellada idea, sino que además te has hecho cargo del futuro económico de otras personas. Y por cada nueva contratación, por cada nuevo cliente, la carga de responsabilidad y estrés se vuelve más pesada: los empleados necesitan un seguro médico y una nómina, el nuevo empleado, que apenas podías permitirte, se toma la baja por incapacidad al segundo día de trabajo y despiden al aliado de tu cliente estratégico. Por si fuera poco, tu mejor empleado muestra signos de lo que parece ser una grave enfermedad mental, así que te pasas la tarde debatiendo si llamar a sus padres. Por último, el director financiero te informa de que hay que convocar una reunión del consejo de administración porque tu asistente adicto a los opiáceos ha gastado 120.000 dólares con la tarjeta de crédito de la empresa en farmacias de todo Manhattan.

Todo lo que he escrito en el párrafo anterior ocurrió en el curso de un mes en la misma empresa. Viva el espíritu empresarial. Ahora bien, si has leído hasta aquí, seguramente te estarás preguntando qué se necesita para montar con éxito una empresa.

Los empresarios exitosos suelen ser muy buenos comunicadores: saben motivar a un equipo y saben persuadir a los inversores y a los clientes para que se embarquen en la aventura. Empresario es sinónimo de vendedor, y punto. Vendemos nuestra visión a los inversores, a los empleados y a los clientes; al principio, es cuanto tenemos. ¿Cómo saber si eres capaz de vender? Desde muy joven se sabe si uno tiene habilidad para ello. Eludir un castigo por no haber hecho los deberes, convencer a tu madre de que te preste el coche, conocer a una chica o un chico y conseguir su número de teléfono... Todo ello forma parte de la capacitación en ventas.

Por otro lado, hay que ser capaz de levantarse de la lona. Los empresarios pierden más combates de los que ganan, y reciben muchos golpes. En mi caso, todo comenzó en el instituto. Me presenté a delegado de clase en segundo, tercero y cuarto curso; perdí las tres veces. En vista de ese historial, decidí presentarme a presidente del consejo estudiantil y —redoble de tambores— volví a perder. Por si fuera poco, Amy Atkins se negó a ser mi pareja en el baile de graduación y me echaron de los equipos de béisbol y baloncesto. Después, denegaron mi solicitud de acceso a la UCLA, la única universidad que podía permitirme (ya que podía seguir viviendo en casa).

Con todo, nunca perdí el entusiasmo. Recurrí la resolución, entré en la UCLA y, en el último año de carrera, fui presidente del Consejo de Fraternidades. No es nada de lo que jactarse, lo sé, pero entonces me parecía importante. Me gradué con una nota media de 2,27 en una escala de 0 a 4, pero ello no me impidió conseguir una plaza en el programa de analistas de Morgan Stanley (presenté solicitudes en veintitrés empresas y me ofrecieron solo un trabajo) ni entrar en la escuela de posgrado de Berkeley (presenté solicitudes en nueve escuelas y me rechazaron en siete).

En suma, el secreto de mi éxito es... el rechazo.

Cuando se dirige una pequeña empresa, el flujo de caja es muy importante. Si no eres capaz de controlar a diario lo que entra y, aún más importante, lo que sale, quiebras. Si las obligaciones son mayores que las oportunidades, quiebras. Si estás en el sector tecnológico y es una fase alcista del ciclo, habrá inversores de capital riesgo dispuestos a invertir grandes cantidades de dinero en tu empresa. No te engañes, no es por bondad. Cuanto más gastas, más necesitas y, al final, los financiadores acaban quedándose con la empresa y tú pasas de ser empresario a empleado. Debes conseguir cuanto antes que la empresa funcione con el dinero que genera. El producto es importante, la adecuación al mercado es esencial, la cultura y la retención del talento son fundamentales... pero el flujo de caja es la fuerza vital de la empresa.

Por último, los fundadores deben mantener dos cosmovisiones diametralmente opuestas. Por un lado, deben albergar un optimismo irracional respecto del éxito final. Esto es esencial para la habilidad comercial y la resiliencia al fracaso, por supuesto, pero es aún más fundamental. Si tu idea de negocio fuera racional, Google o General Electric ya la habrían llevado a cabo. La única razón por la que los líderes del mercado te han dejado vía libre es porque tu idea probablemente sea irracional. El optimismo es necesario para ver más allá. Por otro lado, en el día a día, hay que ser sumamente pesimista y preocuparse por *todo.* ¿Es incierta la cuenta de este cliente? ¿Hay empleados clave que podrían marcharse? ¿Estamos a un mes de no poder pagar las nóminas? La respuesta es sí.

El lado positivo de la iniciativa empresarial se asemeja al de la paternidad. Concibes algo, lo cuidas, lo adoras y probablemente nada en el mundo te cause tanto estrés ni tanta alegría. Cuando todo sale a pedir de boca, sientes una verdadera satisfacción por haber creado algo que funciona. La gente reconoce la dificultad de la tarea y muestra una admiración y un respeto cercanos al sentimiento de ser querido. Además, no hay límites respecto de lo que es posible ganar. Los empleados, e incluso los consejeros delegados, se encuentran en cierta medida limitados a la retribución «justa o razonable». En los años que vendí las empresas que fundé, gané decenas de millones de dólares. Ninguna empresa, por muy brillante que fuera mi rendimiento, me habría pagado tanto.

Mundo académico

En primer lugar, me gustaría hacer una modesta declaración de intereses. Soy profesor de prácticas en la Escuela de Empresariales Stern de la Universidad de Nueva York y estoy orgulloso de esa afiliación. Pero mi función allí es enseñar, no investigar y hacer avanzar las fronteras del conocimiento. Mi trabajo consiste en traducir las experiencias de mi vida profesional en conocimientos que proporcionen a los estudiantes una ventaja en el mercado. Mi camino hacia el mundo académico comportó un desvío de veinte años por el mundo de la iniciativa empresarial y las profesiones liberales. Para mí, la docencia es un trabajo secundario estupendo, pero no es mi carrera, como lo es para muchos de mis (brillantes) colegas. El ambiente del campus es maravilloso, los horarios son flexibles y el objetivo último del trabajo es convertirse en la persona más versada del mundo en una materia concreta, por acotada que sea. Perseguir ese objetivo, aun cuando los conocimientos no tienen aplicación comercial, es intelectualmente estimulante.

La remuneración *puede* ser buena, pero varía mucho. Si se asciende por el escalafón docente, hay años de salarios irrisorios en todas las disciplinas, salvo en unas pocas, en las que directamente son insultantes. Los profesores pueden y suelen ganarse mejor la vida en campos en los que existe una fuerte competencia del sector privado (como ciencias aplicadas, derecho, medicina y empresariales). El dinero de verdad se gana fuera. Las universidades son excelentes plataformas para ganar dinero por otros medios (por ejemplo, libros, conferencias, consultorías, consejos de administración, etc.); como decía, en campos en los que hay dinero del sector privado. En el mundo académico, como en todas partes, solo se enriquecen los ricos.

Los académicos en esos campos pueden prosperar si tienen buenas dotes de comunicación, en particular, la capacidad de transmitir conocimientos a través de los medios de forma convincente. Jonathan Haidt (un modelo a seguir para mí) tiene una visión única de las cuestiones sociales. Sin embargo, lo que le reporta beneficios económicos es su capacidad para escribir unos artículos de fondo apasionantes (escribió el artículo más leído de la historia para la revista *The Atlantic*). Adam Alter ha escrito unos libros que, a diferencia del 99 por ciento de los trabajos de investigación académica, triunfan en las listas de superventas. Aswath Damodaran y Sonia Marciano probablemente son dos de los mejores profesores del mundo (en el aula). Jeffrey Sonnenfeld, de Yale, tiene un segmento extraordinario de seis minutos en las noticias por cable.

El resto del iceberg, sin embargo, brilla en el anonimato, lo cual puede ser una ventaja. Si tienes poco talento para socializar con personas menos brillantes que tú, a nadie le importará, siempre que vayas a la vanguardia del conocimiento. No obstante, tendrás que automotivarte, ya que no hay demasiada estructura. El perfil profesional es un poco el del lobo solitario (la investigación es un viaje solitario), la del pensador genuinamente curioso, metódico y disciplinado que profundiza en los temas hasta agotarlos. Ser un alumno excelente es un indicador importante, pero no lo es todo: ¿puedes mantener la concentración si se quitan de la ecuación los deberes y las notas? Mi colega de la Universidad de Nueva York, Sabrina Howell, describe el mundo académico como una buena carrera para las personas muy inteligentes y con espíritu emprendedor, pero sin talento para la gestión o las ventas.

Medios de comunicación

Hay muchas carreras en los medios de comunicación y, por lo general, son formas difíciles de ganarse la vida que requieren mucha inversión. A riesgo de parecer un disco rayado, diré que es un negocio volátil que puede rayar en la explotación. En los medios de comunicación —industria editorial, televisión y periodismo— acaban las personas que siguen su pasión, lo que constituye un buen ejemplo de por qué debes desatender ese consejo. Los empleos en sectores atractivos ofrecen una menor rentabilidad de los esfuerzos, ya que la excesiva inversión que requieren merma los beneficios. ¿Que no te apetece presentar el tiempo a las tres de la madrugada del domingo? De acuerdo, ya encontraremos a otra docena de personas que crean que hacerlo es el mejor camino para llegar a presentar las noticias de la noche.

La fila de gente que espera para entrar en la tienda de los medios de comunicación es kilométrica. Hay una razón por la que el sector fue el epicentro del movimiento *#MeToo*, y no es porque allí los hombres sean distintos que en otros sitios. Es porque la dinámica de poder es tan disfuncional que unos pocos personajes influyentes han podido salirse con la suya y mantener esos comportamientos aborrecibles durante tanto tiempo. El 87 por ciento de los licenciados en periodismo se arrepiente de su elección;[14] el 72 por ciento de los licenciados en informática, no.

Profesiones liberales

Las profesiones liberales —como medicina, enfermería, abogacía, arquitectura e ingeniería— son carreras que requieren estudios avanzados y la adquisición de un conjunto específico de competencias y habilidades, a menudo avaladas por un colegio profesional. Suelen ser opciones adecuadas para quienes sobresalen en los estudios. Para acceder a la mayoría de ellas, hay que ser sumamente aplicado. Las habilidades formales, principalmente escritas, de aprendizaje, pensamiento y comunicación conforman la base de la mayoría de estas carreras. Un abogado penalista debe ser persuasivo y elocuente ante el juez y el jurado; no obstante, por cada día que dedica a interrogar a un testigo al estilo de Perry Mason, pasa semanas enteras estudiando documentos y jurisprudencia, preparando escritos y haciendo lo que a mí me parecen muchos deberes. Los médicos también desarrollan diversas habilidades físicas y emocionales, dependiendo de la especialidad, pero su labor se asienta sobre una profunda base de estudio, memorización y pensamiento estructurado. Si la idea que tienes de la profesión médica es el buen trato al paciente y la pasión (otra vez esa palabra) por ayudar a los demás, puede que algún día llegues a ser un buen médico, pero, si no tienes la capacidad de pasar horas y horas estudiando en la biblioteca y digiriendo tochos, no lo conseguirás.

En síntesis, suelen ser buenas carreras por la (relativa) escasez de profesionales debido a los requisitos de titulación. Se requieren siete años de estudios superiores para ser abogado y casi dos decenios para ser cirujano cardiotorácico. Por ello hay tan pocos y cobran tanto por sus servicios. Si tienes la suerte de poder cursar estudios superiores, las profesiones liberales son un plan sólido y también un excelente entrenamiento, pues son carreras exigentes en las que se ejercitan numerosos músculos (clientes, investigación, ventas, etc.). Muchos profesionales liberales hacen la transición al lado del cliente y prosperan, porque han pasado por el entrenamiento de estar al otro lado de la relación entre cliente y proveedor.

Con todo, presentan una desventaja económica: a menudo se basan en salarios y tienen un potencial de crecimiento limitado. Como señalo en «La trampa de las rentas altas», en el cuarto capítulo, el sistema estadounidense del impuesto sobre la renta se lleva la mayor tajada de los contribuyentes con ingresos elevados, los de seis cifras. Para las personas en esa franja de ingresos, las lecciones de este libro sobre moderación, ahorro e inversión son esenciales como protección contra unas carreras que exigen muchísimo tiempo y esfuerzo y no proporcionan una verdadera seguridad económica.

Consultoría de gestión

Los consultores son, en gran medida, profesionales sin titulación. Cualquiera puede colgar un cartel y llamarse consultor; eso es lo que hice yo a los veintiséis años, con apenas dos años de experiencia laboral relevante. Y he sido una especie de consultor durante la mayor parte de mi carrera. Es interesante, puede ser una formación excelente (una especie de prolongación de los estudios de posgrado) y requiere muchas competencias: analíticas, de atención al cliente, creativas, de presentación, etc. También es una forma de progresar en la carrera mientras averiguas a lo que «realmente» quieres dedicarte, pues abarca diversos sectores y funciones. La consultoría está bien remunerada, incluso muy bien, aunque no conduce a la riqueza extrema, ya que adolece del mismo problema que muchos negocios en los que vendes tu tiempo: es difícil de escalar. Además, es un trabajo para gente joven, porque implica estar al servicio de las prioridades y el calendario de un tercero (el cliente). Es una actividad que pasa factura a nivel físico y mental y que requiere estar lejos de la familia, aun viviendo en la misma ciudad. A menos que te fascine este mundillo, suele funcionar como vía de acceso a otras actividades. En términos generales, la consultoría es una carrera para la élite y los sin rumbo: personas talentosas que no han descubierto lo que quieren hacer; en pocas palabras, para los «veinteañeros».

Finanzas

Otra prima hermana de las profesiones liberales son las finanzas (que, en algunos subcampos, también requieren titulación). Pocos sectores ofrecen más oportunidades de remuneraciones exorbitantes (y descabelladas). El dinero sufre menos fricción que cualquier otro material. Por tanto, nada más escalable que el negocio del dinero. Hacer crecer mi empresa de consultoría de diez a cien personas fue un gran reto. Cuando recaudaba dinero para inversiones activistas en la década del 2000, pasar de diez millones de dólares de capital a cien millones no fue fácil, pero fue mucho más sencillo que multiplicar por diez una empresa de servicios profesionales. Recordaremos esta época y nos preguntaremos cómo ha sido posible que unos pocos ganaran tanto con tan poco. Es un trabajo exigente, pero nada se equipara con la rentabilidad de la inversión en garra y talento de las finanzas.

Hay que ser inteligente, trabajador y tener facilidad para los números. Pero, sobre todo, hay que tener fascinación por los mercados. Si no tienes curiosidad por las acciones, los tipos de interés, los rendimientos y la relación que guardan entre sí, es muy poco probable que triunfes en el mundo financiero. (La prueba será el cuarto capítulo del libro: si es tu favorito, es muy probable que hayas encontrado tu vocación.) El sector tiene muchas vertientes (banca de inversión, compraventa de valores a corto plazo, financiación al consumo, etc.). En todas, hay que ser capaz de resistir la volatilidad y el estrés. Bancos enteros pueden retirarse de una región o cerrar una división de la noche a la mañana. En finanzas no hay carreras, sino una serie de trabajos y plataformas en las que intentas distinguir lo que puedes controlar de lo que no. En suma, si tienes madera para aguantar el estrés y la volatilidad, *there's no business like show business*. El mundo de las finanzas no tiene parangón.

Sector inmobiliario

Pocas opciones son más propicias para la creación de riqueza que los inmuebles. Sin duda, se trata de la clase de activo más ventajosa desde el punto de vista fiscal en Estados Unidos. Hay muy pocos activos que puedan financiarse al 80 por ciento y permitan la amortización del apalancamiento/deuda. Además, gracias al intercambio 1031, es uno de los pocos activos que pueden crecer con impuestos diferidos indefinidamente, incluso mientras se negocia con ellos.

Seguramente en algún momento serás inversor inmobiliario a tiempo parcial: ocurrirá cuando compres tu vivienda. Su valor líquido constituirá una parte considerable de tu patrimonio y, a la larga, de los ahorros para la jubilación. Para ser propietario de un inmueble hay que reunir muchas de las características del álgebra de la riqueza, ya que es una forma de ahorro forzoso (hipoteca) y exige una mentalidad a largo plazo. Estados Unidos sufre una fuerte escasez de viviendas y, si la propiedad se mantiene durante diez años o más, es muy improbable que se pierda dinero con un inmueble residencial.

La creación de una cartera de inmuebles de alquiler es una variante de la carrera empresarial. Comprar casas, apartamentos e inmuebles comerciales, como pequeños locales o almacenes, puede ser una carrera lucrativa *a largo plazo*. Yo llegué tarde y me salté el largo proceso de empezar poco a poco e hice crecer mi cartera aprovechando el patrimonio del que disponía y el momento oportuno. Estuve en empresas emergentes, tecnológicas, *hedge funds* y medios de comunicación. Las mejores inversiones que hice fueron en el sector inmobiliario.

Tras la crisis financiera de 2008, el valor de los inmuebles en Florida se desplomó. Yo me encontraba en Miami, huyendo del sistema de educación privada de Nueva York, que nos había dejado sin colegio para mi hijo de tres años que sufría un retraso en el desarrollo del habla. (Nota: el semestre pasado, entró en el cuadro de honor.) En cualquier caso, en 2010, cuando me mudé a Delray Beach, veía carteles de venta y ejecución hipotecaria por todas partes. De modo que empecé a comprar apartamentos en subastas judiciales. Mi familia política se había mudado a la zona y son personas competentes y muy apañadas: los apartamentos requieren mantenimiento, los inquilinos esperan que repares el aire acondicionado, siempre hay algo. La rentabilidad ha sido impresionante. Para quienes estén interesados en el sector inmobiliario, recomiendo hacer algún curso básico de finanzas, informarse sobre los inmuebles de la zona (o zonas aledañas) y empezar a ahorrar para la primera entrada. Si pudiera empezar de nuevo, ahorraría más durante mi juventud e invertiría en inmuebles de alquiler que pudiera reformar por mi cuenta y utilizar como garantía para comprar otros.

Una buena estrategia para alcanzar seguridad económica es comprar un inmueble que necesite reformas, vivir en él mientras se llevan a cabo (concienzudamente), luego venderlo (hasta 500.000 dólares en ganancias estarán libres de impuestos si se presenta la declaración conjunta) y repetir el proceso. Aplique, frote, enjuague y repita. Primero hay que aumentar la base de capital y ampliar los conocimientos y la red, y después hacerlo con más de un inmueble a la vez. Esto *no* debe tomarse a la ligera; hay que entender el mercado local, adoptar un enfoque disciplinado y tener una idea de los tipos de mejoras que proporcionarán una mayor rentabilidad de la inversión. Además, hay que saber gestionar a los proveedores y tener en cuenta que las mejoras y las reparaciones saldrán más a cuenta si uno se da maña y puede encargarse de ellas. No se trata de una estrategia de inversión teórica.

Piloto comercial

(No te lo esperabas, ¿verdad? Sigue leyendo.) Me fascina la aviación. Creo que puedo identificar el fabricante y el modelo de cuanto avión sobrevuela mi casa. Algunas personas miran zapatos; otras, destinos turísticos. Yo miro aviones y, en mi tiempo libre, leo sobre propulsión de motores de reacción y aviónica. Cuando compré mi avión, me convertí en el director de una pequeña aerolínea (con un único cliente: yo). No es de extrañar que a menudo me pregunten si estoy interesado en aprender a volar.

De ninguna manera; precisamente por lo que comentaba antes de no guiarse por la pasión. (Véase: no sigas tu pasión, sigue tu talento.) Entre mi pasión por los aviones y mi talento potencial para pilotarlos media un enorme abismo. Pilotar un avión exige, ante todo, destreza física: incluso con la ayuda de la tecnología, los pilotos deben tener una excelente conciencia espacial y muy buena visión y audición. Pero no es eso lo que me mantiene alejado de la cabina. Ser piloto implica no cometer errores en dos situaciones muy distintas. En primer lugar, hay que mantener la concentración en el rutinario entorno de la planificación de rutas y las listas de comprobación. Ser inmune al aburrimiento. No es mi caso. Yo anhelo innovación, no competencia. En segundo lugar, y he aquí el verdadero quid de la cuestión, en las contadas ocasiones en las que la rutina se ve alterada por una crisis, lo que diferencia a los buenos pilotos de los pilotos muertos es la capacidad de seguir los protocolos y mantener la mente fría, incluso cuando la situación empeora. En el aire puede pasar de todo: mientras trabajaba en este libro, leí sobre un piloto en Sudáfrica que descubrió una cobra del Cabo de metro y medio deslizándose por su camisa en pleno vuelo. Nuestro héroe localizó el aeropuerto más cercano, solicitó un aterrizaje de emergencia, aterrizó y consiguió que los pasajeros salieran sanos y salvos del avión, todo ello mientras un polizón venenoso exploraba la cabina.[15]

El modelo a seguir es Iceman, no Maverick.

Economía de Main Street

La última categoría que me gustaría explorar es una en la que no tengo experiencia directa (excepto como cliente), pero tiene un enorme potencial y a menudo pasa inadvertida. Lo que yo llamo la economía de *Main Street* es probablemente el sector de nuestro mercado laboral en el que hay menos inversión (dado que muy pocas personas se incorpora a él), lo que supone inmensas oportunidades en relación con la inversión requerida. Abarca los oficios (electricistas, fontaneros y otros trabajadores cualificados) y la propiedad de pequeñas y medianas empresas (a menudo en esos ramos).

Más de 140.000 estadounidenses ganan más 1,5 millones de dólares al año, y la mayoría de ellos no son ni fundadores de empresas tecnológicas ni abogados ni médicos, sino propietarios de empresas regionales: concesionarios de automóviles, distribuidoras de bebidas, etc. Las pequeñas empresas (con menos de 500 empleados) crean dos tercios de los nuevos empleos netos cada año y representan el 44 por ciento del PIB.[16] Y no todos son concesionarios de coches y tintorerías. Un estudio sobre empresas innovadoras reveló que las compañías más pequeñas —con una media de 140 empleados— producían quince veces más patentes por empleado que las empresas con decenas de miles de trabajadores.[17] Ante la creciente preocupación por la fragilidad de las cadenas mundiales de suministro, aumentan las oportunidades para la fabricación nacional especializada.

Incluso a una escala mucho más pequeña, hay una gran demanda de oficios cualificados, basta con preguntar a cualquiera que haya tenido que instalar paneles solares o renovar la cocina durante un auge del mercado inmobiliario. Se prevé que el mercado laboral de electricistas crezca un 40 por ciento más rápido que el mercado laboral general (y los proyectos de energía verde son ante todo proyectos de *electrificación*),[18] y se calcula que en 2027 faltará medio millón de fontaneros para cubrir las necesidades del mercado.[19] Con todo, solo el 17 por ciento de los estudiantes de educación secundaria y superior aspira a una carrera en el sector de la construcción.[20]

Los que nos ganamos la vida en sectores que requieren la titulación en escuelas de élite a veces menospreciamos esas carreras. Hemos decidido que si nuestros hijos no acaban en el MIT o en Google, hemos fracasado como padres y como sociedad. Muchos de nosotros exaltamos los sectores de la información y la tecnología al punto de hacer que toda una generación se avergüence de tener un oficio por creer que ello es sinónimo de fracaso.

Si se tiene acceso al capital, la economía local ofrece grandes oportunidades, ya que los *baby boomers* se jubilan y desean vender sus empresas. Se trata de auténticas vías hacia la riqueza de las que no se hace eco la CNBC. La Agencia Federal de Pequeñas Empresas (SBA) cuenta con una serie de programas y ayudas financieras para la creación y el desarrollo de estas empresas. Por supuesto, lo más conveniente es vivir lejos de las grandes urbes: la mitad del PIB de Estados Unidos se genera *fuera* de las veinticinco principales áreas metropolitanas. La mayoría de los ejemplos y consejos que ofrezco (incluidos los de la sección siguiente sobre mudarse a la ciudad) se basan en mi experiencia en diversos ámbitos del trabajo intelectual. No obstante, el mensaje central de este libro, así como el camino hacia la riqueza, es válido para todas las carreras, y la economía local es el motor económico de millones de estadounidenses. No lo perdamos de vista.

Buenas prácticas

Mudarse a la ciudad, ir a la oficina

Al inicio de la carrera, se necesitan mentores, retos y mucha práctica. Lo virtual no sustituye a lo presencial, a relacionarse con personas inteligentes y creativas que trabajan para un objetivo común. Cuantas más oportunidades tengas de socializar, explorar tus intereses, encontrar mentores y posibles parejas y relacionarte, mejor. Como en el tenis, cuando peloteas con alguien mejor que tú, progresas. Vivir en la ciudad te obliga a jugar con los mejores. No tiene por qué ser Nueva York, aunque creo que es la mejor opción para los jóvenes (en la veintena y treintena) que desean labrarse una carrera profesional, pero debe ser un lugar que ofrezca buenas oportunidades y la posibilidad de competir. Las comodidades del teletrabajo palidecen en comparación con las ventajas —personales y profesionales— de compartir físicamente un mismo espacio. Los expertos llevan pronosticando la extinción de las ciudades desde que se construyó el primer edificio de dos plantas. Sin embargo, la complejidad prospera en las grandes ciudades, que producen más patentes, más investigación y albergan más empresas innovadoras.[21] Más del 80 por ciento del PIB mundial se genera en las ciudades.[22]

Además, las ciudades son *divertidas, interesantes e ideales para socializar*. Conocerás a personas de todos los orígenes imaginables, con puntos de vista sobre la vida que cambiarán los tuyos. Mientras vivas en la ciudad, prueba cosas novedosas, exponte a situaciones nuevas; así aprenderás sobre el tema más relevante: tú. La vida en la ciudad es cara, pero merece la pena. Los primeros años de carrera son importantes para sentar las bases de la seguridad económica y precisamente allí es donde encontrarás la carrera adecuada, adquirirás las habilidades necesarias para el éxito y entablarás relaciones. Como explicaré en el capítulo siguiente, el dinero que ahorres es menos importante que desarrollar el músculo del ahorro; vive la vida mientras no tengas compromisos. Alquila el piso más barato que encuentres, no lo amuebles, sal a menudo y practica decir «sí».

Ve a la oficina, idealmente, a la central. En la oficina entablarás relaciones y encontrarás mentores. Los mentores se implican emocionalmente en tu progreso, algo fundamental en toda organización. A la hora de decidir un ascenso, el elegido será quien tenga una buena relación con el encargado de tomar la decisión. Sí, las relaciones pueden entablarse y mantenerse a distancia, pero son menos estrechas. La proximidad de la oficina (es decir, tu presencia allí) se relaciona directamente con tu trayectoria profesional. Una encuesta realizada en 2022 a altos ejecutivos reveló que más del 40 por ciento de ellos consideraba que los empleados que teletrabajan tenían menos probabilidades de ascender, y los estudios lo confirman.[23] Por el contrario, si hay despidos, los empleados que pasan inadvertidos encabezarán la lista. Resulta más fácil despedir a quienes solo has conocido por vídeo.

¿Se trata de una realidad justa? Probablemente no. Sin embargo, la carrera se desarrolla en el mundo que tenemos, no en un mundo ideal. Así que, mientras puedas, ponte una camisa elegante y ve a la oficina.

Con el tiempo, perfeccionarás tus habilidades y establecerás una red de contactos, de modo que el entorno urbano, e incluso la oficina, tendrán menos que ofrecer. Y la mayoría tendemos a adquirir compañía (pareja, hijos, perros) y cosas, por lo que el coste y las limitaciones de las megaciudades se vuelven más onerosos. En algún momento, el arbitraje cambia. Puedes mudarte a una ciudad más pequeña, a las afueras o incluso a una zona rural, idealmente con impuestos bajos y buenas escuelas, manteniendo el nivel de concentración requerido por la carrera en esa etapa de tu vida profesional.

El deseo es la apuesta mínima

Ya sea en la universidad, en una empresa emergente o en una gran empresa, todos desean lo mismo: éxito, validación, competencias y seguridad económica. Y al universo le da igual. El deseo es necesario, pero insuficiente.

Hay muchos consejos sobre la vida profesional y personal que recomiendan fijar objetivos. Los objetivos son útiles, incluso necesarios, y los objetivos mensurables pueden ser importantes herramientas de gestión para las empresas. (Las investigaciones sugieren que el mero hecho de apuntarlos puede tener un profundo efecto en los resultados.)[24] Sin embargo, el deseo de alcanzar un objetivo no conduce a su consecución.

Para empezar, el progreso no es lineal, sino irregular. La gente se me acerca y me felicita por mi éxito repentino. No es así. Mi «éxito repentino» me ha costado treinta y cinco años de arduo trabajo, y un gran esfuerzo para recuperarme tras recibir un puñetazo en la cara. Si la motivación para trabajar es el deseo de alcanzar un objetivo final, corres el riesgo de frustrarte cuando trabajes a destajo y no veas ningún progreso hacia esa meta. Y cuanto mayor sea el objetivo y el horizonte temporal para alcanzarlo, mayor será la probabilidad de que el deseo se extinga antes de que llegues a él.

Luego está el problema de cumplir tu mayor anhelo. ¿Y después qué? Cuanto más empeño pongas en alcanzar una meta, cuanto más te sacrifiques por ella, mayor será la decepción cuando la alcances y repares en que tu vida, en esencia, no ha cambiado. Porque seguirás siendo la misma persona, con todas tus neurosis, tus miedos y tus remordimientos, solo que peor, porque, una vez que hayas conseguido lo que anhelabas, ¿cuál será la motivación?

Como dice el refrán: «La vida es un viaje, no un destino». En palabras del gurú de los hábitos, James Clear: «Si quieres mejores resultados, olvídate de fijar metas. En lugar de eso, céntrate en tu sistema».[25] Tu labor consiste en canalizar el deseo, la ambición y cuanto te motive (el miedo, por cierto, es un poderoso factor de motivación) hacia el desarrollo de tus habilidades, la acumulación de contactos y referencias, y el trabajo duro, muy duro. Encuentra la recompensa en el trabajo bien hecho, siéntete orgulloso de los progresos y los éxitos intermedios, y tus deseos se materializarán. Bill Walsh, el entrenador de los San Francisco 49ers que ayudó al equipo a conseguir tres títulos de Super Bowl y revolucionó la NFL, recoge su filosofía de entrenamiento en un libro cuyo título refleja a la perfección sus valores: *The Score Takes Care of Itself* [El resultado se ocupa de sí mismo].

Coraje

El talento y el deseo, combinados con la carrera adecuada, son un buen punto de partida. Para que se traduzcan en seguridad económica, solo hacen falta unos cuantos años de trabajo. No hay secretos ni atajos: hay que esforzarse mucho para conseguirlo. El coraje es la capacidad de perseverar y esmerarse cada día en el trabajo, incluso cuando este no es reconocido, cuando no produce frutos, cuando uno está agotado o distraído: eso es el éxito, solo que en fase de gestación.

La gurú del coraje, la neurocientífica Angela Duckworth, define este rasgo como «una mezcla de pasión y perseverancia». Su principal hallazgo ha revelado que el coraje influye más en el éxito personal que el rasgo más exaltado por nuestra sociedad: la inteligencia. Los indicadores del coraje que presentó demostraron ser predictivos del éxito en diferentes entornos.[26]

Para mí, trabajar duro era sinónimo de trabajar muchas horas y con una dedicación casi absoluta. Cuando estaba montando L2, me pasaba el día en la oficina; iba a casa para bañar a los niños y luego volvía a la oficina. Los domingos trabajaba medio día. Si un cliente me llamaba y quería reunirse conmigo, cogía un avión al día siguiente. No todo el mundo tiene el privilegio (o el deseo) de comprometerse a ese nivel. Rendir al 110 por ciento no garantiza el éxito y trabajar al 90 por ciento no lo impide. Uno puede concentrarse y cosechar éxitos aunque no quiera ser un Navy SEAL de los negocios. Averigua de qué modo puedes contribuir más que los demás. Los analistas de béisbol tienen una estadística, «victorias sobre el reemplazo», que mide el número de victorias a las que contribuye un jugador estrella en relación con un jugador del montón. Mi recomendación es que encuentres la forma de aumentar tus victorias sobre el reemplazo.

Cultivar el coraje no es fácil, se cree que es producto de la genética y de la primera infancia, pero quisiera pensar que dimana de la mentalidad de crecimiento, o del hecho de reconocer que, en palabras de Steven Kotler, «el talento es simplemente un punto de partida y que la práctica marca la diferencia».[27] Repara en tus experiencias de aprendizaje y superación, cuando algo inicialmente frustrante y difícil se hizo más fácil a fuerza de trabajo (adviértase que la frase clave es «a fuerza de trabajo»).

Cuando algo no tiene remedio, hay que aguantarse

Todas nuestras acciones se desarrollan sobre el telón de fondo de una serie de fuerzas que escapan a nuestro control. Hay muchas cosas en las que podemos invertir tiempo y energía y sobre las cuales podemos realmente influir, por ello no debemos malgastar recursos librando batallas imposibles de ganar.

En el libro *Design de vida*, Dave Evans y Bill Burnett definen los «problemas gravitatorios» como obstáculos o fuerzas opuestas frente a las cuales es imposible hacer nada. «Si no es accionable, si no tiene remedio —afirman—, no es un problema, sino una circunstancia.» En el fragor de la batalla, es fácil confundir los consejos sobre perseverancia, coraje y concentración con la idea de que nunca hay que rendirse, o peor aún, que si te duele la cabeza de tanto dártela contra la pared es que vas por buen camino. Sin embargo, es importante dar un paso atrás y contemplar el panorama completo. ¿Estás chocando contra una pared que puede ser derribada? ¿O estás luchando contra la gravedad?

Hay un dicho popular en el mercado: «No luches contra la Fed». Significa que si la Reserva Federal quiere que la economía se mueva en determinada dirección, solo un necio se atrevería a apostar en sentido contrario. Los factores macroeconómicos son la gravedad; por tanto, a menos que presidas la Reserva Federal, no podrás cambiarlos. La gravedad existe también a menor escala. El amor no correspondido, salvo para los poetas, es un problema gravitatorio. Simplemente no le gustas. Pasa página. Si tu jefe solo reparte las mejores tareas y los ascensos a aquellos con los que socializa, y tú tienes tres hijos y no te interesa el golf, me parece que tienes un problema gravitatorio. Dejé la consultoría porque es un negocio basado en las relaciones y sentí que ya no tenía ni la disciplina ni la personalidad para ser amigo de mis clientes.

Hay dos pasos para hacer frente a la gravedad. El primero es reconocerla. El segundo, reformular la respuesta para que el problema *tenga solución*. La gravedad no impide subir cuestas empinadas o volar. Sin embargo, la solución a esos retos debe adecuarse a la realidad gravitatoria, no oponerse a ella. Si siempre estás persiguiendo parejas, aficiones o trabajos no correspondidos, probablemente haya discrepancias entre tu pasión y tu talento. ¿Qué tienes para ofrecer (y puedes potenciar) y qué tipo de personas lo quieren?

Abandonar a tiempo

La perseverancia debe ser una cualidad, no un pacto suicida. Cuando te abras paso a machetazos por la jungla, saca la brújula con regularidad y comprueba si vas bien encaminado. En esa tesitura, el apoyo del «gabinete de cocina», tu círculo íntimo de asesores, es inestimable. No abandones porque es difícil, es de esperar que lo sea. Hazlo porque los hechos, un mentor de confianza o varias señales externas indican que tu tiempo estaría mejor invertido en otra cosa. No hay de qué avergonzarse.

En 1997, fundé una empresa de comercio electrónico llamada Red Envelope. Fue genial hasta cierto punto, pero tardé diez años en desconectarla. ¿Lo peor de todo? Fue una muerte lenta. No me hizo ninguna gracia perder la mayor parte de mi patrimonio neto, pero lo que más me dolió fue que tardara diez años en quebrar.

Dos años después de fundarla, Red Envelope seguía prometiéndome riquezas y gloria, de modo que puse en marcha una incubadora de comercio electrónico llamada Brand Farm, respaldada por Goldman Sachs y J. P. Morgan, entre otros. La idea era muy sencilla: tener una infraestructura, un departamento jurídico, un departamento tecnológico, un departamento de desarrollo empresarial, una oficina y lanzar empresas de comercio electrónico. Conseguí recaudar 15 millones de dólares con una presentación de PowerPoint. Al cabo de seis meses, *¡bum!*, estalló la burbuja puntocom. Caímos en la cuenta de que el concepto había perdido sentido dada la coyuntura económica. Cerramos la sociedad matriz, pedimos a las empresas de nuestra cartera que redujeran los gastos en un 50 por ciento para sobrevivir al invierno nuclear y resistir un día más, y pasamos página. Fue una suerte. Lo mejor es tener éxito. Lo segundo mejor es fracasar rápido.

Siempre que se asuma un riesgo, abandonar debe ser una opción. En el sector tecnológico, lo llamamos «pivotar» para hacerlo más llevadero. Los grandes jugadores son grandes desertores: la emblemática canción de Kenny Rogers nos recuerda que hay que «saber cuándo jugarlas y cuándo tirarlas».[28] La campeona de póker Annie Duke dedicó un libro entero al tema, en el que argumenta de forma convincente que la renuncia es una de las claves para tener éxito en los negocios y en la vida.[29] He aquí uno de sus consejos: planifica la salida con antelación, de modo que cuando la emoción del momento te desborde, tengas una señal con la que puedas contar. Saber abandonar a tiempo es fundamental. Es un arte. Todas las personas exitosas desisten. Algunas, con bastante frecuencia. Encuentra a personas de confianza que tengan la perspectiva y el valor suficiente para decirte si debes aguantar o retirarte (y cuándo).

Picos y valles, no una escalera

El progreso profesional ya no es, como antaño, una firme escalera que lleva a la planta ejecutiva. Las rígidas expectativas de una trayectoria lineal ascendente pueden impedirnos ver las oportunidades oblicuas. No debemos considerar la carrera como una escalera por subir, sino como una cordillera por cruzar, con diversos retos y entornos que conquistar, y un conjunto de herramientas que iremos ampliando por el camino para seguir progresando.

La concentración no se traduce necesariamente en un progreso lineal. La variedad tiene valor. Un estudio concluyó que el mejor indicador del éxito de un nuevo consejero delegado era la cantidad de empleos que había tenido antes de asumir el cargo.[30]

Las carreras profesionales exitosas que generan riqueza (a diferencia de la iniciativa empresarial) suelen comportar cambios estratégicos de empleo que producen saltos en las responsabilidades y la remuneración. Es una triste realidad de la naturaleza humana que los de fuera te valoren más que tu empresa actual: nos gusta la novedad, y los jefes no son la excepción. Es un error común que los directivos vean al empleado como era cuando se incorporó a la empresa y no como el ejecutivo más experimentado en que se ha convertido.

Aunque no se cambie de empresa, tantear el mercado puede reportar beneficios. En mi primer año en Stern, cobré 12.000 dólares. El valor que yo aportaba a la escuela aumentó rápidamente (impartía la clase más popular de la escuela y participaba con frecuencia en actividades fuera de ella), no así mi salario. La universidad paga muy poco a los profesores de prácticas y a los adjuntos para subvencionar a profesores titulares (a menudo) improductivos. De modo que, cada pocos años, les presentaba una oferta de otra universidad y les planteaba con franqueza: «Este es mi valor de mercado, me gustaría quedarme; os pido que lo igualéis». Y lo hacían. Con el tiempo, mis otros proyectos hicieron mermar el valor del salario de la universidad (consúltese: utilidad marginal) y actualmente devuelvo mi salario a Stern para poder morder la mano que (no) me da de comer. Escribo y hablo sobre las deficiencias de la educación superior y sería raro cobrar sus cheques mientras despotrico contra el sistema. Sin embargo, durante muchos años, esos aumentos fueron muy importantes para mí. En suma, si quieres que tu remuneración aumente a un ritmo superior a la inflación, es probable que tengas que dimitir o manifestar con convicción tu voluntad de hacerlo (véase antes: ofertas de otras universidades).

Participa en LinkedIn, actualiza tu perfil y evalúa a tus colegas; habla con amigos y antiguos compañeros de clase y de trabajo sobre sus empleos. Existe la falsa creencia de que hablar de dinero y ascensos es de mala educación. Solo tu empleador se beneficia de tu ignorancia. Si te dedicas a un campo por el que merodean los cazatalentos, acepta sus solicitudes de contacto, deja que te inviten a comer y aprovecha la ocasión para preguntar por la situación del mercado. ¿Quién está contratando? ¿Qué buscan? ¿Cuáles son las competencias y características más buscadas? ¿Quién tiene dificultades para entrar en el mercado? Y más importante aún, ¿cuál es tu valor y dónde podría maximizarse?

Una advertencia: explora otras oportunidades con un sano escepticismo y recuerda activamente lo que te gusta de tu empresa actual. *Todos* los trabajos tienen sus desventajas, todos los jefes tienen exabruptos y lo que parece una oportunidad deslumbrante e inigualable probablemente será solo tu trabajo al cabo de seis meses.

La opción nuclear es tomar toda esa información y cambiar realmente de trabajo. En marzo de 2023, los estadounidenses que cambiaron de empleo en los últimos doce meses aumentaron su salario un 7,7 por ciento en ese período, mientras que los que no cambiaron de empleo experimentaron un aumento de apenas el 5,7 por ciento.[31] La diferencia fluctúa con el tiempo, pero los que cambian de trabajo casi siempre aventajan a los demás. Además, los nuevos entornos amplían la base de experiencia, proporcionando más flexibilidad y adaptabilidad en una economía cambiante.

La imagen de los que cambian de trabajo ha evolucionado, pero, en general, el tiempo de permanencia en el empleo ha disminuido solo modestamente. En 1983, la antigüedad media de los trabajadores de veinticinco años o más era de 5,9 años.[32] En 2022, había descendido, pero solo un 17 por ciento (en casi cuatro decenios), hasta los 4,9 años.[33]

VARIACIÓN PORCENTUAL MEDIA DEL SALARIO POR HORA

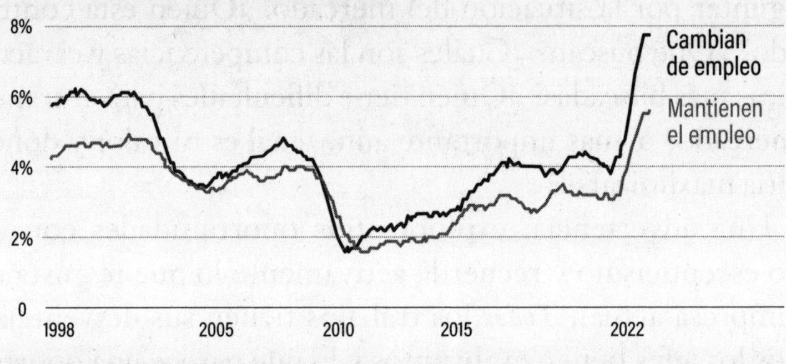

Fuente: Banco de la Reserva Federal de Atlanta.

La tendencia se ha acelerado más entre los trabajadores de menos edad. El 21 por ciento de los *millennials* afirma haber cambiado de empleo en el último año, más del triple con respecto a otras generaciones. Los miembros de la generación Z lo han hecho a un ritmo un 134 por ciento mayor que en 2019, según datos de LinkedIn.[34] Esto contrasta con un 24 por ciento más en el caso de los *millennials* y un 4 por ciento menos en el caso de los *boomers*. Y los miembros de la generación Z tienen previsto seguir moviéndose: el 25 por ciento ha manifestado que espera o prevé marcharse de su empresa en los próximos seis meses, en comparación con el 23 por ciento de los *millennials* y el 18 por ciento de la generación X.

Cambiar de empleo es, sin embargo, un arma de doble filo que debe manejarse con cuidado. A menudo implica renunciar a las inversiones realizadas para conocer una organización y reconstruir la reputación y la red de contactos en la nueva empresa. El riesgo es considerable, porque, por muchas entrevistas que hagas, nada te garantiza que vayas a encajar en la nueva organización. Y luego está el efecto acumulativo en el currículum, el mensaje que tu historial laboral envía a tus futuros empleadores. Si has tenido tres trabajos en siete años, es probable que la persona que te entreviste piense que el problema eres tú. No estoy sugiriendo que te quedes en un trabajo espantoso solo por la higiene del currículum. Sin embargo, si estuviste menos de dos años en el trabajo anterior y el que tienes ahora no te encanta, yo reflexionaría largo y tendido sobre qué necesitaría para quedarme unos tres años más antes de cambiar.

Los jóvenes que se sienten cómodos cambiando frecuentemente de empleo no deberían dar por sentado que todo el mundo comparte ese sentir. Para que te hagas una idea de la imagen que teníamos antes (y que algunos todavía tienen) de las personas que saltan de un empleo a otro, en 1974, un psicólogo de Berkeley acuñó el término «síndrome del vagabundo» para describir «el prurito periódico de pasar de un trabajo en un sitio a otro en otro sitio», que, a su entender, era un impulso «no muy distinto del que provoca la migración de las aves».[35] Evidentemente, nadie quiere esa etiqueta en su currículum.

Entonces, ¿cuándo hay que cambiar de trabajo? Cuando ello suponga un avance profesional, sopesado contra el riesgo de ganarse la fama de inconformista laboral en serie. Es decir, cuando el cambio comporte un valor estratégico y el nuevo empleo sea sustancialmente mejor, no solo diferente. ¿Añade una marca valiosa al currículum? ¿Es una oportunidad para ampliar la red de contactos de manera productiva? Más importante aún, ¿permitirá ampliar el conjunto de competencias? Puede tratarse de competencias técnicas para el desempeño del trabajo, como el manejo de nuevos programas informáticos o herramientas de análisis, pero también de competencias más interpersonales: la oportunidad de dirigir un equipo, relacionarse con la alta dirección, tener mejores mentores o un contacto más directo con los clientes. Si no puedes enumerar una serie de ventajas claras y concretas, pregúntate si no estarás cambiando por cambiar y si no volverás a buscar otro trabajo dentro de un año.

Lealtad a las personas, no a las empresas

La lealtad es una virtud bidireccional. La persona que te contrata está demostrando que confía en tu potencial. Lo mismo un mentor. Están apostando por ti, y tú debes corresponder a su lealtad con la misma fidelidad. El beneficio será mutuo: se ha demostrado que las mentorías mejoran los resultados profesionales tanto del mentorizado como del mentor.[36] En una compañía tecnológica, ambas partes tenían por lo menos cinco veces más probabilidades de ascender que los empleados que no habían participado en el programa de mentorías.

Pedir consejo es una de las formas más poderosas de crear vínculos en el lugar de trabajo. Es una expresión de confianza, por ello intimida. Pero la confianza engendra confianza y fortalece las relaciones. Pide consejo y tu mentor se implicará en tu éxito.

Nada de esto se aplica a las organizaciones. Estas no tienen ningún consejo que ofrecer, ninguna perspectiva que aportar y *no te serán leales*. Tu jefe puede tenerte en un pedestal, pero cuando el jefe de tu jefe meta la pata y hunda los resultados de tu división, la guadaña de los despidos os cortará a los dos como trigo. La lealtad es una virtud humana (y también canina), pero no organizativa.

La línea que separa a las organizaciones de las personas solía ser más difusa. Si trabajabas en IBM durante cuarenta años y tus compañeros también, ser leal a IBM era, en efecto, ser leal a las personas que trabajaban allí; una distinción indistinta. Hoy, una generación de estrategias de gestión del valor para el accionista y de disrupciones impulsadas por la innovación nos han separado de nuestras afiliaciones organizativas. Y ello ha hecho que nuestra lealtad mutua como personas cobre aún más importancia.

Mike Bloomberg dijo en una ocasión: «Siempre he tenido esta política: Si se trata de un amigo y lo han ascendido, no me molesto en llamarle. Ya lo veré en algún momento y le gastaré una broma. Si lo han despedido, querré salir a cenar con él esa misma noche. Y querré hacerlo en un lugar público donde todo el mundo pueda verme. Porque recuerdo que cuando me despidieron de Salomon Brothers, puedo decirte el nombre de todas las personas que me llamaron. Significó mucho para mí. ¿Cuando me nombraron socio? No lo recuerdo para nada».[37] En palabras de mi amigo Todd Benson: «Hay que estar presente en los momentos importantes, en los momentos significativos. Nunca te pierdas un funeral. Asiste a todas las bodas».

Monógamo en serie

Una vez que estés en la senda de tu carrera, avanzarás más si no pierdes de vista el destino y el reto que tienes por delante. En mi opinión, los «trabajos secundarios» son una distracción, una pérdida de la concentración necesaria para alcanzar el éxito. Si hay algo que merezca la pena, conviértelo en tu ocupación principal. Si tienes un trabajo secundario, probablemente significa que tu trabajo principal no es el adecuado. Si tu atención y tus esfuerzos se centrasen un 10 o un 20 por ciento más en la actividad principal, ¿no obtendrías más beneficios que los proporcionados por la actividad secundaria? La concentración no es una cuestión de hacer, sino de no hacer.

Hay excepciones, claro. Si eres autónomo, diversificar la base de clientes y las fuentes de ingresos es de sentido común. Como autónomo, eres una empresa unipersonal, y es peligroso para las empresas depender de un solo cliente o de una sola línea de productos. Pero es igualmente peligroso lanzarse a la caza de cuanta oportunidad se presenta y asignar los recursos limitados a unos servicios dispares con poca sinergia. En los inicios de todas mis empresas, siempre estaba la tentación de hacer cosas «por dinero» y a veces teníamos que aceptar proyectos irrelevantes desde el punto de vista estratégico solo para poder pagar las nóminas. Pero son calorías vacías. Los proyectos «por dinero» requieren los mismos costes indirectos y la misma energía mental (a veces incluso más) que los proyectos de la actividad principal y, además, restan recursos a la ampliación del conjunto de competencias de la empresa y al impulso de esa actividad principal. Una vez más, se trata de una decisión que debe consultarse con el círculo de confianza.

La segunda excepción es que, en caso de que hayas desoído mis advertencias sobre iniciativa empresarial, puede ser útil tener un empleo con un sueldo y unos beneficios fijos al inicio de la carrera como emprendedor, por razones prácticas evidentes. Del mismo modo, a lo mejor necesitas un empleo fijo para financiar una carrera de acumulación de activos, como la creación de una cartera de inmuebles de alquiler. De ser esa la estrategia, ninguna de esas iniciativas deben considerarse como trabajos secundarios, sino como una unidad, como dos líneas de negocio complementarias. Traza un plan y establece unos plazos para prescindir del trabajo asalariado y dedicarte de lleno a la acumulación de activos.

Estudios de posgrado

Una alternativa tentadora que la mayoría de los trabajadores del conocimiento suele contemplar son los estudios de posgrado. Algunas profesiones los exigen y ello obliga a centrarse, pues sería inoportuno descubrir que detestas la medicina en el segundo año de residencia. Por muy seguro que creas estar de una carrera que requiere estudios avanzados, intenta informarte bien y tener contacto con profesionales que ejerzan la profesión antes de empeñar años de tu vida en los requisitos de admisión.

Cuando obtuve el Máster en Administración y Dirección de Empresas por la Escuela de Empresariales Haas (de la Universidad de California en Berkeley), la matrícula costaba 2.000 dólares al año; la decisión estaba chupada. Pero ahora que las matrículas se han disparado, el listón está muy alto respecto de lo que justifica la inversión. No es que las escuelas de empresariales carezcan de valor (doy clases en una y creo en su misión), pero ni son para todo el mundo ni son indispensables para todo el mundo. La formación que ofrecen es muy valiosa, pero también lo es un puesto de trabajo en una empresa puntera. Además, los títulos de las escuelas de empresariales rinden menos a medida que se progresa en la carrera —nadie contrata a un consejero delegado porque fue a Wharton—, mientras que los 200.000 dólares desembolsados podrían estar acumulando interés compuesto en la cartera de inversión. Como expongo en el capítulo siguiente, el coste de oportunidad está peligrosamente infravalorado.

Aparte del título, lo más valioso es la red de contactos. Sobre todo si no has tenido la oportunidad de relacionarte con banqueros y ejecutivos, las escuelas de empresariales pueden allanar mucho el camino. Lo que se aprende realmente es… limitado, pero lo mismo puede decirse de la mayoría de la enseñanza superior. Para hacer contactos y darse a conocer, solo recomiendo las diez mejores escuelas. (Nota: probablemente haya quince escuelas entre las diez mejores.) Los empresarios opinan lo mismo, pero ellos hablan con dinero: los graduados del Máster en Administración y Dirección de Empresas de las mejores escuelas de empresariales de Estados Unidos ganan tres veces más que sus homólogos graduados de programas con peores calificaciones.[38]

Victorias rápidas

Las «victorias rápidas» era una estrategia que utilizábamos en mis tiempos de consultor de gestión para ganar impulso con un nuevo cliente. Los proyectos de consultoría siempre empiezan con una ráfaga de optimismo y energía cuando un equipo de jóvenes MBA se presenta en una empresa con ideas frescas. El problema es que pueden pasar meses y cuanto han producido los niños prodigio son reuniones, presentaciones de

PowerPoint y facturas de seis cifras. De modo que buscábamos oportunidades asequibles para poner en práctica algún aspecto de nuestras recomendaciones a pequeña escala: proyectos piloto, encuestas sencillas a clientes, cualquier cosa que pudiéramos hacer de forma rápida y visible. Las ventajas eran muchas: por un lado, justificábamos la inversión mediante una serie de progresos; por otro, hacíamos que fuera menos desalentadora la idea de implementar otras recomendaciones mucho más ambiciosas, al tiempo que aprendíamos cómo funcionaba realmente la organización del cliente.

Crear oportunidades para conseguir victorias rápidas es una técnica muy eficaz en muchos campos. En nuestro desarrollo personal, es la clave para mejorar nuestros hábitos y generar la energía necesaria para emprender tareas más complejas. El gurú de las finanzas personales Dave Ramsey se aparta de la economía doctrinaria y aboga por las victorias rápidas para hacer frente al sobreendeudamiento. Pide a sus clientes que hagan una lista de todas sus deudas, de menor a mayor. Les dice que se olviden de los intereses, las condiciones de pago y todo lo demás, y que solo apunten el valor absoluto de cada deuda. A continuación, deben pagarlas en ese orden. No es la estrategia más sensata desde el punto de vista fiscal (que consistiría en saldar primero las deudas con tipos de interés más altos), pero, como señala Ramsey, se prioriza «la modificación de la conducta sobre las matemáticas». A lo mejor puedes pagar ese préstamo de 100 dólares a tu primo, que podrías adeudar durante años, pero el hecho de saldarlo es una victoria rápida. Y, como sostiene Ramsey, «necesitas victorias rápidas para animarte».[39]

Poda y desarrollo de aficiones

Las actividades recreativas, desde leer novelas románticas hasta escalar montañas (reales), mantienen el cuerpo y la mente activos y pueden proporcionar felicidad duradera. Con el tiempo, si sigues los consejos de este libro, seguramente tendrás tiempo y dinero para dedicarte a ellas con pasión. De hecho, en algún momento, será cuanto hagas. Ahora bien, por muy gratificante que sea aprender una nueva habilidad, no querrás encontrarte con setenta años, sin trabajo, con una abultada cuenta bancaria y sin nada que hacer. A los setenta podrás practicar surf, claro que sí, pero será mucho más fácil si aprendes a los veinticinco.

Sin embargo, el inconveniente que tienes ahora es que debes centrarte en la carrera, de modo que el tiempo del que dispones es precioso. ¿Cómo elegir qué aficiones podar y cuáles desarrollar?

Ordena tus actividades recreativas. (Es decir, enuméralas por orden de prioridad, de la más importante a la menos importante; sin empates.) Una actividad recreativa es toda actividad, distinta de las realizadas para satisfacer las necesidades básicas, que no genera (o no tiene el potencial legítimo para generar) unos ingresos sustanciosos. A la hora de clasificarlas, ten en cuenta los siguientes factores:

- ¿Es una actividad compartida con tus seres queridos, de modo que el tiempo que le dedicas es también tiempo que inviertes en esas relaciones? Sé franco, si tu pareja te acompaña todos los domingos al campo de golf porque te quiere, pero preferiría hacer literalmente cualquier otra cosa antes que estar allí, eso no es una actividad compartida. Si lo fuera, sería una gran ventaja y debería estar al principio de la lista.

- ¿Es una actividad física? Todo el mundo debería incluir en la lista al menos una afición que implique ejercicio. La mía es el CrossFit. Me gusta, pero no me encanta. Pero hasta que encuentre un ejercicio que me guste más, se encuentra entre los primeros de mi lista.
- ¿Cuál es la relación tiempo/coste/valor? Pilotar aviones experimentales debe de ser apasionante, pero en un mundo en el que el tiempo y el capital son limitados, para la mayoría esa opción se encuentra muy por debajo de «dar un paseo por la playa» si se tiene en cuenta la relación tiempo/coste/valor.
- ¿Es algo que podrás hacer de mayor? Esto se manifiesta de varias maneras. Para las aficiones que requieren habilidades, sobre todo físicas, probablemente lo más conveniente sea empezar a practicarlas desde ahora. Si quieres jugar mucho al golf cuando te jubiles, merecerá la pena que empieces ya. Si tienes previsto jubilarte, mudarte a Hawái y practicar *longboard* por las mañanas, sin duda deberías surfear algunas olas de vez en cuando. Son habilidades que no conviene empezar a desarrollar a los sesenta y cinco años. Cocinar, en cambio, es algo que puedes aprender a hacer a cualquier edad. Viajar en primera clase a las capitales europeas no requiere práctica y puede hacerse con la misma (o más) facilidad en la jubilación que en la juventud.
- ¿Tienes talento para ello? ¿Te hace entrar en flujo? ¿Te produce alegría? La respuesta a estas preguntas probablemente sea la misma, pero todas ellas son características valiosas de una afición. Si te encanta tocar el piano y

te imaginas deslumbrando a toda la residencia de ancianos con tu talento, pero tienes los dedos cortos y practicar te supone una hora diaria de aturdimiento y angustia, invierte ese tiempo en otra cosa. Pocas personas pueden disfrutar realmente de una actividad que se les da fatal durante mucho tiempo. No sigas tu pasión, sigue tu talento.

- ¿Implica ver o hacer? Según mi experiencia, las personas que sudan son más exitosas que las que ven a otros sudar.

Una vez que tengas una idea de las actividades de las que sacas más partido, repasa la lista y determina cuánto tiempo te ocupa cada una de ellas al día, a la semana, al mes y al año. Súmalo y, con tres o cuatro entradas, probablemente habrás llegado al límite de las actividades que tienes tiempo de hacer, y me refiero a hacer bien. («Probar cosas nuevas» es una afición totalmente legítima, la lista no tiene por qué mantenerse igual durante toda la vida. Simplemente reconoce que probar cosas nuevas lleva tiempo.) No te sientas culpable por abandonar una actividad a la que has dedicado tiempo en el pasado. Los costes irrecuperables perdidos están y, si valió la pena hacerlo durante todos esos años, seguramente habrás ganado en habilidades y experiencias aplicables a otras áreas. El clásico ejemplo son los deportes de competición: las lecciones de perseverancia y esfuerzo que aprendí practicando remo en la universidad me han acompañado toda la vida, pero puedo vivir tranquilamente con la idea de no volver a acercarme a una barca.

No te engañes respecto de las actividades que incluyes en la lista. No hace falta ir a por todas: si cocinar encabeza tu lista porque te relaja y puedes hacerlo mientras escuchas un pódcast, no lo eches a perder por creer que necesitas tomar un curso todos los meses y cocinar cinco platos todas las noches. A lo que me refiero es: **que no te pese el tiempo improductivo o el coste**. Si la ópera está en tu lista, ve a la mejor ópera que encuentres y no te sientas mal por el dinero y el tiempo invertidos. Esa es la virtud de la poda: puedes saborear lo que has incluido en la lista porque estás actuando con intención y perspectiva.

PUNTOS PARA LA ACCIÓN

- **Dirige conscientemente tu atención, tu tiempo y tu energía.** La seguridad económica se consigue a largo plazo centrándose en las oportunidades más productivas.
- **Acepta la necesidad de trabajar con afán.** Casi todos los caminos hacia la riqueza implican dedicación al trabajo y sacrificios en otros ámbitos de la vida. Oponerse a ello resta concentración y produce insatisfacción a largo plazo.
- **No sigas tu pasión.** Sigue tu talento.
- **Dedica tiempo a descubrir tus talentos.** Nuestros talentos no siempre son evidentes, ni siquiera para nosotros mismos, y a menudo no coinciden con lo que inicialmente pensábamos o deseábamos. Exponte a nuevos contextos y presta atención a lo que dicen los demás sobre tus puntos fuertes. Repara en lo que te despierta curiosidad y entusiasmo.
- **Céntrate en adquirir maestría; la pasión llegará después.** La pasión duradera y enriquecedora es el resultado del trabajo duro, no su causa.
- **Itera.** Prueba cosas nuevas, arriesga y no esperes grandes resultados de inmediato. La mayoría de las historias de «éxito repentino» son el resultado de muchos años de trabajo. El fracaso, si se aprende de él, es la materia prima del éxito.
- **Busca la playa con las olas más grandes.** La dinámica del mercado prevalece sobre el rendimiento individual, así que incrementa tus posibilidades yendo donde las oportunidades son mayores.
- **Cultiva tus habilidades de comunicación.** En todas las carreras, las competencias comunicativas son siempre valoradas y, a menudo, esenciales. Lee novelas o ve películas que te gusten, aprende a presentar la información visualmente y repara en cómo los grandes presentadores cautivan al público.
- **Elige la carrera basándote en la cultura y en las competencias.** Es evidente que quieres un trabajo que se

adapte a tus competencias, pero es igualmente importante que el lugar de trabajo se adapte a tu personalidad. Trabaja con personas que saquen lo mejor de ti.

- **Mira más allá de las carreras obvias.** Si sobresales en los estudios, indefectiblemente te inclinarás por las universidades de élite, las escuelas de posgrado y las profesiones del conocimiento, como gestión, tecnología, finanzas, medicina o derecho. Son carreras magníficas, aunque también hay muchos socios de firmas de abogados y vicepresidentes sénior infelices. Contempla el panorama completo: hay oportunidades en todos los campos, desde la arquitectura hasta la zoología. No descartes la economía de *Main Street*. Sigue tu talento.
- **Múdate a la ciudad, ve a la oficina.** La veintena y la treintena son ideales para aprender, adquirir experiencia, superarse y ampliar la red de contactos y los conocimientos sobre el mundo. Ello implica relacionarse con otras personas; cuantas más, mejor.
- **Aprende a abandonar a tiempo.** La perseverancia es una virtud, hasta que se convierte en un pacto suicida. Siempre que asumas riesgos, abandonar debe contemplarse como una opción.
- **Sé leal a las personas, no a las empresas.** Las organizaciones son arreglos transitorios sin brújula moral ni memoria y no te serán leales.
- **Haz una poda de aficiones.** Las actividades recreativas, además de placenteras, son esenciales para la felicidad a corto plazo y la satisfacción a largo plazo. Pero también son una distracción, por lo que debes meditar muy bien cuáles quieres seguir haciendo y descartar las que ya no te convienen.

CONCENTRACIÓN

+

(ESTOICISMO

×

TIEMPO

×

DIVERSIFICACIÓN)

3

Tiempo

Delmore Schwartz, poeta estadounidense del siglo xx, escribió: «El tiempo es el fuego en el que ardemos».[1] Siniestro, pero atinado. El tiempo nos consume, de manera implacable e inexorable. El pasado es un recuerdo, inmutable. El futuro, un sueño. Lo que controlamos, la oportunidad de estar presentes, es el ahora. Vivir en el pasado o creer que nos aguarda un venturoso futuro sin tomar medidas y llevar una disciplina en el presente conduce al remordimiento por lo que no hicimos en el pasado inmutable.

Somos más ágiles y talentosos que el universo. El universo es incapaz de comunicarse con tanta fluidez o de tener en cuenta los matices. Somos los Usain Bolt del universo: veloces como un rayo. Sin embargo, el universo vencerá, a todos y en todas partes, porque es el maestro del arma más inmutable: el tiempo. El universo avanza con muchísima lentitud, sabiendo que, a la larga, aventajará a todos, porque mide el cambio en miles de millones de años.

El tiempo es el recurso más preciado, sobre todo en la juventud, que es cuando se posee en mayor abundancia. Es un arma que los jóvenes pocas veces reconocen o saben esgrimir.

Cuando solo se es consciente desde hace veinticinco años, es inconcebible imaginar que se será consciente dentro de otros cincuenta. La capacidad de comprender este concepto —tiempo y paciencia— puede marcar la diferencia entre las personas que tienen talento para ganarse la vida y las que tienen la mentalidad necesaria para crear riqueza.

Con el tiempo no se debe ser generoso. Si malgastas el dinero, puedes generar más. Si malgastas el tiempo, no lo recuperarás jamás. No estoy sugiriendo que no debas relajarte nunca. Está bien no hacer nada; de hecho, es importante, pero debe planificarse.

Cuando se trata de crear riqueza, el tiempo es nuestro aliado a largo plazo. A corto plazo, en cambio, es nuestro enemigo. Esto reviste tres facetas, que conforman el marco de este capítulo. En primer lugar, tenemos el poder de capitalización del tiempo. Seguramente estarás familiarizado con el término en el contexto de la acumulación de interés compuesto, el principio rector de la planificación financiera. El poder exponencial del tiempo convierte los pequeños incrementos del capital en ganancias sustanciosas.

Sin embargo, el proceso de acumulación exponencial no se limita al interés compuesto. Los gastos de inversión también se acumulan y, si no se gestionan bien, merman la rentabilidad. La inflación se acumula, y ello la convierte en nuestro enemigo principal, pues erosiona con implacable fuerza los cimientos de la riqueza. La regla de la acumulación trasciende del ámbito financiero. Nuestros actos también tienen un efecto acumulativo en todos los ámbitos, desde el desarrollo de hábitos hasta el fortalecimiento de las relaciones.

En segundo lugar, está nuestra experiencia del tiempo en el momento presente. La concentración y el estoicismo son estrategias que nos permiten sacar el máximo partido del presente. La creación de riqueza exige, por un lado, una comprensión clara de cómo empleamos nuestro tiempo y nuestro dinero (dos formas de expresar lo mismo) y, por otro, la habilidad para tomar decisiones acertadas, grandes y pequeñas.

En tercer lugar, se plantea la cuestión última, la disyuntiva del tiempo. La acumulación de riqueza es un concepto curioso, pues en gran parte implica sacrificar los placeres del presente por la felicidad de otro: nuestro yo del futuro. Trabajamos para que nuestro yo del futuro inmediato plazo pueda comer y tener un techo. Ahorramos e invertimos para que nuestro yo del futuro lejano goce de seguridad económica y una buena vida. Imaginar nuestro yo del futuro y aquello que sería posible con el dominio del tiempo es fundamental para aceptar la disyuntiva entre su felicidad y la nuestra.

El poder exponencial del tiempo: capitalización

El tiempo hace de los pequeños cambios algo formidable. Por acción del tiempo, la bellota se convierte en roble y los ríos abren cañones. En la economía, el poder del tiempo se manifiesta en el fenómeno de la capitalización compuesta.

Interés compuesto

Se dice que la eminencia en materia de tiempo, Albert Einstein, dijo que el interés compuesto es la octava maravilla del mundo. En efecto, pero también es aritmética simple.

INVERSIÓN DE 100 $ AL 8 %

SIN CAPITALIZACIÓN COMPUESTA		CON CAPITALIZACIÓN COMPUESTA
108 $	1 A	108 $
116 $	2 A	117 $
124 $	3 A	126 $
180 $	10 A	216 $
340 $	30 A	1.006 $

Imagina que tienes 100 dólares y los inviertes a un tipo de interés anual del 8 por ciento. El primer año, la inversión genera un pequeño rendimiento de 8 dólares. Los 100 dólares se han convertido en 108. El segundo año, sin embargo, la inversión no solo genera otros 8 dólares, sino el 8 por ciento sobre el capital inicial (100 $) *más* el 8 por ciento sobre el rendimiento del año anterior (8 $), es decir, 64 centavos más. Esos 64 centavos de dólar son tu bellota. Porque ahora tienes 116,64 dólares, en lugar de los 116 que habrías obtenido sin la capitalización compuesta. Al tercer año, obtendrás 8 dólares de los 100 dólares iniciales, pero también el 8 por ciento de los 8 dólares del primer año, de los 8 dólares del segundo año y de los 64 centavos. En conjunto, la acumulación de rendimientos sobre rendimientos anteriores hace que la inversión aumente de 124 dólares (lo que habrías obtenido sin la capitalización compuesta) a 125,97 dólares. Tu bellota está brotando. Al cabo de diez años, el interés compuesto habrá convertido tus 100 dólares en 216 dólares, frente a los 180 dólares que habrías obtenido si solo se hubiera acumulado el 8 por ciento anual sobre el principal. En treinta años, la capitalización compuesta habrá hecho crecer la inversión de 100 dólares hasta los 1.006 dólares, frente a los 340 dólares que se habrían obtenido sin ella: casi siete veces la inversión inicial, solo por los efectos de la capitalización compuesta. Un roble en toda regla.

El interés compuesto no es un servicio opcional ofrecido por el banco, sino que está integrado en la aritmética del interés. Sus efectos pueden calcularse con esta ecuación:

$$\textbf{VALOR FUTURO} = \text{Valor actual} \times (1 + \text{Tipo de interés})^{\text{número de períodos}}$$

El cálculo es más complejo en muchas situaciones del mundo real (por ejemplo, si se realiza más de una inversión, si la rentabilidad varía en el tiempo, etc.), pero ese es el principio fundamental.

Veamos cómo funciona con números reales. El siguiente gráfico muestra el crecimiento del patrimonio si se invierten 12.000 dólares anuales al 8 por ciento durante diez años y luego se deja de invertir para que los rendimientos se capitalicen. Si inviertes de ese modo de los veinticinco a los treinta y cinco años, tendrás 2,5 millones de dólares a los sesenta y cinco años, mientras que si empiezas a los cuarenta y cinco, solo tendrás 500.000 dólares. La aceleración en los últimos años —cuando realmente se necesita— es pasmosa. Warren Buffett generó el 99 por ciento de su patrimonio después de los cincuenta y dos años.

Invertir es como plantar robles. El mejor momento para empezar fue hace diez años. El segundo mejor momento es ahora.

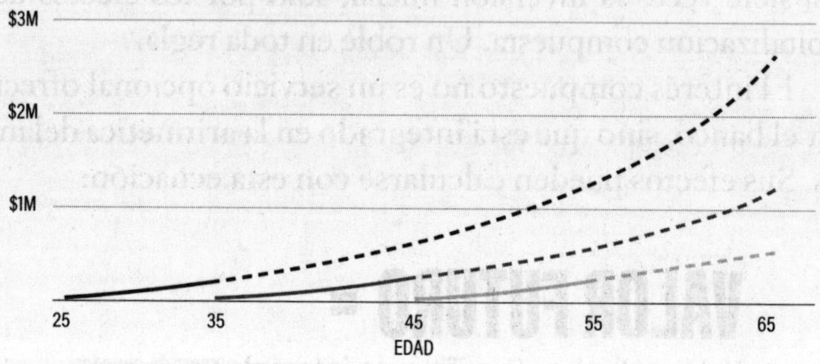

Inflación

El interés compuesto tiene una gemela malvada: la inflación. Mientras que los rendimientos de la inversión se capitalizan e incrementan el patrimonio, la inflación utiliza de manera implacable ese mismo poder de acumulación para reducirlo. La inflación es un animal que roe los pilares de la riqueza, la podredumbre de los cimientos, una marea creciente que nunca amaina. Es inevitable, pero no ineludible. Solo hay que superarla.

El cálculo de la inflación es idéntico al del interés compuesto, pero en sentido inverso. Si la inflación anual es del 3 por ciento, los bienes que hoy cuestan 100 dólares costarán 103 dentro de un año. Si lo extrapolamos a más largo plazo, probablemente nos daremos cuenta de adónde nos lleva esto. En diez años, con una inflación anual del 3 por ciento, esos mismos bienes costarán 134 dólares. En treinta años (un período razonable tratándose de los ahorros para la jubilación), lo que hoy cuesta 100 dólares costará 243 dólares. En otras palabras, si uno tiene previsto jubilarse dentro de treinta años, la inflación del 3 por ciento implica que, para mantener el mismo poder adquisitivo y el estilo de vida actual, deberá multiplicar por 2,5 los ingresos actuales.

No parece un gran sistema: un impuesto a todo que dificulta aún más la obtención de seguridad económica a cambio de ningún beneficio apreciable. Sin embargo, se trata una fuerza económica primordial, que ignoramos por nuestra cuenta y riesgo.

Los bancos centrales, como la Reserva Federal, ejercen cierta influencia en la tasa de inflación e intentan mantenerla en torno al 2 por ciento anual, con relativo éxito. (Hay varios índices de precios para medir la inflación; la que vemos con más frecuencia en los medios de comunicación es el Índice de Precios de Consumo [IPC], que agrupa los precios de diversos bienes de consumo.) La mayor parte de principios del siglo XXI fue un período de inflación especialmente baja; sin embargo, en 2022, alcanzó el 8 por ciento anual en Estados Unidos, e incluso cifras más altas en otros países. En el siglo XX, la inflación media fue del 3 por ciento en Estados Unidos, una buena cifra para planificar.

La inflación no afecta a todos los bienes y servicios por igual. En concreto, los precios de la educación y la sanidad llevan décadas aumentando más rápido que la inflación: las matrículas universitarias han aumentado un 8 por ciento anual desde 1980. La tecnología puede ser deflacionaria: los ordenadores se han abaratado con los años, y han mejorado, por lo que el precio por rendimiento ha bajado. Algunas categorías experimentan una gran volatilidad independientemente de las tendencias a largo plazo: el precio de la gasolina, por ejemplo, ha oscilado entre los 2 y los 4 dólares por galón en los últimos veinte años.

La realidad de la inflación nos obliga a fijar unos objetivos más altos. Al planificar a largo plazo, debemos tener en cuenta el encarecimiento de los precios. Hoy, unos ingresos de 100.000 dólares anuales pueden parecer una gran cosa, hasta que recordamos que, dentro de treinta años, tendrán el poder adquisitivo de 41.200 dólares actuales. Si se está ahorrando para costear los estudios universitarios de un hijo recién nacido y los cuatro años de matrícula cuestan hoy 200.000 dólares, habrá que disponer, como mínimo, de 360.000 dólares cuando el niño vaya a la universidad. (Y eso suponiendo que el precio de la matrícula solo aumente un 3 por ciento.)

Rentabilidad real: Interés frente a inflación

He dicho que la única forma de librarse de la inflación es sobrepasarla. Si prevemos una inflación del 3 por ciento, nuestros ahorros deben producir un rendimiento mínimo del 3 por ciento para mantener el poder adquisitivo en el futuro. Sin embargo, no aspiramos solo a mantener el poder adquisitivo, sino a aumentarlo. Ello requiere una rentabilidad «real», es decir, una rentabilidad de la inversión *superior* a la inflación. Para estimar la rentabilidad real, debemos restar la tasa de inflación del tipo de interés: un rendimiento del 5 por ciento en un entorno inflacionario del 3 por ciento proporcionará una rentabilidad real de un 2 por ciento.*

* Restar la tasa de inflación del tipo nominal es una aproximación útil, pero el cálculo exacto es: (1 + tipo nominal) / (1 + tasa de inflación) – 1. Para una rentabilidad nominal del 5 por ciento y una tasa de inflación del 3 por ciento, la rentabilidad real es del 1,94 por ciento.

Nos referimos a un indicador financiero, ya sea una tasa de rentabilidad o un importe en dólares, como «real» si ha sido ajustado para contemplar los efectos de la inflación y como «nominal» si no tiene en cuenta la inflación. Si un producto costaba 100 dólares hace diez años y, desde entonces, ha habido una inflación del 3 por ciento, entonces diríamos que hace diez años costaba 100 dólares en «dólares nominales», pero 134 dólares en «dólares reales». En otras palabras, hoy harían falta 134 dólares para igualar el poder adquisitivo que tenían 100 dólares hace diez años. A veces se emplea el término «dólares constantes» o una cantidad en dólares seguida de un año, como «dólares de 2023».

No tener en cuenta la inflación en la planificación financiera es un descuido frecuente, pero grave. (Del mismo modo, los impuestos, de los que me ocuparé en el capítulo siguiente, siempre deben tenerse en cuenta.) Mantener la riqueza en efectivo puede ser tranquilizador: se puede disponer fácilmente del dinero, se ve bien y protege contra las penurias a corto plazo. Los seres humanos intentamos evitar el sufrimiento a toda costa, pero no es buena idea tener muchos activos en efectivo, salvo a corto plazo, ya que supone una pérdida diaria de riqueza. El coste de tener efectivo es del 3 por ciento anual, acumulativo. Conviene invertir y correr más rápido.

Presente

Con el fin de conseguir que los 64 centavos se conviertan en centenares de dólares y los 12.000 dólares, en 2,5 millones, debemos tomar medidas en el presente. La vida en el momento presente consta de una serie de pequeñas acciones, cuyo potencial puede ser difícil de apreciar. Superar nuestras limitaciones cognitivas y adquirir el dominio del momento presente es esencial para crear riqueza a largo plazo. Cambia la perspectiva temporal y cambiarás tu vida.

Errores cognitivos

A pesar del poder y la relevancia del tiempo, tenemos grandes dificultades para comprenderlo. Nuestro cerebro es un batiburrillo de heurísticas y aproximaciones erróneas (un estudio describe nuestra mente como un «menú de ilusiones»).[2] He aquí un experimento sencillo: tienes planeados nueve días de vacaciones, pero en el último momento te dicen que tienes que trabajar uno de ellos. Qué fastidio. Ahora, otra situación. Tienes planeados tres días de vacaciones, pero te enteras de que vas a tener que trabajar uno de ellos. ¿Es diferente?

Percibimos el tiempo con las mismas distorsiones que afectan a nuestra percepción de la distancia física: acortándolo. Las personas a las que se les ha pedido que contemplen un acontecimiento desagradable que va a ocurrir pronto lo perciben como peor que si estuviera previsto para un futuro más lejano. Cuando se nos pide que evaluemos la proximidad temporal entre dos acontecimientos (por ejemplo, dos acontecimientos con una semana de diferencia, ¿se considerarían «uno detrás del otro», «relativamente cercanos en el tiempo» o «suceden con mucho tiempo de diferencia»?), describimos dos acontecimientos que van a ocurrir pronto como más distantes el uno del otro que acontecimientos con un intervalo idéntico previstos para mucho tiempo después.[3] Del mismo modo que el dinero que tenemos ahora vale más que la misma cantidad en el futuro (véase «La flecha del tiempo» en el capítulo siguiente), percibimos los acontecimientos del futuro próximo como más importantes que los del futuro lejano. (Como muchas de las complicaciones cognitivas de nuestro cerebro, esto no es del todo irracional, ya que la probabilidad de que ocurran acontecimientos previstos para un futuro lejano es menor que la de que ocurran acontecimientos inminentes; con todo, nublan nuestra percepción.)

El paso del tiempo nos juega malas pasadas y esto es especialmente cierto en el caso de las inversiones. Nuestros recuerdos de los rendimientos pasados tienen un sesgo positivo: recordamos más las inversiones exitosas que las infructuosas.[4] Esto influye en nuestra evaluación del futuro y conduce a un exceso de confianza. La excepción es cuando tenemos a quién culpar de los fracasos pasados, entonces los recordamos perfectamente, lo que distorsiona aun más nuestro juicio sobre las propias capacidades. (El antídoto consiste en llevar un registro escrupuloso, como comentaré más adelante en relación con los gastos.)

Del mismo modo, tendemos a recordar los puntos álgidos y a normalizarlos como expectativa de futuro: nos anclamos en ellos. Se trata del mecanismo fundamental de la inflación del estilo de vida, un concepto sobre el que volveré más adelante en este capítulo: la tendencia a redefinir continuamente nuestra referencia de lo que constituye un nivel aceptable de comodidad material. Una vez que te has hospedado en el Four Seasons, nunca volverás a disfrutar del Hyatt de la misma manera. Si compramos una acción a 20 dólares, sube a 100 y luego baja a 90, nos dará la impresión de que hemos perdido 10 dólares, cuando en realidad hemos ganado 70 dólares.

Y estas cuestiones solo ocurren en una única línea temporal. Sin embargo, las finanzas nos obligan a tener en cuenta escenarios alternativos, y a menudo no lo hacemos. Me refiero al coste de oportunidad: las ganancias teóricas de las inversiones no realizadas. Se trata de un error frecuente que cometen los jóvenes al sopesar el coste de los estudios de posgrado. El coste no es solo la matrícula. También hay que tener en cuenta el dinero que no ganarán durante los años de estudio y la renuncia al crecimiento exponencial de esos ingresos por el efecto de la capitalización compuesta.

Por último, el tiempo es relativo, pero nuestra vida no. Los ingresos y los gastos aumentan y disminuyen según un patrón predecible para la mayoría de las personas. Hasta el final de la adolescencia o principios de la veintena, nos dedicamos casi exclusivamente a gastar. Entre los veinte y los treinta años, los ingresos empiezan a aumentar, a menos que ello se retrase por los estudios, e idealmente superan a los gastos. Pero ambos siguen aumentando a medida que incrementamos nuestra capacidad de generar ingresos y asumimos obligaciones. Si tenemos hijos, los gastos normalmente disminuyen cuando se independizan y, si hemos trabajado duro, hemos sido listos y la suerte nos acompaña, los ingresos seguirán acelerándose, hasta que llegamos a un punto de disminución del interés, la energía, la capacidad o el deseo. Nuestros ingresos pueden mermar gradualmente o cesar con los brindis y los buenos deseos de una fiesta de jubilación. Por último, suele producirse un repunte del gasto a medida que nos acercamos al final, por los costes inherentes a posponerlo. Las prioridades y las estrategias irán cambiando a lo largo del camino.

El tiempo: la verdadera moneda

Tanto la persona más rica del mundo como la más pobre disponen de veinticuatro horas al día. Los segundos son los mismos para todos. El tiempo mal invertido no es reembolsable y ningún banco presta tiempo. Por tanto, pese a la practicidad de medir la riqueza y las oportunidades en términos monetarios, la moneda que realmente cuenta es el tiempo.

Cuando era niño, mi padre viajaba mucho por trabajo. Antes de que mis padres se separaran, mi madre y yo lo acompañábamos a veces al aeropuerto de Orange County cuando viajaba. Desde la calle, se podía subir por unas escaleras al mirador, donde estaba el bar. No había seguridad. Mi padre me llevaba hasta allí y me tapaba los oídos cuando los motores de los aviones rugían con expectación. Observábamos juntos cómo, al soltar los pilotos los frenos, los aviones se transformaban, en poco más de un kilómetro y medio, de focas tumbadas en la playa a águilas planeando. Él me enseñó la diferencia entre un 727 y un DC9 (tres motores frente a dos), y entre un L1011 y un CD10 (tercer motor en el fuselaje frente a tercer motor en mitad de la cola). Los aviones de Pacific Southwest Airlines tenían una sonrisa pintada en el morro y nos sonreían desde el otro lado de las ventanas del mirador. Fue tiempo bien aprovechado, para los dos.

También me inculcó el amor por los aviones. Algunas personas disfrutan viendo ESPN a altas horas de la noche, otras mirando ropa en internet. Yo me paso horas investigando y mirando aviones. Hace seis años, cumplí el sueño que comenzó en aquel mirador y me compré un Bombardier Challenger 300. Comprar un avión y contratar pilotos a tiempo completo y una empresa de gestión que se encargue de todo, desde el espacio del hangar hasta las compensaciones de las emisiones de carbono, es un proceso dispendioso y agotador. No puede justificarse como una decisión racional.

He aquí cómo racionalicé lo irracional. En aquel momento, vivía con mi familia en Miami, pero tenía que viajar a Nueva

York una vez a la semana para dar clases y a otras partes del país, también todas las semanas, para dar conferencias y asistir a reuniones. Calculé que, de tener mi propio avión, dado mi calendario de viajes, podía pasar trece días más al año en casa (volar en avión privado tiene dos grandes ventajas: viajas a la hora que quieres y del coche al avión tardas dos minutos, sin billetes ni controles de seguridad). En diez años, pasaría ciento treinta días más con mi familia, o unos cuatro meses más con mis hijos, que han tomado por costumbre crecer y, por lo que tengo entendido, acabarán marchándose de casa. El coste del avión después de los beneficios fiscales es de aproximadamente 1,2 millones de dólares al año. La cuestión es la siguiente: al final de mi vida, ¿querré tener 12 millones más en el banco o el recuerdo de haber pasado cuatro meses más con mis hijos? Me costó un dineral, pero fue una de las decisiones financieras más fáciles que he tomado jamás.

Haz los cálculos

¿Qué te roba horas? ¿En qué estás siendo sabio con el dinero y necio con el tiempo? Tomemos como ejemplo las compras. En casi todas las zonas hay empresas de servicios de entrega a domicilio que compiten entre sí con diferentes modelos. Si tardas tres horas en hacer las compras de la semana (es decir, en ir al supermercado, comprar y volver a casa), estás invirtiendo ciento cincuenta horas al año, el equivalente a las horas diurnas de dos semanas de vacaciones. ¿Cuánto valen esas dos semanas de relajación o de trabajo extra? La respuesta: más. Sobre todo si el incordio de hacer las compras se traduce en alacenas vacías y acabas pidiendo *comida a domicilio* dos o tres veces más a la semana; 25 dólares extra a la semana gastados en Uber Groceries podrían ahorrarte 100 dólares en Uber Eats y, sobre todo, tiempo. La decisión es evidente. Por supuesto, hay excepciones. Si hacer las compras (limpiar, cocinar o lavar el coche) te resulta catártico, entonces adelante.

No se trata de un pretexto para justificar la pereza o el derroche. Si uno paga para que le limpien la casa y le hagan las compras y luego pasa más tiempo mirando Netflix, solo está pagando de más por Netflix. La idea es disponer de más tiempo para las actividades realmente productivas, no solo para los caprichos del momento. Me refiero al trabajo, los estudios y las relaciones. Pero, sobre todo, cuando uno es joven, al trabajo.

Las redes sociales son probablemente uno de los mayores destructores de riqueza de la historia. Roban a los jóvenes años de su tiempo cuando más lo necesitan, en el momento en que invertir en el trabajo y en relaciones (reales) da los mayores frutos. Consulta el tiempo de uso del móvil. ¿Cuántas horas pasas en las redes sociales? ¿Cuál es la recompensa, además del chute de dopamina de la adicción diseñada por miles de programadores, directores de producto y psicólogos conductuales? Advertencia: no están de tu lado. ¿O eres *influencer* y es tiempo invertido en el trabajo? Un estudio sobre la felicidad reveló que el uso de las redes sociales ocupaba el último lugar entre las veintisiete actividades de ocio analizadas que proporcionan más felicidad.[5] (Prueba a cerrar la sesión de las aplicaciones de redes sociales para tomar una decisión más consciente antes de usarlas la próxima vez.)

Es fácil criticar a los demás por el uso excesivo de los dispositivos, pero el trabajo también es una importante fuente de pérdida de tiempo. Aprende a sacar partido de la tecnología: filtra correos, automatiza el calendario y utiliza servicios en la nube y herramientas diseñadas específicamente para tu sector. Hay un universo de herramientas de productividad esperando a ser descargadas. Más adelante, me ocuparé del gasto y el ahorro de dinero, pero, de momento, me centraré en el tiempo.

Si la empresa te ha puesto un asistente, invierte en la relación. Al principio, te llevará más tiempo que si hicieras las cosas tú mismo, pero es una forma de inversión. Mi superpoder, si es que tengo uno, consiste en reconocer que la grandeza es fruto de las acciones de muchos y en gastar el capital (tiempo y dinero) en atraer y retener a personas, proveedores y relaciones que amplíen mi estrecho conjunto de habilidades. En ese sentido, merece la pena ser la persona profundamente perezosa que soy. Desde muy joven, me he preguntado: ¿podría alguien hacer esto tan bien o mejor que yo? Si la respuesta es sí y el coste es inferior a lo que razonablemente podrías esperar ganar con el tiempo que recuperarás, entonces terceriza. Como profesional en ciernes, podría ser un servicio de limpieza o de reparto de comida. Yo tercerizo la decoración de mi casa, la tecnología, la limpieza, la jardinería, la planificación fiscal, la edición, la ropa, la vida nocturna (conserje), la planificación de las vacaciones, la organización de eventos, los paseos del perro, el entrenamiento físico (entrenador personal), la conducción, las compras, la nutrición e incluso los regalos. Por tanto, sí, me declaro incompetente en la mayoría de las actividades. Sin embargo, he reasignado todo ese capital a dos cosas: intentar ser el mejor del mundo en lo que hago por dinero; y hacer más de las cosas que hago por placer (como pasear a los perros los fines de semana y pasar mucho tiempo con mis hijos).

La tecnología es un facilitador, pero la gestión del tiempo es una habilidad que trasciende la tecnología. Para ser hábil con el dinero, hay que ser hábil con el tiempo. Algunas personas lo consiguen con métodos formales: *Organízate con eficacia* de David Allen es una biblia para algunos. No es lo mío, pero es un sistema muy popular. Mi principal estrategia de gestión del tiempo consiste en priorizar de manera implacable; y subrayo lo de implacable. Hace años que no llego al final de la bandeja de entrada ni me preocupan las tareas pendientes. Tengo demasiadas exigencias sobre mi tiempo, pero puedo permitirme el lujo de elegir cuáles atender. El requisito esencial de mi trabajo es estar presente y plenamente concentrado en breves ráfagas de ideas relacionadas con programas de televisión, grabaciones de podcast, presentaciones públicas y capítulos de libros. Si me contratan para participar en un evento, la noche anterior estaré distraído y ensimismado… así soy. Estaré pensando en las anécdotas que respaldan la información de los gráficos, en la duración de los vídeos y en qué momento pausaré el discurso para crear un efecto dramático. Ello tiene un precio: probablemente olvidaré el nombre del hotel y mi asistente tendrá que recordarme que desayune.

La ventaja de la juventud

A menudo escribo sobre el acaparamiento de la riqueza por parte de los estadounidenses de más edad y los retos a los que se enfrentan las generaciones más jóvenes a la hora de acumularla. Con todo, hay una fuente de riqueza de la que carecen los mayores y que los jóvenes poseen en abundancia: el tiempo. Es una ironía de la percepción humana, sin embargo, que muchos de nosotros solo lleguemos a apreciar su valor cuando ya lo hemos derrochado. Si eres joven, eres rico en tiempo, y así como los ricos sacan partido de su fortuna, los jóvenes también tienen esa posibilidad. Sin embargo, la mayoría de las veces la desaprovechan.

Si eres joven y rico en tiempo, puedes permitirte usar una parte del dinero ganado con tanto esfuerzo para divertirte un poco. Hay una incongruencia entre la mayoría de los consejos sobre finanzas personales, que suelen ser «ahorra hasta que duela», y la recomendación de los economistas respecto del óptimo matemático, que consiste en retrasar el ahorro, ya que en los primeros años de la carrera no se gana lo suficiente como para que ahorrar merezca la pena.

En ese sentido, concuerdo al 90 por ciento con los economistas. Disfruta ahora porque la energía, la pasión y la buena disposición para asumir riesgos *no duran para siempre*. Los perros, la pareja, los hijos y las hipotecas te privarán de algunas de las audaces oportunidades que ofrece la veintena. Sin embargo, el comportamiento humano no es el algoritmo de los economistas y no se modifica tan fácilmente como las cifras de un modelo. Aprende a ahorrar pronto, desarrolla ese músculo cuando eres joven, y el hábito del ahorro se fortalecerá.

Las siguientes secciones tratan sobre el presupuesto y el ahorro, ambos esenciales para la creación de riqueza. Si te encuentras en el primer decenio de la carrera, céntrate sobre todo en la *conducta*, no en los resultados. Durante esa etapa, ahorrar es necesario, pero como un medio para sentar las bases y desarrollar la conducta y el carácter adecuados. Ahora bien, en los años de mayores ingresos, se acaba la práctica y comienza la gran partida. Es probable que en la veintena no hayas ahorrado mucho (por la dificultad que comporta), de modo que tendrás que ponerte al día. Como dijo Lyndon Johnson: «Ha llegado el momento de la verdad».

Lo que se mide se administra

Un tópico que se oye entre los ricos es «nunca me he preocupado por el dinero». Mentira. Todos los ricos que conozco están *obsesionados* con el dinero. No necesariamente con obtenerlo (que algunos sí), sino con controlarlo, administrarlo y acariciarlo como Sméagol con su «tesoro». Decir que no se piensa en el dinero es una falsa modestia, porque lo que se da a entender es: «Soy tan talentoso que el dinero me llega a raudales y no tengo la necesidad de administrarme ni de pensar en una planificación a largo plazo». Afirmar que se piensa mucho en el dinero es el equivalente a afirmar que se piensa mucho en el sexo. Hay algo incómodo e indecoroso en admitir lo que es bien sabido por todos. Todo el mundo piensa en el dinero y el sexo. Aunque no necesariamente es ese orden.

Durante la mayor parte de mi vida adulta, he sabido de cuánto dinero disponía. Las veces que no lo supe, por no llevar un control de los gastos, siempre me llevé sorpresas desagradables. Si no controlas el dinero y los gastos, acabas descubriendo que tienes poco.

Cuando era joven, era fácil contar el dinero que tenía: ninguno. Con todo, estaba al tanto de lo que debía a la fraternidad y a cuánto ascendía la factura de la tarjeta de crédito. Ahora hablo con mi bróker todas las semanas. Medir el dinero de ese modo es delicado, porque lo que quieres es estar **racionalmente obsesionado**. ¿A qué me refiero con esto? Al hecho de centrarse en los ingresos, los gastos y las inversiones sin dejarse llevar por las *emociones*. La clave está en hacerlo como un ejercicio intelectual para tener una sensación de control, no para aumentar la ansiedad.

Fundé una empresa basada en ese principio, aplicado a la gestión de negocios digitales. En L2 ayudábamos a las empresas a responsabilizarse de su rendimiento digital. Al inicio de la relación, trabajábamos con los clientes para comprender sus objetivos y determinar lo que hacía falta para alcanzarlos. Luego diseñábamos indicadores para medir los progresos. Es todo un arte.

La frase «lo que se mide se administra» (atribuida a Peter Drucker, aunque es posible que él nunca la dijera)[6] es tanto una advertencia como un mandato. Los indicadores son objetos brillantes y verlos en movimiento da un retorno positivo. Pero esto es así midan lo que midan. Medir lo incorrecto distorsiona la acción. Medir algo que no se puede controlar genera frustración. Los mejores indicadores tienen un **efecto** (lo que miden contribuye a tu objetivo) y pueden ser **afectados** (tus acciones pueden cambiar lo que se está midiendo).

No todo lo importante puede medirse, ni el mejor indicador resulta siempre evidente. Las acciones de una empresa pueden caer, pero ello debe medirse en relación con el rendimiento del mercado general. Centrarse en un solo indicador, a la larga, resta utilidad al indicador. Centrarse solo en cuánto dinero tienes, y no en el colesterol, el tiempo que tus hijos pasan delante de una pantalla o la felicidad de tu pareja, es la receta para ser una persona financieramente segura e infeliz. Lo que interesa medir, en definitiva, es la calidad de vida y, para ello, hay que tener una serie de indicadores que proporcionen una (esperanzadora) sensación de bienestar.

Cuando hablo de administrar el dinero, hago hincapié en la importancia del ahorro y en la necesidad de elaborar un presupuesto. Me gusta la austeridad de esas palabras, me da la sensación de que me estoy preparando para algo difícil. Me hace sentir virtuoso. A lo mejor solo soy yo. Si prefieres una postura menos viril, puedes reemplazar «ahorro» por algo más positivo, como «acumulación» o «inversión». El objetivo no es ahorrar 1.000 dólares este mes, sino generar 1.000 dólares de riqueza. Si «presupuesto» suena demasiado austero, prueba con «asignación». Y desconfía del vocabulario pasivo que denota debilidad o falta de control: hagas lo que hagas, asume el control.

En los primeros años de creación de riqueza —a los veinte y los treinta años— es más importante controlar los gastos que los ahorros. El gasto determina el ahorro (tiene un **efecto**) y es lo que realmente haces (puede ser **afectado**). Controlar los gastos no es divertido, pero es uno de los comportamientos más importantes que tienes que desarrollar. Por cierto, si quieres ser empresario, llevar un meticuloso control del dinero saliente es un factor decisivo para el éxito empresarial. También puedes empezar a practicarlo con tus gastos personales. En la vida, como en los negocios, el dinero se escurre de los bolsillos cuando no se presta atención. La genialidad del capitalismo es inventar todo tipo de cosas para que gastemos en ellas como si de necesidades, y no de deseos, se tratara.

Dado que hoy en día prácticamente todos los medios de pago son electrónicos, el seguimiento de los gastos *parece* más fácil que antes; sin embargo, esa comodidad de tenerlo todo en nuestros dispositivos es una trampa. Cuando era niño, mi madre pagaba las facturas con cheques impresos y luego contabilizaba diligentemente todos los gastos, anotaba dónde habíamos gastado dinero y «cuadraba el talonario». Aunque era un engorro, la ventaja de ese sistema era que estábamos *al tanto* de los gastos en tiempo real. Si es solo una aplicación que recoge un montón de números que nunca miras, eso no es controlar los gastos, es ignorarlos.

En *Casa de arena y niebla* (una gran película, por cierto), Ben Kingsley anotaba uno a uno sus gastos diarios; lo contabilizaba todo, incluso una barrita de chocolate Snickers. De los primeros objetivos en la vida: parecerse más a Ben Kingsley. Ello no implica abstenerse de hacer gastos superfluos, solo que estos deben contabilizarse. Al igual que el tiempo dedicado a actividades menos productivas, no hay ningún problema siempre que se planifique y se sepa cuánto se va a destinar.

Si no estás dispuesto a sentarte a la mesa de la cocina a contar cheques los domingos por la noche, busca otras formas de añadir cierta fricción a los gastos, un sistema que te permita llevar un buen seguimiento. Hay excelentes herramientas de presupuesto en línea (como Personal Capital, Rocket Money, Simplifi y YNAB) y lo mejor es utilizarlas en la aplicación móvil para ir introduciendo los gastos sobre la marcha. Otra opción es planificar una actualización semanal del presupuesto. Puede ser un hábito difícil de desarrollar, por lo que es útil contar con un compañero de rendición de cuentas. La persona ideal es tu pareja; pero también tu padre, tu hermano o un amigo íntimo pueden ayudarte a mantener el compromiso de controlar los gastos. Es como tener un compañero de entrenamiento. Si eres empresario, lleva tus finanzas personales como las de una empresa: traza un plan, haz informes periódicos y elabora una cuenta personal de pérdidas y ganancias.

La clave está en controlar lo que *realmente* gastas y no lo crees que gastas o lo que piensas gastar. La gente calcula sistemáticamente a la baja los gastos futuros. Y no solo los gastos a largo plazo: un estudio reveló que las personas subestimaban sus gastos de la semana siguiente en 100 dólares.[7] Y luego cometían el mismo error semana tras semana durante el resto del mes. Adam Alter, mi colega de la Universidad de Nueva York, demostró que ello se debe a que no tenemos en cuenta los gastos «extraordinarios», que poco tienen de extraordinarios, pues, al parecer, se producen prácticamente todos los meses.[8] Datos > Intenciones.

COMPARACIÓN ENTRE GASTOS PREVISTOS Y DECLARADOS

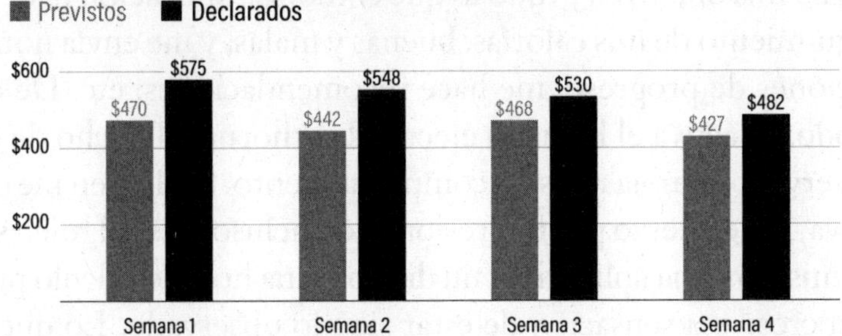

Fuente: Ray Howard *et al.*, American Marketing Association, *Sage Journal*, 59, n.º 2, 2022.

Es imprescindible medir los gastos para poder administrarlos. Sin embargo, administrar los gastos es solo un paso intermedio hacia el incremento del *ahorro*. La forma más fácil de ganar dinero es ahorrarlo, de modo que también habrá que llevar un registro de los ahorros (hablaremos de ello en breve). Ahorrar algo todos los meses, ya sean unos pocos dólares o unos cuantos centenares, es un paso muy importante hacia la creación de riqueza. A medida que aumentan los ingresos, y especialmente cuando se reciben pagos únicos, como bonus o pagas extra, es fundamental tener un músculo del ahorro fuerte.

Tengo dificultades para ganar peso (lo sé, pobre de mí) y, por consiguiente, para mantener la masa muscular. Aunque estar delgado no es una maldición, lo mío es presumir de músculo; además, los hallazgos científicos demuestran que la fuerza está directamente relacionada con la salud y la longevidad. Entreno varias veces a la semana (es mi antidepresivo), así que, en ese sentido, voy bien. Mi problema es la dieta. No me educaron para disfrutar de la comida: al ser criado por una madre británica divorciada y trabajadora, la comida era (casi siempre) un castigo. En resumen, me conformaba con una sola comida al día. Ahora tengo una aplicación de nutrición en la que introduzco mis objetivos y todo lo que como. La aplicación hace un seguimiento de mis calorías, buenas y malas, y me envía notificaciones de progreso, me hace recomendaciones, etc. De ese modo, se activa el llamado efecto Hawthorne: el hecho de ser observado cambia nuestro comportamiento. Si alguien me observa, me esfuerzo por impresionarle. Incluso si ese alguien soy yo mismo. Una aplicación, un diario o una hoja de cálculo pueden crear esa sensación de estar siendo observado. Lo que se mide se administra.

El ejercicio físico es una buena analogía de la gestión financiera: ambos deben practicarse *con asiduidad*. Sumar los gastos una vez al mes tiene la misma utilidad que ir al gimnasio una vez al mes. Si no has revisado los cargos de la tarjeta de crédito en tres semanas, no estás midiendo ni administrando nada.

Con el tiempo acumularás suficientes ahorros para hacer inversiones y asumir riesgos. El control de las inversiones es el terreno en el que más ferozmente hay que protegerse del apego emocional. Tener dinero en los mercados implica volatilidad y caídas, en grandes cantidades. Y estamos programados para sentir con mayor intensidad el dolor de las pérdidas que el placer de las ganancias, de modo que se requiere entereza para afrontar las pérdidas del patrimonio neto sin que ello te arruine la noche o la semana.

Solo hay dos formas afrontar esa situación. La primera, dejar de controlar las inversiones. Sin embargo, el capital es un proceso activo, no una entidad estática y, si no lo controlamos, acabaremos llevándonos una sorpresa. Y las sorpresas monetarias casi nunca son gratas. La segunda es controlar las inversiones regularmente, sin obsesionarse y con perspectiva. El objetivo de invertir no es ganar dinero todos los días. Ni siquiera todos los años (aunque sí la mayoría de ellos). Es ganar dinero al cabo de decenios. Y lo conseguirás. Si hubieras invertido 100 dólares en el S&P 500 a principios de 2002, veinte años después, es decir, a finales de 2022, habrías obtenido 517,66 dólares, una rentabilidad anual de más del 8 por ciento (un 5,7 por ciento por encima de la inflación). Ese período de dos decenios abarcó algunos de los peores años de la historia de los mercados, la crisis financiera más severa del siglo y una pandemia mundial. Insisto, el tiempo y la paciencia son nuestros aliados. La rentabilidad de una acción en un día es incierta. En un decenio, la subida del S&P 500 es prácticamente una certeza.

100 $ INVERTIDOS EN EL S&P 500

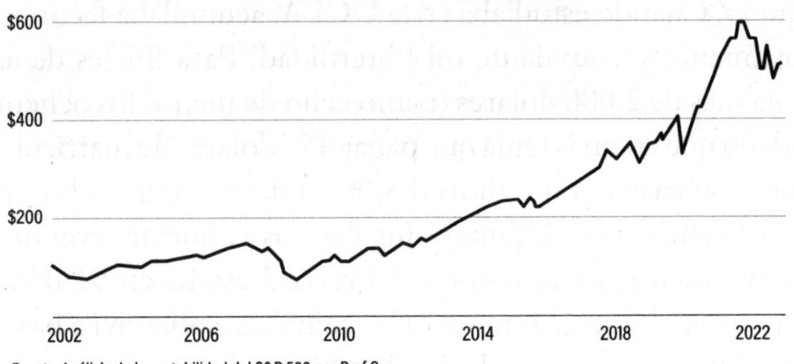

Fuente: Análisis de la rentabilidad del S&P 500 por Prof G.

Un presupuesto para mantenerse a flote

Una vez que empiezas a medir los gastos, ¿cómo los administras? En parte, sucede de manera natural. La toma de conciencia fomenta la disciplina. Sin embargo, para tomar realmente las riendas del futuro financiero, es preciso trazar un plan. No vamos a dedicar quince páginas a repasar una hoja de cálculo de finanzas personales. Puedes profundizar cuanto quieras en la elaboración de presupuestos; hay infinidad de libros y recursos útiles en internet. Lo que ofrezco a continuación es una estrategia y una serie de principios. Adáptalos a tu situación. Si no tienes un panorama claro de tus finanzas, el camino hacia la riqueza será tortuoso y frustrante.

Cuando aún no se gana mucho dinero, el objetivo de hacer un presupuesto es ejercitar la prudencia: gastar con un propósito y sentir el peso. Levantamos peso para fortalecernos. No hay lugar para la ansiedad o la vergüenza. Si un fin de semana te pasas del presupuesto o si te cuesta mucho ahorrar, respira, ajusta el plan según consideres necesario y vuelve al gimnasio. Aprende a caminar con los codos para no gastar suela y crearás riqueza. Cuando estudiaba en la UCLA, acumulaba facturas de alojamiento y comida de mi fraternidad. Para finales de año, debía más de 2.000 dólares (cómo echo de menos los ochenta). Y, dado que además tenía que pagar 450 dólares de matrícula en otoño, debía generar y ahorrar 3.000 dólares durante el verano.

Con un grupo de amigos jugábamos a ahorrar, a ver quién gastaba menos en la semana. El récord estaba en 91 dólares (alquiler incluido). Durante ocho semanas, sobreviví a base de Top Ramen, plátanos y leche. Eso sí, los domingos por la noche tirábamos la casa por la ventana e íbamos al Sizzler. (Bistec, pollo Malibú y bufé libre de ensaladas por 4,99 dólares. Vaya si echo de menos los ochenta.) Éramos seis tipos de ochenta kilos y casi dos metros entrando en aquel restaurante dispuestos a ingerir las calorías de toda una semana; debíamos de parecer el ejército invasor saqueando Poniente. En 1996, Sizzler se declaró en quiebra, estoy seguro de que algo tuvimos que ver nosotros con el cierre de la cadena. Yo trabajaba, entrenaba, comía plátanos y atacaba el bufé de ensaladas. Lo curioso es que recuerdo aquel verano con nostalgia. Teníamos un propósito: ponernos fuertes y pagar la universidad. Afortunadamente, superé la etapa de hartarme de comida por 4,99 dólares. Si aún no lo has hecho, ya te llegará.

Más adelante, a medida que aumentan los ingresos y se empieza a acumular riqueza, el presupuesto se centra sobre todo en la planificación y la asignación de fondos para costear gastos futuros, como un nuevo tejado o unas vacaciones en Europa. Se pasa de exprimir al máximo cada centavo a hacer reservas de hoteles; eso es salir a flote. Cuando se llega al punto en que no solo se tienen obligaciones, sino también opciones. Con esa finalidad, propongo la siguiente estrategia.

Con independencia de la situación económica en que te encuentres, calcula tus gastos básicos. Determina el gasto mínimo mensual de forma *realista*. Incluye el alquiler, la comida, el móvil, los servicios, los préstamos, etc. Reserva una suma razonable para cenas, ocio, vacaciones y ropa. Este presupuesto no es el adecuado para hacer frente a situaciones de emergencia como «he perdido el empleo, la economía se hunde y tengo que apañarme con 91 dólares a la semana». La idea es que se ajuste a tu estilo de vida. Si tu vida social se resume en salidas con amigos a la discoteca los sábados por la noche y comidas fuera de casa los domingos, no sería realista creer que, a partir de mañana, todo será Netflix y Top Ramen. Se trata de trazar el mejor escenario posible para la persona que eres en este momento de la vida; tu línea de flotación, el presupuesto básico.

Hacerlo con precisión comporta más dificultad de la aparente, por ello la sección sobre seguimiento y control de gastos antecede a la sección dedicada a su planificación. Hacen falta datos. Y se tarda meses en reunirlos. Aun así, al principio siempre se escapa alguno. Revisa las cuotas de las tarjetas de crédito y los extractos bancarios del año pasado en busca de suscripciones anuales y gastos ocasionales, y asegúrate de incluirlos en el presupuesto. Divide los gastos anuales en cuotas mensuales para que, cuando llegue el momento de afrontarlos, estés preparado y no se conviertan en gastos «extraordinarios». Por ejemplo, si la cuota del colegio profesional es de 600 dólares al año, añade 50 dólares mensuales al presupuesto.

Reserva una partida del presupuesto para el «ahorro». Al principio, puede tratarse de una suma irrisoria, diez dólares al mes si es necesario, pero mantén la partida en el presupuesto. Los gestores financieros aconsejan «págate a ti primero» y es importante adquirir ese hábito. Es recomendable tener un objetivo. Hacer presupuestos porque sí no es precisamente motivador. Pero debes fijar un objetivo asumible en el *presente*. Antes de aspirar a vivir en la opulencia, calcula cuánto gastas al año en zapatos. Paso a paso.

Una vez que hayas hecho el presupuesto, es decir, el cálculo realista de tus gastos básicos, deberás cotejarlo con tus ingresos después de impuestos. Si estás en nómina y la empresa te retiene automáticamente una parte del salario en concepto de impuestos, tu salario neto se aproximará bastante a tus ingresos reales. Si tus finanzas son más complejas, tendrás que hacer algunos deberes. (Consulta el apartado sobre impuestos en el capítulo siguiente.) Ahora bien, si el presupuesto supera los ingresos, a lo mejor, después de todo, sí tienes que vivir a base de Netflix y ramen de sobre. Recorta gastos en la medida de lo posible; las suscripciones desaprovechadas son un blanco fácil. No sobrecargues el presupuesto. Cuando uno es joven, solo debería estar en casa para dormir, ducharse, comer y poco más. Recomiendo vivir en un sitio pequeño y despejado, cerca del trabajo y la zona de ocio. Tu trayectoria profesional está inversamente correlacionada con la cantidad de tiempo que pasas en casa. Al final, tendrás que reducir tus gastos para que sean inferiores a tus ingresos. Nadie se hace rico viviendo por encima de sus posibilidades. Pero no te desesperes ni te des por vencido. Sobre todo, no dejes de controlar los gastos.

Muchas de las lecciones del estoicismo son aplicables al desarrollo de la disciplina de gastos. Llegado a este punto es cuando el ciclo de retroalimentación del carácter y el comportamiento da sus frutos. Mientras se trabaja en fortalecer el carácter, es difícil ser disciplinado con los gastos. Busca formas de poner en marcha el ciclo de retroalimentación. He aquí algunos trucos y estrategias para conseguirlo:

- **Usa efectivo.** La idea consiste en añadir fricción al flujo de gastos. Contar los billetes, verlos cambiar de mano, sentir cómo se aligera la cartera... todo ello hace del proceso de compra una experiencia más real. Pagar en efectivo implica controlar manualmente los gastos, lo cual supone una ventaja (si se hace, claro), ya que te hará tomar conciencia.
- **Redondea el importe de las compras.** Algunos bancos lo hacen de forma automática al pagar con tarjeta y también existen aplicaciones específicas para ello. La idea es sencilla: todas las compras se redondean al alza y

el excedente respecto del importe real se acumula en una cuenta de ahorro. Esta medida no contribuirá a la reducción del gasto, pero proporcionará victorias rápidas que servirán de impulso.

- **Ludificación.** Establece un sistema de puntos para los comportamientos que deseas fomentar. Si te has propuesto llevar la comida al trabajo para reducir el gasto en restaurante, cada vez que lo hagas, anótate un punto. Utiliza un sistema visible y tangible para llevar el recuento de los puntos. Por ejemplo, coloca un tarro en la encimera de la cocina y guarda una bolsa de canicas en el cajón. Echa una canica en el tarro cada vez que salgas de casa por la mañana con el almuerzo preparado. Otra opción son las aplicaciones. Las hay de todo tipo, desde las de gestión de tareas hasta las que utilizan sistemas de puntos y parecen videojuegos. La recompensa es el juego en sí, pero si decides premiarte por la consecución de un objetivo, asegúrate de que el premio sea coherente con el comportamiento que deseas reforzar. Es decir, cuando hayas llenado el tarro de canicas, no te premies comiendo en restaurantes durante una semana.
- **Compañeros de rendición de cuentas.** Compite con un amigo para ver quién ahorra más. Más fácil aún, cuéntale a una persona de confianza cuál es tu objetivo de gasto para determinado día, semana o mes. *Sé específico* y comprométete a hacer un seguimiento. «Papá, he decidido que este mes solo voy a gastar un máximo de 50 dólares en comida. Te llamaré exactamente dentro de un mes para contarte cómo me ha ido.» Después, llámale.

Cuanto más se mide, más se administra y, al final, llega un momento —tal vez en unos años o quizá para ti fue hace un decenio— en que los ingresos superan el presupuesto y sales a flote.

Entonces puedes respirar. Sabes lo que necesitas mes a mes y sabes que lo tienes cubierto. Lo que hagas con cada dólar extra es una elección.

Objetivos

Fijarse unos objetivos de ahorro muy ambiciosos es tentador, pero contraproducente. Los estudios en materia de ahorro revelan dos datos al respecto.[9] El primero, que las personas se fijan unos objetivos de ahorro demasiado ambiciosos. Cuanto mayor es el horizonte temporal del objetivo, más confianza tenemos en nuestra capacidad de ahorro, y más nos equivocamos. Si nos marcamos un objetivo para *este mes*, es probable que seamos realistas y podamos cumplirlo. Si nos marcamos un objetivo para dentro de *seis meses*, lo más probable es que nos fijemos una meta poco realista que no podremos alcanzar.

Es desesperanzador, pero el segundo dato revelado por los estudios es aun peor. Cuando nos fijamos unos objetivos poco realistas y luego nos desviamos del camino que nos permitirá alcanzarlos, perdemos la motivación e incluso actuamos en contra de su consecución. Los participantes en el estudio a los que se pidió que fijaran objetivos de ahorro para dentro de varios meses establecieron unos objetivos más ambiciosos en comparación con los participantes que fijaron objetivos de ahorro para el mes siguiente, pero en realidad ahorraron *menos*. Los grandes objetivos de ahorro a largo plazo ponen a nuestro yo del futuro en un dilema: primero, porque, al establecer un objetivo poco realista, lo predisponemos al fracaso y, segundo, porque la frustración por no haberlo cumplido nos deja en peor situación que antes.

Sobre todo al inicio del proceso de ahorro y durante la elaboración del presupuesto, conviene centrarse en los gastos, no en los ahorros, y fijarse unos objetivos de ahorro inmediatos y factibles. Las victorias rápidas cimentarán el éxito a largo plazo. No se empieza a entrenar para una maratón corriendo cuarenta y dos kilómetros del tirón el primer día.

Como he comentado en «Estoicismo», por lo general, cuanto más se gana, más se gasta. La inflación del estilo de vida es una fuerza de la naturaleza que nos lleva a redefinir constantemente nuestras expectativas: el nivel de vida que te parecía lujoso cuando ganabas 50.000 dólares anuales apenas te parecerá aceptable cuando ganes 150.000. Nuestros amigos también ganarán más dinero y aumentarán los gastos de su estilo de vida. El capitalismo siempre se las ingenia para tentarnos. De modo que el consumo aumentará. Debemos aplicar las lecciones del estoicismo para que lo haga a un ritmo inferior que los ingresos.

No puedo decirte cuánto más debes ahorrar al año; intervienen demasiadas variables y es un asunto muy personal. Lo que sí puedo decirte es que si el año pasado tus ingresos crecieron un 20 por ciento y tu consumo, un 25 por ciento, vas por mal camino. La seguridad económica estriba en la diferencia cada vez mayor entre el crecimiento de los ingresos y el crecimiento del consumo.

Para controlar de forma más efectiva la tasa de crecimiento del consumo, deben evitarse dos cosas: el **compromiso** y la **fluctuación**.

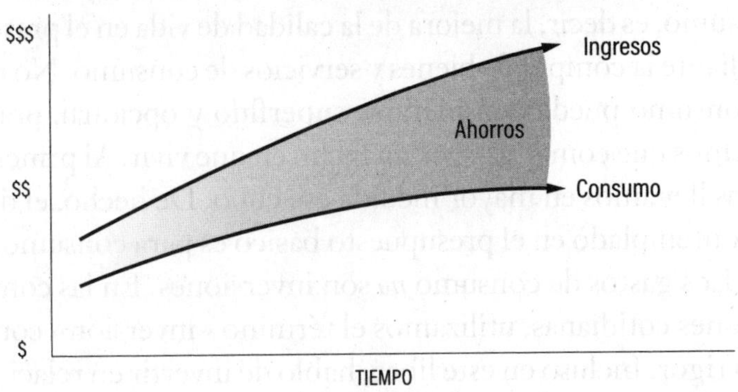

El compromiso es estupendo para las relaciones, pero pésimo para el consumo. Las suscripciones, los bienes que requieren mantenimiento (coches, barcos, casas, casas flotantes; en serio, no compres una casa flotante), todo lo que se compra a plazos (el famoso «compra ahora y paga después»)… todo ello hará que sea más difícil mantener a raya el consumo, porque te coloca en situación de desventaja.

La fluctuación funciona de manera diferente. Socava la sensación de previsibilidad y control, que son esenciales para administrar el presupuesto. Los derroches ocasionales, sobre todo si han sido previstos y se ha ahorrado para costearlos, forman parte de una buena vida. La variación de los gastos mensuales te privará de ella.

Tres cubos

Desde un punto de vista conceptual, todo dinero adicional al presupuesto puede destinarse a tres cubos distintos. (En el capítulo siguiente explico dónde guardar realmente el dinero y cómo invertirlo.) La opción más fácil (para la mayoría) es el consumo, es decir, la mejora de la calidad de vida en el presente mediante la compra de bienes y servicios de consumo. No todo el consumo puede considerarse superfluo y opcional, porque tenemos que comer y pagar un techo en que vivir. Al principio, todos llenamos en mayor medida ese cubo. De hecho, el dinero contemplado en el presupuesto básico es para consumo.

Los gastos de consumo *no* son inversiones. En las conversaciones cotidianas, utilizamos el término «inversión» con escaso rigor. Incluso en este libro, hablo de invertir en relaciones personales. En ese sentido, pagar la universidad o los estudios de posgrado puede considerarse como una «inversión» profesional. Sin embargo, al referirnos a la inversión del capital, debemos ser más rigurosos. En ese contexto, se espera que la inversión genere una rentabilidad financiera directa: una vez concluida la transacción, el capital se habrá *incrementado*. Formalmente, el gasto se denomina consumo porque se consumen bienes y servicios de la economía. Sin embargo, deberíamos entender el gasto como una descripción de cómo se consume el dinero en la transacción: para siempre.

ASIGNACIÓN DE INGRESOS

La distinción no siempre resulta evidente cuando se trata de gastos que no generan una rentabilidad financiera directa, pero de los que es razonable esperar que produzcan un aumento de los ingresos o una disminución de los gastos. El clásico ejemplo es la educación superior: el título académico *puede* aumentar la capacidad de generar ingresos, por lo que ese gasto se asemeja en cierto modo a la inversión. No obstante, el título no puede venderse y, por tanto, la matrícula no es una inversión en el sentido estricto que interesa a efectos de la planificación financiera.

Hago hincapié en esto porque resulta tentador justificar el consumo calificándolo de «inversión». Unos zapatos nuevos antes de una entrevista de trabajo o una suscripción a un gimnasio de lujo pueden conducir a una mejora de la situación económica, pero siguen siendo consumo y no inversión. Algunos tipos de consumo pueden ser más nobles que otros, como los regalos o las donaciones a organización benéficas, pero el dinero, una vez gastado, desaparece para siempre. El consumo merma la riqueza. Que no se malinterprete, me *encanta* consumir; todos merecemos una buena vida. Pero cada dólar es una elección.

Aparte del cubo del consumo, hay otros dos cubos para el dinero destinado a la inversión. El presupuesto a largo plazo es para la «jubilación», como la llama mi generación, aunque el término está perdiendo relevancia. Llamémoslo creación de riqueza, dinero a largo plazo o la base de la seguridad económica. Son los 2.000 dólares que mi amigo Lee aportó a su cuenta IRA. Es el dinero que te permitirá tumbarte en la playa con un Mai Tai mientras ves a tus nietos jugar en las olas, o cumplir cualquier otro deseo que tengas para el futuro.

El tercer cubo, el gasto a medio plazo, es la zona gris entre el consumo a corto plazo y la inversión a largo plazo. Consta de los gastos importantes que hemos previsto (y algunos gastos inesperados), como la entrada para una vivienda o un coche, la matrícula de un posgrado, la compra de participaciones sociales y las facturas médicas de gran importe, entre otros.

Cabe aclarar que las distinciones entre los cubos a medio y largo plazo y las subcategorías de gastos a medio plazo («fondo de emergencia», «ahorros para la universidad de los niños», «entrada de la hipoteca») son lo que se conoce como contabilidad mental. Se trata de categorías conceptuales que, aunque pueden resultar útiles, no son «reales» (el dinero es dinero, al margen de las etiquetas) y depender demasiado de ellas puede distorsionar la toma de decisiones. Utilízalas, pero que no te limiten.

Cada dólar adicional al presupuesto acabará en uno de estos tres cubos. Tu función consiste en destinar lo suficiente al consumo para no lamentar tus decisiones (el cubo se llenará con menos de lo que crees) y en financiar las inversiones a medio y largo plazo a un ritmo que permita alcanzar seguridad económica. En el siguiente capítulo explicaré qué hacer con el dinero de los cubos a medio y largo plazo.

Asignar dinero a los cubos

Al inicio de la carrera, a menos que la fortuna te sonría, el cubo de la inversión a largo plazo quedará relegado a un segundo plano. No pasa nada. Sin embargo, es fundamental asignarle *algo* de dinero. Los hábitos cuentan. Estás desarrollando los músculos del ahorro y la inversión para que, cuando tengas más dinero, puedas ponerlo a trabajar. En la medida en que lo hagas, estarás cumpliendo tu cometido. Los veinte años (para bien o para mal) no duran para siempre y te mereces una buena vida en el presente por haberte esforzado tanto. Sin embargo, si te encuentras en los años de mayores ingresos, debes pisar con más fuerza el acelerador del ahorro, pues tienes potencia de reserva.

Lo ideal sería depositar todos los ahorros en las oscuras profundidades de un plan de jubilación, donde puedan echar raíces y sentar las bases de la futura seguridad económica. Pero hay un inconveniente: necesitarás disponer de una parte de los ahorros antes de la jubilación. Ese es el cubo intermedio y su finalidad es garantizar que, cuando llegue el momento de hacer frente a grandes gastos (previstos o no), tengas dinero suficiente para cubrirlos. El cubo a medio plazo es una metáfora para ayudarte a gestionar dos factores: la **liquidez** y la **variabilidad**.

La liquidez se refiere a la facilidad con la que puedes convertir un activo en otra cosa, ya sea en otra forma de inversión o bien para usar como consumo. El dinero de las cuentas corrientes y de ahorro es muy líquido. Las acciones y los bonos son líquidos, al igual que la mayoría de los activos que cotizan en bolsa (más información sobre este tema en el capítulo siguiente). La vivienda es mucho menos líquida. Es posible convertirla en dinero mediante su venta o, de forma menos drástica, con un préstamo sobre el valor del inmueble o la refinanciación de la hipoteca, pero el proceso toma tiempo y acarrea costes de transacción. También es posible acceder al dinero de las cuentas IRA y 401(k), pero habrá que pagar impuestos y, a menos que se esté en la edad de jubilación, una penalización del 10 por ciento por retiro anticipado. Las participaciones sociales no son líquidas. Evidentemente, la liquidez es más importante cuanto antes se espere necesitar el dinero.

El otro factor es la variabilidad. Profundizaré en este tema en el capítulo siguiente, al hablar del riesgo y la diversificación, pero el aspecto clave de la planificación es que el precio de algunos activos permanece constante, en tanto que otros suben y bajan. El efectivo no varía en absoluto (pierde valor debido a la inflación, pero un billete de diez dólares costará siempre diez dólares). Las acciones de empresas tecnológicas de gran crecimiento son muy variables y, en general, todas lo son moderadamente. Recordemos el gráfico que muestra la rentabilidad del S&P 500 en los últimos dos decenios: a largo plazo, el crecimiento medio es del 8 por ciento, pero la rentabilidad varía de un año a otro. La variabilidad de las inversiones a largo plazo no debería preocuparnos, ya que conservaremos los activos durante los períodos bajistas y podremos planificar su venta para evitarlos. Sin embargo, la variabilidad supone un riesgo para la planificación a más corto plazo, ya que podríamos vernos obligados a vender los activos en períodos bajistas.

En suma, a medida que se aproxima la fecha en que necesitaremos disponer de una cantidad de dinero, querremos más liquidez y menos variabilidad. Si voy a comprar una casa y tengo previsto desembolsar 200.000 dólares para la entrada, tener los 200.000 dólares en una cuenta IRA no es útil (falta de liquidez) y tenerlos en acciones de una única empresa tecnológica en crecimiento no es aconsejable (variable). En cambio, si tengo previsto comprar la casa dentro de cinco años, puedo tolerar más variabilidad y no necesito tanta liquidez. La distinción entre los cubos «a largo plazo» y «a medio plazo» no es estricta: son metáforas, no cubos reales.

La función de la planificación a medio plazo es adecuar la liquidez y la variabilidad a los gastos previstos (e imprevistos) en el contexto de la situación financiera general.

El fondo de emergencia

¿Cómo se aplican estos principios al objeto de veneración de los libros sobre finanzas personales, el fondo de emergencia? En primer lugar, si no tienes ahorros líquidos, la creación de un pequeño fondo de emergencia líquido y no variable es un excelente objetivo inicial. Además de práctico —las emergencias ocurrirán—, es un buen entrenamiento para los músculos del ahorro. Si empiezas de cero, un fondo de emergencia de 1.000 dólares es un buen objetivo. ¿Por qué 1.000 dólares? Es una cifra redonda, alcanza para cubrir muchos de los gastos imprevistos que puedan surgir y es asequible para la mayoría de las personas. Este debería ser uno de los primeros objetivos del proyecto de ahorro: 1.000 dólares en una cuenta de ahorro para emergencias. (Nota: no pasa nada si usas el dinero del fondo de emergencia, de eso se trata; es un colchón, una ayuda para mantener el presupuesto bien encaminado, no un ídolo sagrado al que adoras y nunca tocas.) Si lo haces, llevarás ventaja frente al resto: el 56 por ciento de los estadounidenses adultos ni siquiera tiene 1.000 dólares en dinero de reserva.[10]

La etiqueta «fondo de emergencia» es útil, pero no olvidemos que no es más que contabilidad mental. Tener un «fondo de emergencia» de 10.000 dólares significa tener, como mínimo, 10.000 dólares en activos líquidos de baja variabilidad. En la práctica, esto se traduce en una cuenta de ahorro remunerada, un fondo del mercado monetario o un fondo de inversión muy conservador. En los años posteriores a la Gran Recesión de 2008, los tipos de interés eran tan bajos que resultaba difícil obtener algún tipo de rentabilidad sin variabilidad. Sin embargo, la época de los tipos de interés cero parece haber llegado a su fin y, al menos en el momento de esta redacción, las cuentas de ahorro ofrecen entre un 3,5 y un 4 por ciento de interés, lo que debería bastar para proteger el colchón de emergencia contra los efectos de la inflación e incluso obtener una pequeña rentabilidad real.

Gran parte de la planificación financiera idealiza la contabilidad mental y sugiere que debemos tener una cuenta para el fondo de emergencia, otra para la entrada de la vivienda, otra para un fondo universitario, etc. Esas cuentas son las ruedas para aprender a montar en bicicleta, pero, una vez que hemos acumulado decenas de miles de dólares en activos, no las necesitamos. El dinero es dinero (los economistas dicen que es «fungible»), y la etiqueta que le ponemos es menos importante que en dónde lo invertimos. Haz una previsión de los gastos a medio plazo, determina cuándo tendrás que pagarlos y crea un colchón de inversiones líquidas y de baja variabilidad para emergencias. Incluye los ahorros adicionales que esperas acumular con el tiempo. Si no tienes gastos a medio plazo previstos para dentro de un año, el único dinero que necesitas en activos líquidos y de baja variabilidad es el cochón para emergencias. En cuanto al resto, inviértelo donde esperes obtener la mayor rentabilidad (más información sobre este tema en el capítulo siguiente), al margen de la liquidez y la variabilidad. A medida que se aproxima la fecha de los gastos a medio plazo, transfiere esos activos más agresivos a inversiones más líquidas y menos variables.

Una vez superados los 1.000 dólares, ¿cuánto dinero conviene tener de cochón para emergencias? Según el clásico consejo en materia de finanzas personales, el equivalente a entre tres y seis meses de ingresos, pero la verdadera respuesta es: depende. Para muchas personas, sobre todo para los jóvenes, no hace falta tanto. Si tienes unos ingresos estables, trabajas para una empresa solvente, no tienes compromisos financieros ineludibles (hipoteca, hijos, etc.), gozas de buena salud física y mental y tu familia tiene un buen pasar y puede ayudarte económicamente en caso de necesidad, no te hace falta un colchón tan grande. Cuantas menos de esas condiciones se cumplan, mayor deberá ser el colchón.

¿Cuál sería el peor escenario *realista* (por ejemplo, perder el empleo) y cuánto necesitarías para afrontarlo sin pasar privaciones (reduciendo en la medida de lo posible el consumo)? Ese es el importe que deberías tener en inversiones líquidas no variables.

Sin embargo, no hace falta mantener en todo momento ese nivel de ahorro. Por un lado, habrá emergencias reales: utiliza el colchón en esos casos. Por otro, cuando llegue el momento de hacer gastos importantes, utiliza el colchón de emergencia para sufragarlos y luego repón el dinero. Una vez más, dependerá de la situación personal, pero conviene no tomar decisiones importantes basadas en una suma arbitraria que se desea mantener en un «fondo de emergencia» (o en cualquier otro cubo de la contabilidad mental). Si has encontrado la casa ideal y te faltan 20.000 dólares para la entrada, no dejes pasar la oportunidad porque los libros de planificación financiera dicen que debes tener en todo momento un fondo de emergencia de 30.000 dólares. Reduce el colchón a 10.000, compra la casa y luego sé disciplinado a la hora de reponer el colchón. El dinero es fungible y lo ahorras para poder utilizarlo, no para que los números verdes aumenten *ad infinitum*.

Ventaja por partida doble

Abordaré la inversión y los impuestos con más detalle en el siguiente capítulo, pero hay un aspecto de ese tema que, por su relevancia para la asignación del dinero a los diferentes cubos, no puede esperar. Me refiero a los planes de ahorro para la jubilación: 401(k), IRA y Roth. La versión resumida: aprovéchalos. Combinan el ahorro con ventajas fiscales y el poder de la capitalización compuesta y pueden ser la base de tu seguridad económica.

¿Cómo utilizarlos? La máxima prioridad, si tu empresa iguala las aportaciones al plan 401(k), es que saques partido de ello. Ninguna otra inversión proporcionará una rentabilidad inmediata del 100 por ciento con tributación diferida. Aporta el máximo susceptible de ser igualado por la empresa.

Es probable que las aportaciones por encima de ese límite sean convenientes, pero ello deberá determinarse en función de la situación fiscal y las necesidades de liquidez. No existe una receta única para utilizar estos planes y ninguno de ellos es «mejor» que otro en todas las situaciones. Los estudiaremos más a fondo en el siguiente capítulo, cuando me ocupe de los impuestos.

La asignación en la práctica

Veamos un ejemplo hipotético de cómo podríamos asignar el dinero mes a mes. Jack se encuentra en su primer año de carrera y ha comenzado a ahorrar. Su salario anual es de 60.000 dólares y su presupuesto básico mensual, de 3.000 dólares, destinado principalmente al alquiler, la compra de alimentos y el ocio. Ha calculado que un colchón de emergencia de 3.000 dólares sería suficiente, ya que tiene un trabajo estable, el pago del alquiler es mensual y vive cerca de sus padres; de modo que, en el peor de los casos, podría mudarse con ellos hasta recuperarse. De momento, ha depositado 500 dólares en una cuenta de ahorro que paga un 4 por ciento de interés, con la intención de crear ese colchón de 3.000 dólares en una cuenta líquida y de baja variabilidad. Su empresa ofrece un plan 401(k), al que Jack aporta el 5 por ciento de su salario anual, de modo que ya ha asignado 3.000 dólares al cubo a largo plazo.

A principios de mes, tras pagar el alquiler y la tarjeta de crédito, a Jack solo le quedan 20 dólares en efectivo y 100 dólares en la cuenta corriente. Utiliza la mayor parte de su salario para cubrir el presupuesto de consumo, pero no pasa nada, lo importante es que tiene un presupuesto y está desarrollando buenos hábitos.

Después de impuestos y la deducción del 5 por ciento para el plan 401(k), Jack cobra dos nóminas quincenales de 1.750 dólares, por un total mensual de 3.500 dólares; ya tiene 250 dólares más en el plan 401(k). De esa cantidad, 3.000 dólares se quedan en la cuenta corriente para cubrir los gastos del mes. Sin embargo, la mayoría de los meses Jack no consigue ceñirse al presupuesto y este mes el consumo se ha comido 300 dólares más. Le quedan 200 dólares para ahorros.

Con la intención de adquirir el hábito de destinar algo de dinero al cubo a largo plazo más allá del plan 401(k), abre una cuenta de corretaje en Fidelity y deposita 20 dólares. En el capítulo siguiente, veremos cómo invertir ese dinero a largo plazo en activos más arriesgados, como las acciones. Veinte dólares no es mucho, pero es un comienzo.

Transfiere los 180 dólares restantes a la cuenta de ahorro; ya tiene 680 dólares ahorrados para el colchón de emergencia de 3.000. A ese ritmo, Jack tardará un año en reunir todo el dinero del colchón. Sin embargo, si se aprieta el cinturón y se ciñe al presupuesto, lo conseguirá en solo tres meses. Empieza a acostumbrarse a revisar el presupuesto cada pocos días y a recordar que cada dólar es una elección. Está valorando la opción de estudiar empresariales y, para ello, necesitará más de 3.000 dólares en la cuenta de ahorro, pero, de momento, cuando alcance el objetivo de los 3.000 dólares, tiene previsto destinar todo el excedente que ahorre a inversiones a largo plazo.

Deuda

Existe un cuarto cubo, uno sin fondo, el cubo de la deuda. Se trata de un tema controvertido en el ámbito de las finanzas personales. Esta es mi opinión: la deuda es un arma de doble filo. Debe emplearse con cuidado.

Financiar activos a largo plazo con deuda a largo plazo es sensato, incluso inteligente. La deuda es una «palanca». Así como la palanca y el fulcro multiplican la fuerza, la deuda multiplica el rendimiento del dinero. A los ricos y a las empresas les *encanta* por su poder de apalancamiento. Si compro una casa de 1 millón de dólares al contado y el valor de la casa aumenta a 2 millones, habré multiplicado mi dinero. Nada mal. Sin embargo, si la pago con 200.000 dólares en efectivo y una hipoteca de 800.000 dólares, cuando la venda por 2 millones, liquidaré la hipoteca y me quedaré con 1,2 millones de dólares; es decir, habré multiplicado por seis mi dinero. Eso es apalancamiento. Sí, en total habré ganado lo mismo, 1 millón de dólares, pero solo habré inmovilizado 200.000 dólares. Recordemos el coste de oportunidad: mediante el uso de la deuda, liberé 800.000 dólares para otras inversiones.

Comprar la vivienda con una hipoteca casi siempre es una estrategia financiera acertada. (Trataré este tema con más detalle en el capítulo siguiente, cuando me ocupe de los bienes inmuebles.) En el caso de los coches, la decisión es más difícil. Los préstamos se utilizan con más frecuencia para comprar un coche *más caro* que para satisfacer la necesidad de transporte que cubriría un coche básico. El vendedor quiere que uno se pregunte: «¿Qué coche puedo permitirme?». Pero la pregunta sería: «¿Qué coche necesito?». Ese tipo de préstamo es un compromiso de consumo. Si un coche te hace especial ilusión, conviene ahorrar la mayor parte o incluso la totalidad del precio de venta antes de comprarlo. Gánate los caprichos; los disfrutarás mucho más.

La deuda a corto plazo es un sigiloso ladrón en la noche: tarjetas de crédito con tipos de interés elevados, préstamos «compra ahora y paga después», financiación en tiendas, etc. Incluso los préstamos «sin intereses» son compromisos de consumo que roban al futuro para financiar el presente. Un buen principio básico es que la deuda no debe durar más que la vida útil del bien adquirido. Una hipoteca a treinta años pasa esa prueba. Cargar con la deuda de la tarjeta de crédito durante un año para comprarte unos zapatos que usarás una temporada, no. Date los gustos que quieras, pero no te engañes.

Al principio de la carrera, es difícil no recurrir a la deuda a corto plazo para cubrir la brecha entre los ingresos y el consumo y, si se hace con moderación, no comprometerá el futuro. Pero hay que ser prudente. No solicites un préstamo para comprar un coche si tienes deudas de tarjetas de crédito. *Mide* la deuda a corto plazo, no la escondas en cinco cuentas diferentes. Apúntala al principio del presupuesto, calcula los pagos mensuales y busca la forma de saldarla. Sobre todo, no dejes que ello te impida desarrollar los músculos del ahorro. Aunque estés pagando un 18 por ciento de interés por la deuda de la tarjeta, ahorra 10 dólares al mes.

Si el pago de la deuda te impide salir a flote, debes trazar un plan para saldarla. Si tienes graves problemas de endeudamiento, es decir, si no puedes hacer frente ni siquiera a los pagos mínimos o si el saldo deudor se incrementa mes a mes sin que vislumbres un final, busca asesoramiento crediticio. Pero cuidado: busca una organización de asesoramiento crediticio *sin ánimo de lucro* que cuente con asesores *acreditados*. En Estados Unidos, la Oficina para la Protección Financiera del Consumidor ofrece una guía y enlaces de interés en su página web.[11]

Futuro

Mientras tu yo del presente administra diligentemente el dinero y los ahorros, tu yo del futuro está al acecho, esperando para gastarlo. Tu misión consiste en hallar el equilibrio entre tu felicidad y la suya. Los consejos en materia de planificación financiera se centran naturalmente en las necesidades de la persona que serás en el futuro, pero, en realidad, se trata de encontrar un equilibrio. Es poco probable que cumplas un plan que te priva de alegrías en el presente y, si lo haces, ¿para qué? ¿Qué clase de persona serías si alcanzaras la meta a fuerza de privaciones?

No eres tu yo del futuro, pero lo serás

Trabajar duro para ganar dinero y desarrollar la disciplina para ahorrarlo son dos tareas difíciles. Requieren un esfuerzo constante y siempre hay contratiempos en el camino, pero planificar para el futuro es difícil en otro sentido. Es difícil porque no se puede ver el objetivo, ni siquiera sabes si lo has alcanzado hasta que llegas allí. Sin embargo, es importante hacer el esfuerzo, puesto que la visión de tu futuro es una poderosa herramienta de planificación y motivación.

Piensa en tu vida de hace unos años y compara la persona que eres hoy con la que eras entonces. Repara en las diferencias. ¿Qué es lo que hoy te hace feliz y antes no era una prioridad? En retrospectiva, pasé por varias fases distintas (aunque en aquel momento no parecían tan distintas). Mi motivación siempre ha consistido en una mezcla de ansiedad por el dinero, deseo de placeres materiales y necesidad de agradar e impresionar a las personas más importantes de mi vida. El equilibrio entre esas motivaciones ha cambiado radicalmente con el tiempo, como también lo ha hecho lo que considero que tengo que hacer para alcanzar mis metas.

Piensa en el futuro e imagínate dentro de cinco años, de veinte años y de cincuenta años. ¿Crees que el ritmo del cambio personal será más lento? ¿Crees que las motivaciones y los deseos que hasta ahora han sido tan volubles se harán permanentes? Pregunta a alguien veinte o treinta años mayor que tú: «¿Eres la misma persona que hace dos décadas?». Luego pregúntale: «¿Eres la persona que creías que serías?». La falacia de que no seguiremos cambiando se conoce como sesgo de proyección y se define como la tendencia que tienen las personas a «exagerar el grado de similitud entre los gustos futuros y los gustos actuales».[12]

Vaticinar nuestro futuro personal resulta cada vez más difícil también por un motivo social: el concepto de jubilación está cambiando. El 20 por ciento de los estadounidenses «jubilados» sigue realizando trabajos esporádicos, y la mayoría afirma que lo hace porque el trabajo da sentido a su vida.[13] Envejecer es más caro que antes, en parte porque los gastos sanitarios siguen aumentando, pero también porque vivimos más. (Al menos obtenemos algo a cambio de todos esos gastos sanitarios.) Los mayores de sesenta y cinco años tienen la tasa de divorcio más alta de todos los grupos de edad, y el divorcio es atroz para las finanzas: los hombres y las mujeres que se divorcian después de los sesenta y cinco años sufren un deterioro de su nivel de vida del 25 y el 41 por ciento, respectivamente.[14]

Lo más importante que hay que saber sobre la planificación del futuro es que nunca acertaremos del todo, porque cambiaremos en formas imposibles de prever. En este caso, la precisión no es una herramienta útil. No te aferres a un objetivo absolutamente imprescindible. La casa perfecta del acantilado por el que corres todas las mañanas quizá nunca se ponga en venta. Cenar en todos los restaurantes con estrellas Michelin o escalar las siete cumbres son objetivos válidos, pero sacrificarás mucho para conseguirlo y, cuando lo hagas, a lo mejor te arrepientes de la decisión. Ese tipo de objetivos (e incluso otros más asequibles) no deben volverse inamovibles. Si has trabajado diez años con el propósito de ahorrar lo suficiente para montar tu empresa de diseño gráfico, pero cuando llega el momento buscar oficinas no te imaginas en ninguna, no pasa nada por reconocer: «He cambiado, este ya no es mi objetivo». Está bien que desees la casa de la playa. Está perfecto que pongas de fondo de pantalla una foto de la casa de tus sueños en la playa para motivarte y que su precio te sirva de aliciente para administrarte y planificar tus finanzas. La trampa está en equiparar «rico» con «casa en la playa» de modo que, cuando llegue el momento de hacer sacrificios reales, tomes las decisiones adecuadas para la persona en la que realmente te has convertido, no para la persona que creías que serías. Porque, al fin y al cabo, no vives la vida de tus sueños, sino tu vida.

La seguridad económica implica tener opciones, no limitarlas.

Habrá cisnes negros e impactos de meteoritos

Daniel Kahneman dice que la lección que hay que aprender de las sorpresas es que el mundo está lleno de sorpresas.[15] Cada pocos años, ocurre algo que desbarata todos tus planes: una pandemia mundial, un accidente de tráfico, conocer al amor de tu vida. Por desgracia, las mayores sorpresas suelen ser malas noticias: los diagnósticos de cáncer superan en número a los premios de lotería. Sea cual fuere el motivo de la sorpresa, hay que ser capaz de adaptarse. Saber encajar el golpe.

Los ahorros accesibles —el adorado fondo de reserva de los gestores financieros— son la prueba de que el trabajo está dando sus frutos, y constituyen la primera línea de defensa contra los inevitables imprevistos. Sin embargo, tan importantes como nuestras defensas financieras son nuestras defensas psicológicas. Por eso el desarrollo de la seguridad económica se reduce en última instancia al carácter, no a las matemáticas. Cuando la vida hace saltar por los aires un plan presupuestario meticulosamente trazado, el éxito radica en tomarse un respiro para enloquecer, luego recuperarse, examinar los escombros (mientras recuerdas que nada es ni tan bueno ni tan malo como parece) y rehacer el plan para adaptarlo al meteorito que se ha estrellado contra tu casa. Quién sabe, a lo mejor puedes aprovechar el cráter para hacer una bonita piscina.

Planificación y asesores

En la introducción, expliqué brevemente cómo calcular los activos para alcanzar seguridad económica. El método consiste en tomar la tasa de consumo (los gastos anuales más los impuestos) y multiplicarla por veinticinco, lo que a veces se denomina regla del 4 por ciento, porque contempla una rentabilidad de la inversión del 4 por ciento por encima de la inflación. Es una buena forma de empezar a planificar, pero es solo el principio.

Si has puesto en práctica las lecciones de este libro, con el aumento de la capacidad para generar ingresos y el consiguiente aumento de los ahorros, habrán aumentado también las obligaciones y la complejidad general de los requisitos fiscales y de inversión. La tasa de consumo multiplicada por veinticinco es una cifra útil, pero no un plan. Si eres una persona sumamente organizada —al punto de hacer una hoja de cálculos para irte de vacaciones— y has desarrollado una buena disciplina presupuestaria, a lo mejor puedes seguir por tu cuenta, pero te recomiendo encarecidamente que busques asesoramiento profesional. Dependiendo del patrimonio y la complejidad, podría tratarse de un asesor fiscal, un contable o incluso un abogado. Pero la figura clave en este caso sería el gestor financiero.

Muchos profesionales ofrecen servicios de asesoramiento y planificación financiera, pero lo que buscamos es algo muy concreto: un gestor financiero certificado y —esto es fundamental— que sea **fiduciario**. Es decir, que tenga la obligación legal de anteponer los intereses del cliente a los suyos propios. Buscamos dos requisitos formales: el primero, que el profesional o la empresa para la que trabaja sea un asesor de inversión registrado (RIA) y, el segundo, que posea una licencia individual de gestor financiero certificado (CFP) o de analista financiero colegiado (CFA).

Hay muchos asesores cualificados, por ello es importante atenerse a esos requisitos. No podemos contratar a alguien para que nos guíe en el camino a la riqueza solo porque formó parte de nuestro grupo de novatadas o porque consigue unas entradas estupendas para los grandes eventos deportivos. Será el partido de los Knicks más caro al que asistas jamás.

La cuestión con los asesores es la siguiente: no les pagamos por la rentabilidad de la inversión. A largo plazo, nadie bate al mercado. Y si alguien conociera el secreto para generar rentabilidades superiores a las del mercado, no lo compartiría por un porcentaje fijo. Pagamos al asesor a cambio de planificación, responsabilidad y confianza. Cuanto más patrimonio se acumula y más compleja es la vida, más valiosos son sus servicios.

La única persona más importante para tu seguridad económica que el asesor financiero es tu pareja. Los integrantes de una pareja, por muy compatibles o parecidos que sean, no piensan igual con respecto al dinero. No hay dos personas iguales. La relación personal que tenemos con el dinero es profunda y, a menudo, no percibimos sus raíces ni su complejidad. Necesitaremos mantener muchas conversaciones con nuestra pareja para desentrañar las capas y aunar criterios con respecto al ahorro, el gasto y la planificación. Un buen gestor financiero puede ayudar con ello, forma parte de su trabajo. Ten presente en todo momento que estás creando seguridad económica para poder invertir tiempo en tus relaciones y disfrutar de ellas. Ese es el objetivo último de todo esto.

REPASO DEL CAPÍTULO

PUNTOS PARA LA ACCIÓN

- **Valora tu tiempo por encima de cualquier otro bien.** Si malgastas el dinero, puedes ganar más. Si malgastas el tiempo, lo perderás para siempre.
- **Aprovecha el poder del interés compuesto.** Gracias a la capitalización compuesta, incluso un pequeño rendimiento crece de forma sorprendente con el paso de los años.
- **Cuidado con el poder de la inflación.** La contracara del interés compuesto es la inflación; con el tiempo, el dinero pierde poder adquisitivo. Nuestros objetivos de ahorro y estrategias de inversión deben reflejar ese hecho.
- **Obsesiónate racionalmente con el dinero.** Controla los ingresos, los gastos y las inversiones sin implicarte emocionalmente.
- **Controla los gastos reales.** Si solo vas a controlar una cosa en tu vida, que sea el gasto. No me refiero a lo que tienes previsto gastar ni a lo que crees que has gastado, sino al dinero que gastas realmente día a día.
- **Ahorra algo de dinero, aunque sea poco, todos los meses.** El ahorro es un músculo que se fortalece con la práctica. Haz repeticiones.
- **Evita los compromisos financieros.** El compromiso es estupendo en las relaciones, pero peligroso en las finanzas. Cuidado con las suscripciones, los planes de pago y los bienes que requieren mantenimiento.
- **Estabiliza los gastos.** Los gastos variables socavan el control, y la falta de control sobre los gastos *nunca* se traduce en menos gasto.
- **Calcula tu presupuesto básico «para salir a flote».** A la hora de tomar decisiones de gasto, la referencia debe ser un presupuesto mensual mínimo y realista. No olvides incluir las suscripciones anuales y otros gastos poco frecuentes. Ellos no se olvidarán de ti.
- **Ofrece opciones a tu yo del futuro.** Con el tiempo, cambiarás de maneras insospechadas, así que ten en cuenta la evolución de tus preferencias en la planificación.

PUNTOS PARA LA ACCIÓN

- **Establece objetivos factibles de ahorro a corto plazo.** «Un millón para cuando tenga treinta» no es un plan y, por tanto, no podrás cumplirlo. Sin embargo, «cinco mil dólares en mi cuenta de ahorro para el 1 de octubre» es un propósito útil para orientar las decisiones cotidianas. Toma suficientes decisiones acertadas y conseguirás ese millón.
- **Haz del gasto una decisión consciente.** A menos que estés muy endeudado, ahorrar hasta el último dólar no es ni factible ni deseable. Especialmente cuando eres joven, la vida está para vivirla y muchas de las mejores experiencias de la vida... no son gratis.
- **Organiza los gastos en tres cubos.** Cada dólar adicional al presupuesto se asignará a uno de estos cubos:
  - **Consumo del día a día:** Comida y alquiler, ropa, transporte, préstamos y otros gastos habituales.
  - **Gastos a medio plazo:** Gastos importantes y poco frecuentes, como los estudios de posgrado o el pago inicial de una vivienda.
  - **Ahorros a largo plazo:** Dinero reservado para inversiones, que utilizarás para cubrir tu consumo futuro. Este cubo es tu seguridad económica futura.
- **Financia el cubo a medio plazo con inversiones de baja variabilidad y alta liquidez.** Llegado el momento de extender esos cheques, querrás disponer fácilmente del dinero. No lo inviertas en inmuebles ni en participaciones sociales, ni te lo juegues en inversiones de alto riesgo.
- **Aprovecha las ventajas de los planes de jubilación.** Si tu empresa iguala las aportaciones al plan 401(k) u otros similares, prioriza las *aportaciones igualadas* por el empleador sobre cualquier otra inversión. Una rentabilidad garantizada del cien por cien con tributación diferida es la mejor oportunidad de inversión que tendrás en la vida.
- **Adáptate a las circunstancias.** Habrá contratiempos y cometerás errores. Ello no es motivo para abandonar los planes, sino para ajustarlos. Nada es ni tan bueno ni tan malo como parece.

CONCENTRACIÓN + (ESTOICISMO × TIEMPO × DIVERSIFICACIÓN)

4

Diversificación

Pocas personas pueden generar riqueza solo con los ingresos. Sí, algunas lo consiguen: los consejeros delegados de la lista Fortune 100, los *quarterbacks* de la NFL y las estrellas de cine. Para el resto de los mortales, los ingresos son la base. Un comienzo que requiere más trabajo de nuestra parte. Más concretamente, tenemos que convertir los ingresos laborales en algo más escalable: capital.

El capital es dinero en movimiento, dinero que se utiliza para generar valor. Es dinero trabajando. Las empresas, los gobiernos y las instituciones financieras funcionan con un suministro constante de capital, por cuyo uso pagan. Al igual que la grandeza, la riqueza se consigue con las acciones de muchos: aprovechando las habilidades de numerosas personas (equipos, empleados y proveedores) y el capital. Resulta prácticamente imposible fundar una empresa o crear riqueza sin personas y sin capital externo. Invertir es aportar capital para ponerlo a disposición de un tercero (y cobrar por ello).

La inversión es también el puente entre el arduo trabajo exigido en los capítulos anteriores y la seguridad económica prometida al principio. Es también la parte más fácil del proceso. A diferencia del necesario crecimiento personal abordado en «Estoicismo», los esfuerzos y las exigencias de la carrera comentados en «Concentración» y la disciplina y las batallas diarias descritas en «Tiempo», cuando se trata de invertir, son otros los que hacen el trabajo: tú puedes relajarte y recoger los frutos de su trabajo. Enhorabuena, ya eres un capitalista.

La mayoría de los libros sobre finanzas personales no explican a los lectores la mecánica subyacente del capitalismo y los mercados financieros. No lo hacen con mala intención y es probable que sea el enfoque adecuado para muchas personas. El ecosistema financiero es amplísimo y tiene una cultura (varias, de hecho) y un lenguaje propios. No hace falta dominarlo para obtener rendimientos de inversión a largo plazo. Entrar en los detalles requiere tiempo y energía cognitiva que podrían emplearse en otra cosa (coste de oportunidad). No es mala idea dejárselo a los profesionales.

Yo he adoptado un enfoque distinto. Este capítulo es el más extenso del libro porque, además de enseñarte las estrategias de inversión del capital, quiero que domines los principios que sustentan esas estrategias. El sistema financiero influye en nuestra vida, de forma visible e invisible, y todos pueden beneficiarse de su conocimiento práctico. En las páginas siguientes, abordo el tema de modo muy somero, aunque con más detalles de los que se enseñan en la mayoría de las escuelas y universidades, e incluso en la mesa de la cocina.

Este capítulo consta de cinco secciones principales. En la primera, se exponen algunos principios básicos sobre la inversión, entre ellos por qué invertimos y cómo deben considerarse las inversiones individuales y en el conjunto de las inversiones. En la segunda, se presenta un panorama de los mercados financieros: el mercado monetario, donde ponemos el dinero a trabajar. En la tercera, se ofrece un catálogo de las principales clases de activos disponibles en ese mercado, junto con algunas recomendaciones de inversión. En la cuarta, se arroja luz sobre un aspecto de la estrategia de inversión que a menudo se pasa por alto: la fiscalidad. Los impuestos son el precio que pagamos por vivir en una sociedad ordenada. Sin embargo, nuestro *sistema* fiscal no es ordenado y, si no hacemos una planificación, acabaremos pagando más de la cuenta. Por último, la quinta sección recoge algunos consejos prácticos aprendidos durante cuatro décadas dedicadas a la inversión mientras intentaba construir mi vida.

A las personas que trabajan en el sector financiero, gran parte de este capítulo les resultará familiar, e incluso rudimentario. Recomiendo leerlo u ojearlo a discreción. Observar un terreno conocido desde seis mil metros de altura puede ofrecer otra perspectiva. Quienes no estén familiarizados con las finanzas quizá se sientan aturdidos por el exceso de información. El panorama financiero es complejo, y es difícil encajar una pieza sin comprender mínimamente las demás.

Al margen de los temas tratados en este capítulo, recomiendo encarecidamente consultar con frecuencia la sección de economía de los periódicos y otras fuentes de información. En las últimas décadas, las noticias económicas han cobrado mucho protagonismo, tanto es así que muchas de ellas han pasado a formar parte de las noticias principales, aunque suele tratarse de las historias más atípicas, que hacen hincapié en productos de consumo o acontecimientos dramáticos. Sin embargo, con los fundamentos esbozados en este libro, se estará en buena forma para profundizar un poco más y seguir los mercados con más detalle.

Por último, estos principios se afianzarán realmente al ponerlos en práctica con las propias inversiones. A medida que nos adentremos en el mundo financiero, los conocimientos se irán cimentando y los temas de este capítulo resultarán más claros y accesibles. Lo prometo.

Principios básicos de inversión

He adquirido mis conocimientos (que crecen día a día) de una infinidad fuentes, pero el origen de todo se remonta a mi infancia, pues, de niño, tuve la suerte de tener un mentor.

A los trece años, yo creía que era invisible. No literalmente transparente, sino social e intelectualmente… inexistente. Mi madre salía con un hombre que era muy generoso conmigo, al que una vez le pregunté por unas acciones sobre las que había leído algo ese día en el periódico. Me respondió al instante, luego hizo una pausa y se quedó pensativo. Acto seguido, abrió la cartera y sacó dos billetes de 100 dólares nuevitos nuevitos.

—Toma, compra algunas acciones en una de esas grandes corredurías del centro —dijo.

Le pregunté cómo.

—Eres lo suficientemente listo para averiguarlo por tu cuenta. Si, para cuando vuelva el próximo fin de semana, aún no las has comprado, me devuelves el dinero —respondió.

Era la primera vez que mis ojos veían un billete de 100 dólares. Terry era amable y se interesaba mucho por mí. También estaba casado y tenía familia. Mi madre y yo éramos la segunda familia a la que visitaba un fin de semana sí y otro no, esa de la que se habla en los programas de televisión, pero que nunca es el tema central de esos programas. De todos modos, la historia no va de eso.

Al día siguiente, después de clase, fui directo a la esquina de Westwood y Wilshire y entré en las oficinas de Dean Witter Reynolds. Una mujer que llevaba unas vistosas joyas de oro me preguntó si podía ayudarme; le respondí que quería comprar acciones. Se hizo un silencio. De pronto me sentí cohibido.

—¡Tengo doscientos dólares! —solté mientras le enseñaba los billetes aún nuevitos.

Atónita, la mujer me entregó un sobre con una ventanilla transparente y me pidió que aguardara un momento. Me senté y acomodé los billetes en el sobre de modo que se viera la cara Benjamin Franklin a través del celofán. Poco después, un hombre de pelo rizado entró en la recepción y vino hacia mí:

—Soy Cy Cordner. Bienvenido a Dean Witter.

Me llevó a su despacho y me dio una lección de treinta minutos sobre los mercados: la proporción entre compradores y vendedores determinaba el movimiento de precios. Cada acción representaba una pequeña parte de propiedad en una empresa. Los aficionados actúan en función de sus emociones; los profesionales, en función de los números. Compra solo lo que conozcas: acciones de empresas cuyos productos te gusten o admires. Finalmente, decidimos invertir mi obsequio en trece acciones de Columbia Pictures, código de cotización CPS, por 15-3/8 $.

Durante los dos años siguientes, a la hora del almuerzo, iba a la cabina telefónica del patio principal del instituto Emerson y, por 20 centavos, llamaba a Cy para hablar de mi «cartera». A veces, después de clase, iba a verlo a su despacho para que me pusiera al tanto en persona (léase: tenía pocos amigos). Cy tecleaba el código, me decía cómo le había ido a CPS ese día y especulaba sobre el movimiento de las acciones:

—Hoy los mercados han caído —decía, lo que indicaba que habría más vendedores hasta que los precios bajaran y atrajeran a más compradores al mercado—. Parece que *Encuentros en la tercera fase* ha tenido mucho éxito. *La sombra de un campeón* ha sido un fiasco.

Cy también se tomaba la molestia de llamar a mi madre. No para vendernos nada (no teníamos dinero), sino para contarle acerca de nuestras conversaciones y hablarle bien de mí.

Al terminar el instituto, perdí el contacto con Cy. Luego Coca-Cola compró Columbia Pictures y, años después, vendí las acciones de Coca-Cola para pagar un viaje a Ensenada con mis compañeros de fraternidad de la UCLA. Pero me quedé con un par de cosas. La primera fue la confianza, el hecho de saber que no era invisible para los adultos, que podía entrar en una oficina financiera del centro de la ciudad y ser visto. La segunda fue la desmitificación de los mercados. Cy me enseñó que tras la complejidad de las finanzas, subyacen unos principios básicos que hasta un niño de trece años puede comprender.

Riesgo y rentabilidad

Los capitalistas ponen el dinero a trabajar de múltiples formas, desde simples préstamos bancarios hasta derivados sintéticos que quienes los diseñan no acaban de comprender. Pero toda forma de inversión se reduce al equilibrio entre dos aspectos: riesgo y rentabilidad. En un mercado que funciona correctamente, a mayor riesgo para el capital, mayor será el beneficio (potencial) esperado. El riesgo es el precio que se paga por la rentabilidad.

Un ejemplo (muy) simplificado es apostar a cara o cruz. Si se apuesta a cara en un único lanzamiento, hay idénticas probabilidades de ganar que de perder (decimos que las probabilidades son 1/1) y se espera una rentabilidad del cien por cien. Se apuesta (o se «invierte») 1 dólar y se recupera la inversión inicial más una «rentabilidad» de 1 dólar. Sin embargo, si se apuesta a cara en *dos lanzamientos seguidos*, las probabilidades disminuyen. El riesgo de perder triplica las probabilidades de ganar: de los cuatro resultados posibles en dos lanzamientos, tres de ellos (cruzcruz, caracruz y cruzcara) son pérdidas: las probabilidades son 1/3. Si apuesto 1 dólar, espero recibir ese dólar más una «rentabilidad» de 3 dólares. A mayor riesgo, mayor recompensa. Si la apuesta de 1 dólar a cara en dos lanzamientos seguidos se paga a 2 dólares, mal asunto. Si se paga a 5 dólares, apostaré todas las veces.

El riesgo y la rentabilidad de la inversión son más complejos. No se conoce el riesgo con certeza desde el principio, como sucede cuando se lanza una moneda al aire, y el objetivo consiste en obtener una rentabilidad positiva, no simplemente en llegar al punto de equilibrio, como ocurriría si se apostara a las probabilidades de lanzar una moneda al aire. Pero reconocer un desequilibrio (menos riesgo que rentabilidad potencial) sigue siendo la clave de la inversión exitosa.

Insisto, el riesgo es el precio que se paga por la rentabilidad: quien no arriesga, no gana.

Los dos ejes de la inversión

La actividad inversora puede clasificarse según dos dimensiones: si es activa o pasiva, y si está diversificada o concentrada. La comprensión del lugar ocupado por una inversión en esas dimensiones debería determinar cuándo y en qué invertimos nuestro tiempo y nuestro capital.

CLASIFICACIÓN DE OPCIONES DE INVERSIÓN

PASIVA ⟶ TIEMPO REQUERIDO ⟶ ACTIVA

RIESGO: DIVERSIFICADA ⟶ CONCENTRADA

RIESGO	PASIVA	ACTIVA
DIVERSIFICADA	• Fondos indexados • Fondos de inversión • *Robo advisor* (gestor automatizado de cartera) • CDA (Certificado de Depósito de Ahorro) • Cuenta de ahorro	• Estrategia de cartera
CONCENTRADA	• Compra y tenencia de acciones individuales • Oro • Bitcoin	• Selección de valores • Negociación intradía • Actividad laboral • Propiedad de una vivienda

Activa y pasiva se refieren a cuánto tiempo se dedica a una inversión y en qué medida se puede influir en el resultado. Una cuenta de ahorro es una inversión cien por cien pasiva: no hay que hacer más que depositar el dinero en la cuenta y esperar a que el banco proporcione la rentabilidad ofrecida. La inversión más activa, en cambio, es la actividad laboral. Quizá el trabajo no se considere como una inversión, pero, de hecho, junto con la inversión en relaciones personales, es la más importante y la que más tiempo consume. Más aún si se posee participación en el capital de la empresa. Otras inversiones activas son la propiedad de inmuebles de alquiler (consejo de experto: pide a tu familia política que se encargue de gestionar las tareas de mantenimiento) y la negociación intradía de acciones.

Dado que las estrategias de inversión activa requieren más tiempo, cabe esperar de ellas una rentabilidad mayor que la proporcionada por una inversión pasiva de igual riesgo. Queremos rentabilizar el capital, pero también nuestro tiempo. Así pues, teniendo en cuenta que nuestra participación influye directamente en los resultados, debemos considerar si tenemos cierta pericia en el sector en que pretendemos invertir. A mí, por ejemplo, me gusta mucho el arte, pero sé muy poco sobre ese mercado y no me interesa aprender, de modo que competir con coleccionistas en subastas de Sotheby's no sería una buena estrategia de inversión activa para mí. Sin embargo, tengo bastantes conocimientos sobre aviones y, hace unos años, hice una inversión relativamente importante en una empresa de mantenimiento de motores a reacción, cuya gestión ha requerido y sigue requiriendo bastante tiempo; con todo, considero que vale la pena por la ventaja que supone mi experiencia en ese campo.

Diversificación y concentración se refieren a la naturaleza del perfil de riesgo de la inversión. Se trata de un concepto fundamental de inversión; de ahí que lo haya elegido como título de este capítulo. En esencia, implica no poner todos los huevos en la misma cesta. He tenido acciones de Apple durante muchos

RANKING DE CAPITALIZACIÓN BURSÁTIL

Empresas estadounidenses, 2003 frente a abril de 2023

2003		2023
1	Microsoft	2
2	GE	71
3	ExxonMobil	11
4	Walmart	13
5	Pfizer	28
6	citi	82
7	Johnson & Johnson	9
8	IBM	68
9	AIG	216
10	MERCK	20

Fuente: Financial Times, CompaniesMarketCap.com.

años y la compañía alcanzó una rentabilidad pasmosa durante ese período. Sin embargo, sigue siendo una inversión bastante arriesgada (precisamente por eso genera grandes rendimientos) y los riesgos, tarde o temprano, acaban pasando factura, pues pocas empresas se mantienen en la cima a largo plazo.

Riesgo, par deux: *diversificación*

La diversificación es una estrategia defensiva. Pero, como en los deportes, la defensa gana campeonatos. Porque la inversión comporta una asimetría fundamental. Uno puede absorber infinitas ganancias, pero no puede recuperarse desde cero. Los activos de riesgo —como las acciones y los derivados— pueden llegar a cero. Si la inversión está concentrada en uno de esos activos, una mala apuesta puede resultar ruinosa. La diversificación limita las pérdidas. Es cierto que también supone un lastre para las ganancias; sin embargo, si una única apuesta te deja en cero, no habrá ganancias. Más importante aún: *no es necesario maximizar las ganancias.*

Es la pura verdad. Contrariamente al mensaje difundido por los medios de comunicación populares, el objetivo no consiste en convertirse en la persona más rica del mundo. Una cartera bien gestionada y diversificada generará la rentabilidad necesaria para alcanzar seguridad económica. Se pueden seguir buscando victorias monstruosas con una parte del capital. A medida que se gana experiencia en los mercados, se aprende a distinguir entre oportunidades y voceadores de feria. Una base de activos segura y en constante crecimiento te dará la confianza necesaria para buscar mejores oportunidades con tu bien más preciado, tu tiempo. Esta es la lección acerca de los dos caminos hacia la riqueza que describo al principio del libro y la mejor opción es transitar ambos:

Dedica tu tiempo a maximizar los ingresos actuales.

Diversifica las inversiones para maximizar la riqueza a largo plazo.

La diversificación es mucho más que invertir en diferentes activos. Se trata de invertir en activos con diferentes perfiles de riesgo. ¿Recuerdas el ejemplo del lanzamiento de la moneda? Esa es una forma de riesgo simplificada, con un solo factor a tener en cuenta: ¿de qué lado caerá la moneda? Los riesgos de la inversión no son así de singulares, son multifacéticos.

Pongamos por ejemplo el caso de Apple. La empresa podría afrontar diferentes *tipos* de riesgo: una desaceleración económica podría desincentivar la compra de teléfonos de 1.200 dólares cada dos años; China podría invadir Taiwán, en cuyo caso Apple perdería el acceso a gran parte de su capacidad de producción y a su segundo mayor mercado; Tim Cook decidirá tarde o temprano que tiene mejores cosas que hacer y su sucesor probablemente no tendrá la misma capacidad de gestión. Estos (y muchos otros) riesgos componen el perfil de riesgo de Apple. Decimos que Apple está «expuesta» a esos riesgos.

Tener acciones de Apple también me expone a mí, como accionista, a esos riesgos. Si pongo todo mi dinero en Apple, mi inversión estará muy concentrada y, de golpe y porrazo, el futuro de mi seguridad económica dependerá del humor y nivel de azúcar en sangre de Xi Jinping y Tim Cook. Mal asunto. Entonces, ¿cómo puedo aprovechar los grandes rendimientos proporcionados por Apple, pero reducir mi exposición a riesgos específicos que escapan a mi control? (Pista: diversificación.)

Repárese en que Apple afronta riesgos muy diversos, algunos son muy amplios (desaceleración económica), otros no dependen de la empresa pero la afectarían de manera directa (guerra con China) y otros dependen completamente de ella (la posible jubilación de Tim Cook). Si divido mi capital entre Apple y Nike, reduzco mi exposición a la jubilación de Tim Cook a la mitad, ya que Tim Cook no afecta en modo alguno a Nike. Sin embargo, seguiría estando expuesto a China, pues Nike también depende de la producción y los consumidores chinos, así como a la economía de consumo en general, pues ambas firmas venden bienes de consumo discrecional.

De hecho, es difícil librarse de la exposición a China en los sectores manufactureros y de bienes de consumo. Harley-Davidson, por ejemplo, fabrica las motos en Estados Unidos, pero depende de China para la fabricación de muchas de sus piezas. La empresa diseñadora de artículos de lujo LVMH aún fabrica la mayor parte de sus productos en Europa, pero una cuarta parte de sus ventas dependen de China.

Un mejor candidato para compensar el perfil de riesgo de las empresas como Apple sería una empresa energética —la mayoría está menos vinculada a la economía china *y* funciona relativamente bien cuando la economía pierde fuelle— o una empresa básicamente de ámbito nacional o local (como Home Depot o Equity Residential).

Parece mucho trabajo, porque lo es. De ahí el auge de los fondos y otros vehículos de inversión en los que el inversor paga al gestor un pequeño porcentaje de su inversión (idealmente, muy pequeño) para que investigue y haga los cálculos necesarios para crear una cartera diversificada. La teoría que subyace a la diversificación se denomina teoría de carteras y fue formulada en la década de 1950, cuando los economistas consiguieron reunir datos suficientes para medir la rentabilidad de carteras de inversión complejas.

La diversificación no se limita solo a las acciones individuales. La idea consiste en tener una cartera diversificada de inversiones. Las acciones, como clase de activo (profundizaremos en ellas más adelante en este capítulo), tienden a moverse de forma conjunta y ninguna estrategia de compra de acciones podrá diversificar los riesgos de la cartera inherentes a las acciones en general.

Un hecho curioso es que el poder de la diversificación dejó de ser un secreto en la década de 1980, cuando los inversores institucionales empezaron a invertir en todo tipo de activos de todas partes del mundo. Paradójicamente, ello dificultó la diversificación, porque los flujos de capital hicieron que las inversiones que no estaban relacionadas pasaran a estarlo. Cuando las acciones del hierro se desploman en Australia, ello afecta a los precios de los bonos en Alemania, ya que el inversor que recibió el golpe en Australia quizá tiene que vender sus bonos alemanes para reunir capital (y cubrir las pérdidas). Sigue siendo la mejor estrategia, aunque más difícil de ejecutar y tal vez menos eficaz que antes.

Chaleco antibalas

Como muchas personas, aprendí el valor de la diversificación por las malas: concentrando demasiado la inversión. A finales de la década de 1990, la empresa de comercio electrónico que había fundado, Red Envelope, vivía el auge de las puntocom y estaba a punto de salir a bolsa. Yo tenía treinta y cuatro años y compraba jets privados; me creía invencible. No obstante, el mercado dio un giro y la salida a bolsa se canceló. La empresa luchó por salir adelante, hubo cambios en la dirección y yo discrepaba (por decirlo de un modo cortés) de los inversores de riesgo, pero me quedé. Red Envelope salió a bolsa en 2003. No solo me negué a retirar mi inversión, sino que, cegado por mi implicación emocional con la marca, me jugué el todo por el todo e invertí más. Tras cinco años de hacer caso omiso a las luces rojas intermitentes, perdí el 70 por ciento de mi patrimonio neto en 2008, cuando la empresa se declaró en bancarrota. No lo vi venir. La tormenta perfecta formada por una huelga de estibadores, un contratiempo en nuestro centro de distribución logística y un analista de crédito de Wells Fargo que nos retiró la línea de crédito hundió la empresa en diez semanas. La cuestión es que las tormentas perfectas son poco comunes, pero se producen siempre.

La segunda lección sobre diversificación la aprendí en 2011, al tomar la peor decisión de inversión de mi carrera. Compré una participación importante en Netflix (al menos para un profesor) a 12 dólares por acción (ese no fue el desatino). Aposté por la visión de la empresa y su gestión, pues creía comprender el panorama de los medios de comunicación y estaba convencido de que el *streaming* revolucionaría el mercado. Pero el mercado tenía dudas y, seis meses después, vendí las acciones a 10 dólares para compensar las pérdidas a final de año. Durante gran parte de la década siguiente, cada vez que veía en el teléfono el código NFLX en verde me ponía enfermo: el dolor alcanzó su punto álgido cuando el valor se sitúo en torno a cincuenta veces mi inversión. Fue muy doloroso recibir el impacto de esa bala en el pecho, pero estaba a salvo, llevaba puesto mi chaleco antibalas. Mi cartera de inversión no se limitaba a Netflix. Incluía además acciones de Apple, Amazon y Nike, que también habían subido durante ese período (aunque no tanto como Netflix). Vender las acciones de Netflix por motivos fiscales supuso un duro golpe para mí, pero la diversificación impidió que fuese mortal. Es fundamental colocarse en una posición que nos permita sobrevivir a las balas perdidas que, en el mundo de la inversión, nos alcanzarán indefectiblemente. Nadie está exento de ese peligro. Recordemos que pocas personas toman capturas de pantallas de sus pérdidas. Pero están en todas partes, y todo el mundo las amortigua.

Paseo aleatorio

Hace unos años, en la junta anual de accionistas de Berkshire Hathaway, Warren Buffett dijo que apostaba un millón de dólares a que el rendimiento medio del mercado de valores, el índice S&P 500, superaría a toda inversión de gestión activa al cabo de diez años.[1] (Entiéndase el S&P 500 como una media de los precios de las acciones en general; lo abordaré con más detalle en «Medir la economía».) La empresa de inversión Protégé Partners aceptó la apuesta de Buffett. Protégé escogió cinco fondos de gestión activa y, en el transcurso de diez años, cambió algunos de los fondos de menor rendimiento por inversores que, a su parecer, tendrían más probabilidades de éxito.

Al cabo del primer año, todos y cada uno de los cinco fondos de fondos había superado, notablemente, al S&P 500. Al año siguiente, en 2009, ganó el S&P 500. Lo mismo en 2010 y en 2011, y en los años sucesivos. Para 2017, el S&P 500 había generado una rentabilidad del 126 por ciento. ¿Y Protégé Partners? Una rentabilidad del 36 por ciento. La apuesta finalizó oficialmente el 31 de diciembre de 2017, pero, para el verano de ese año, la ventaja de Buffett era tan amplia que Protégé admitió la derrota antes de tiempo.[2]

Wall Street no tiene ningún interés en que se conozca esta anécdota de Buffett. Porque si nos percatáramos de que solo unos pocos (si acaso) pueden superar al mercado de manera continua, muchísimos corredores de bolsa, gestores de fondos de inversión libre y asesores de inversión se quedarían sin empleo. Y ese es el secreto del mercado oculto a plena vista: a largo plazo, nadie bate al mercado, aunque se esté muy instruido, capitalizado o dotado de los mejores profesionales. Ciertamente es posible vencerlo *a corto plazo*. De hecho, ese fue el caso de muchas personas en 2021, que se apresuraron a comprar criptodivisas y acciones meme que registraron movimientos al alza de órdenes de magnitud mayores que el mercado de valores en general. Mi hijo de once años compró Dogecoin y fue una genialidad. Hasta que dejó de serlo. En 2022, tres de cada cuatro inversores en criptomonedas habían perdido dinero de la inversión inicial.[3] Entretanto, a medida que los activos especulativos se desplomaban, el mercado bursátil seguía a lo suyo, subiendo al ritmo habitual.

No hace falta fiarse de mi palabra (ni de la de Buffett), hay datos disponibles. En los últimos veinte años, el 94 por ciento de los fondos de gran capitalización fue superado por el S&P 500.[4] En ese mismo período, la rentabilidad media de los fondos de renta variable fue del 8,7 por ciento, mientras que la del S&P Composite 1500 fue del 9,7 por ciento.[5] Según un estudio, solo la mitad de los fondos de renta variable de gestión activa de Estados Unidos sobrevive al cabo de quince años.[6]

La obra fundamental sobre este tema es *Un paseo aleatorio por Wall Street* de Burton Malkiel, catedrático de Economía en la Universidad de Princeton. Malkiel sostiene que los precios de los activos (en especial de las acciones) se rigen por la «teoría del paseo aleatorio», es decir, no pueden predecirse a largo plazo. Por tanto, la selección de valores es un «paseo aleatorio» y no merece la pena dedicar tiempo a ello. Malkiel escribió el libro en 1973 y se ha reimpreso *trece veces* desde entonces. La edición más reciente se publicó en 2023 y en ella se analizan Google, Tesla, las SPAC y bitcoin. Con todo, llega a la misma conclusión: la inversión activa a largo plazo no supera al mercado. (La disertación se centra en las acciones, pero la mayor parte es aplicable también a otras clases de activos: los inversores individuales de gestión activa casi nunca baten a los índices diversificados de gestión pasiva.)

Ello suscita dos preguntas. La primera: ¿y qué hay del propio Buffett? ¿Acaso el Sabio de Omaha no es venerado como un inversor brillante? ¿No lleva años batiendo al mercado? La segunda: Scott, ¿por qué me dices que apueste por la inversión activa si lo más seguro es que pierda?

Un par de aclaraciones. En primer lugar, invertir todo el dinero en el S&P500 (lo cual puede hacerse a través de un fondo cotizado, como explicaré más adelante en este capítulo) no constituye una buena estrategia, porque la rentabilidad óptima a largo plazo no es el único factor que debe tenerse en cuenta. El mercado en general es muy variable. En el período comprendido entre 2000 y 2022, el S&P 500 perdió valor en siete de esos años, incluidos tres en los que perdió un 20 por ciento o más de su valor. Recordemos que las inversiones variables no son una buena opción para el dinero que se prevé necesitar en los próximos años. Si has ahorrado 100.000 dólares para la entrada de la vivienda y los inviertes en un fondo cotizado sobre el S&P 500, hay una probabilidad razonable de que ese dinero valga menos, quizá mucho menos, cuando lo necesites.

Si bien los rendimientos a largo plazo deberían obtenerse de inversiones pasivas y diversificadas, hay que saber cómo reducir el riesgo de variabilidad del capital del cubo a medio plazo. Incluso si uno quisiera invertir todo su dinero en el S&P 500, probablemente no lo haría. La compra de una vivienda es una inversión inmobiliaria importante. A lo mejor se tiene la oportunidad de invertir en empresas privadas, como la empresa para la que uno trabaja o su propia empresa. Aunque los índices bursátiles amplios ofrecen la mejor ratio riesgo/beneficio, a medida que se adquiere seguridad económica, conviene buscar formas de asumir más riesgos a cambio de mayores rendimientos. Administrar bien el dinero implica entender de dinero, y para ello no basta con leer sobre los mercados financieros.

En segundo lugar, si uno hace inversiones más activas, no es seguro que vaya a perder. La interpretación más estricta de la hipótesis del «paseo aleatorio» —la imposibilidad de pronosticar el precio de las acciones— es controvertida y, a mi parecer, exagerada. Los precios de mercado son el producto del mercado considerado como una máquina de votar; son fruto del juicio humano, que a menudo es irracional y desinformado. Los observadores perspicaces y sensatos a veces detectan cuando los precios se desvían de su valor y sacan partido de la diferencia, sobre todo si son pacientes y mantienen los activos durante mucho tiempo. Como se suele decir, «el éxito no se consigue prediciendo los movimientos del mercado, sino pasando tiempo en el mercado».

Esa es la estrategia de inversión que Buffett ha practicado durante toda su carrera. Con la apuesta del millón de dólares pretendía poner de relieve la ineficacia de las estrategias de inversión excesivamente activas, en las que el inversor juega con los movimientos de precios a corto plazo y compra y vende acciones u otros activos con mucha frecuencia. (Además, aunque Buffett compra acciones a través de Berkshire Hathaway, esta es principalmente una empresa operativa que posee y controla otras empresas cuya gestión supervisa. De hecho, más allá del encanto de Nebraska y los dichos populares, Berkshire Hathaway es básicamente una compañía de seguros muy rentable que diversifica los beneficios invirtiéndolos en otros negocios.)

Por tanto, los principios fundamentales de la inversión son riesgo y rentabilidad, diversificación y la ineficacia de intentar «batir al mercado» (la mayor parte del tiempo).

El manual del capitalista

Para comprender adecuadamente las opciones de inversión disponibles y, en esencia, desarrollar una estrategia de inversión, se requieren algunas nociones básicas del capital y del sistema económico al que este alimenta (a saber, el capitalismo). En las páginas siguientes, hago un recorrido breve, pero completo, por el sistema capitalista. Cada uno de los conceptos aquí esbozados constituye un campo de estudio académico en sí mismo. Mi experiencia en ellos varía ampliamente, como la de todo el mundo, pues nadie posee un conocimiento experto de la totalidad de la economía. Sin embargo, no hace falta ser experto en esos campos para tener éxito como inversor. La complejidad y profundidad de los conceptos no debería ser un impedimento para comprender los aspectos generales y, más importante aún, *cómo encajan en el sistema capitalista*. Solo desde seis mil metros de altura se hace patente la naturaleza interdependiente del sistema. A los lectores más avezados algunas partes pueden parecerles pedantes o reduccionistas, pero el exceso de consejos de inversión complican sobremanera y mistifican los hechos, cuando, en realidad, lo que importa son los conceptos básicos.

Intercambio de tiempo por dinero

Todos los organismos tienen necesidades. Las plantas necesitan agua y luz solar; las orugas, hojas; y los humanos, todo tipo de cosas. Una de las competencias de nuestra economía es inventar necesidades. Sin embargo, nuestro consumismo desenfrenado se asienta sobre una base de necesidades reales e inevitables: alimento, cobijo y compañía. En la naturaleza, los animales alimentan a sus crías y algunas especies han desarrollado rutinas de cooperación, pero, en su mayoría, las especies se valen de sus propios esfuerzos para garantizar sus necesidades.

Los seres humanos somos diferentes. Dotados de la capacidad de imaginar y anticipar el futuro y de comunicarnos mediante un lenguaje complejo, hemos desarrollado los medios para intercambiar no solo las cosas que necesitamos, sino también el verdadero límite de nuestra capacidad: el tiempo mismo. El dinero debe considerarse de ese modo: como el medio que utilizamos para intercambiar tiempo.

Imaginemos a un obrero que cumple una jornada de ocho horas diarias y cuarenta semanales en una fábrica. Al final de la semana, el dueño de la fábrica le paga un salario. Se produce un intercambio directo de tiempo por dinero. (Los economistas objetarán que el dueño de la fábrica está pagando por la mano de obra, lo cual es cierto, pero el activo esencial al que renuncia el trabajador es el tiempo, aunque sea su trabajo lo que aporta valor al dueño.)

El obrero toma el dinero, de camino a casa se detiene en un bar e intercambia diez dólares por dos cervezas. Al menos eso parece a simple vista. En realidad, está intercambiando parte del tiempo trabajado en la fábrica por tiempo trabajado por terceros en la cervecería. Está comprando el tiempo del camarero y del agricultor de cebada. Una parte de esos diez dólares irá para el empleado que limpia el local por la noche y para la ciudad que paga a los policías y los bomberos que protegen el bar. El resto, de haberlo, es la recompensa para el dueño del negocio, que dedicó su tiempo a abrir el bar.

El dinero —como medio de transferencia del tiempo— ofrece una ventaja comparativa, la capacidad de especialización. El poder de la especialización fue ilustrado magistralmente por Adam Smith con el ejemplo de la fábrica de alfileres. Según Smith, diez obreros podían fabricar unos centenares de alfileres al día. Pero diez obreros en una fábrica que visitó, en la que cada uno tenía a su cargo una parte del proceso de fabricación, podían hacer, en conjunto, más de cuarenta y ocho mil alfileres al día.[7] Lo mismo con el bar. Una sola persona no podría montar, abastecer y atender un bar o un restaurante, ni cualquier otro distintivo de la vida moderna. La especialización es una dinámica fundamental de nuestra economía: las personas dedican su tiempo a hacer muy bien una actividad concreta, ya sea escribir libros o reparar carburadores, luego obtienen dinero por el tiempo dedicado, que intercambian por los productos del tiempo de otras personas.

Los economistas llevan siglos debatiendo sobre la «verdadera» naturaleza de este intercambio y la relación entre la mano de obra implicada en la producción de un bien y su precio. Sin embargo, para nuestros fines, podemos obviar ese debate. El dinero es un medio de intercambio de tiempo y su valor radica en el hecho de que otros intercambiarán su tiempo, o los bienes producidos con él, por nuestro dinero. El resto es ruido.

El mercado de la oferta y la demanda

No todo el tiempo se valora por igual (ni tampoco todos los bienes). En el verano en que me gradué del instituto, gané 18 dólares la hora instalando estanterías. El contrato entre Cristiano Ronaldo y el club de fútbol AlNassr le reporta al futbolista unos 2,5 millones de dólares por cada hora que pasa en el campo.[8] En términos relativos, podría decirse que me pagaron de más, porque a mí se me da fatal instalar estanterías.

Siempre que haya un intercambio, habrá un precio. ¿Cuántos dólares por esa cerveza fría, y cuánto tiempo se ha de pasar en la fábrica para ganar esa cantidad? La determinación del precio justo para esos intercambios hace girar los engranajes de la economía. La tarea es de una complejidad pasmosa. El precio que la fábrica paga por el tiempo de los trabajadores debe ser lo suficientemente bajo para que esta pueda producir bienes a precios atractivos para los clientes, lo cual dependerá de lo que ganen esos clientes por su tiempo, con independencia de la actividad que desarrollen. De igual modo, los trabajadores de la fábrica deben recibir, a cambio de su tiempo, una retribución que les permita satisfacer sus necesidades, y algunos deseos.

La característica distintiva de lo que llamamos «economía de libre mercado» es que dependemos (ante todo) del mercado de la oferta y la demanda para determinar el equilibrio de precios. En cambio, en una «economía planificada», los precios los fija la autoridad central (normalmente una agencia gubernamental). Las economías planificadas atraen a los soñadores, pese a que ninguna ha funcionado a gran escala. Tal vez algún día, pero este libro describe el mundo tal y como es, y la economía mundial del siglo XXI es (ante todo) una economía de mercado.

Toda transacción requiere oferta *y* demanda. Hay una gran demanda de medicamentos que curen el cáncer de forma inmediata, pero no hay oferta y, por tanto, tampoco precio. Si se inventara una píldora eficaz para curar todos los tipos de cáncer y solo pudiera fabricarse una al día, su precio sería astronómico, probablemente de varios centenares de millones de dólares. Ese precio tan alto atraería a la competencia y, con el aumento de la oferta de los medicamentos para curar el cáncer, el precio disminuiría (a menos que hubiera una captura del regulador, una marabunta de grupos de presión en Washington para restringir la oferta). Si hubiese decenas de millones de píldoras, el precio se desplomaría. Los precios tienden a estabilizarse en el punto de equilibrio entre la oferta y la demanda: lo suficientemente altos para fomentar la fabricación y lo suficientemente bajos para estimular la demanda. Lo suficientemente altos para obtener beneficios, y lo suficientemente bajos para ahuyentar al enjambre de competidores.

Esta estabilización se produce a través de los mercados, que funcionan como un «mecanismo de descubrimiento de precios». La frase describe la forma en que los participantes juegan de farol y se abren camino hacia el equilibrio. Los precios no los «fija» el mercado, sino que son «descubiertos».

Describimos la medida en que los precios reflejan plenamente la oferta y la demanda como la «eficiencia» de un mercado. Esta depende en gran medida de la información: cuando todos los participantes en el mercado tienen acceso a información completa sobre los demás, encuentran rápidamente el precio de equilibrio. Los mercados tienden a ser más eficientes cuando los costes de transacción son bajos y hay muchas transacciones (que generan abundante información sobre la oferta y la demanda) y cuando el objeto de intercambio es un bien discreto y fungible como el oro (lo que facilita la utilización de los datos de transacciones pasadas en transacciones futuras). Los mercados de bienes diferenciados y de calidad variable, como el arte y la mano de obra, son menos eficientes.

Los mercados ineficientes atraen el «arbitraje», que se produce cuando un comerciante compra bienes a vendedores que desconocen la demanda real y los vende a compradores que desconocen la oferta real (o que no pueden intercambiarlos directamente debido a la distancia o a barreras culturales).

En las décadas de 1980 y 1990, los vaqueros Levi's, sobre todo el modelo clásico 501, costaban mucho más caros en Europa y en Asia que en Estados Unidos. Levi Strauss & Co. había comercializado con éxito el modelo 501 como un artículo de moda en esas regiones y mantenía la oferta baja de manera artificial. Esa dinámica de alta demanda y baja oferta permitía a los minoristas cobrar 100 dólares o más por unos vaqueros que en Estados Unidos no pasaban de los 30 dólares. El mercado de Levi's no era eficiente porque en Estados Unidos había mucha oferta, pero esa oferta no llegaba ni a Europa ni a Asia. Hasta que llegó. Se desarrolló un próspero arbitraje, alimentado en parte por los distribuidores que desviaban a mercados extranjeros los contenedores de vaqueros destinados a Estados Unidos, pero también a través de lo que la empresa llamaba «comercio de maleta»: los turistas extranjeros se surtían de vaqueros Levi's en Estados Unidos y se los llevaban a casa para usarlos o revenderlos. Levi Strauss & Co. fue uno de mis primeros clientes de consultoría, y uno de nuestros primeros proyectos consistió en ayudarles a darse cuenta del volumen del arbitraje. Enviamos consultores a los aeropuertos de ambas costas de Estados Unidos para entrevistar a personas que estaban a punto de embarcar en vuelos con destino a Europa y a Asia (la seguridad aeroportuaria era mucho menos estricta antes del 11S). Les preguntamos si habían comprado vaqueros Levi's durante su estancia en Estados Unidos, cuántos pares y qué pensaban hacer con ellos. Resultó que un porcentaje abrumador de pasajeros llevaba Levi's en su equipaje, y muchos tenían pensado revenderlos al llegar a su país.

La actividad de arbitraje hace que los mercados sean más eficientes, ya que cada intercambio proporciona un poco más de información al mercado y refuerza el vínculo entre la oferta y la demanda. Eso fue lo que ocurrió en el mercado de los Levy's 501. El arbitraje de los turistas hizo subir el precio en Estados Unidos al aumentar la demanda, y sus ventas informales deprimieron los precios en el mercado de sus países al aumentar la oferta. El comercio electrónico hizo que ese mercado deliberadamente ineficiente se volviera insostenible. Hoy, el modelo básico 501 se vende por unos 90 dólares en todo el mundo, aproximadamente el equivalente a 40 dólares de 1990.

El capital y el mercado del dinero

Lo que hemos estudiado hasta ahora es la dinámica fundamental de una economía. Las personas intercambian tiempo por dinero y dinero por bienes, producto de otros intercambios de dinero y tiempo. Esos intercambios tienen lugar en numerosos tipos de mercados, desde el mercado minorista de Whole Foods hasta el «mercado laboral», que solo existe en el mundo de las estadísticas y, sin embargo, es un mercado muy real e importante en el que todos participamos en algún momento de la vida. Ahora bien, hay un conjunto concreto de mercados que debemos examinar con más detalle, por desarrollarse en ellos la mayor parte de la actividad de inversión. Me refiero a los mercados financieros, es decir, los mercados del dinero.

Los mercados financieros confieren al dinero la capacidad de ser algo más que un simple medio de intercambio. Son las cabinas telefónicas en las que el dinero se pone su traje de superhéroe y se transforma en capital. Antes he dicho que el capital era dinero en acción. ¿Pero qué significa eso realmente? En un momento dado, una organización —una pequeña empresa, una compañía, un Gobierno o una organización benéfica— dispone de todo tipo de activos para llevar a cabo su misión. Un bar necesita bebidas, vasos, tiradores de cerveza y mobiliario y, además, dinero para comprar esas cosas, pagar a los empleados y pagar el alquiler. Todos esos bienes cuestan un dinero, pero cuando están agrupados y gestionados por una persona competente, valen más que el dinero necesario para comprarlos. Y podemos determinar cuánto más: los beneficios que el bar obtendrá mediante el uso de esos activos. El capital es dinero encargado de generar más dinero.

Al igual que otros mercados fijan los precios de los bienes que se comercializan en ellos, los mercados financieros fijan el precio del capital. Si el dueño del bar de nuestro ejemplo desea expandirse y abrir un segundo establecimiento, necesitará más capital. La forma más sencilla de hacerlo es pedir un préstamo al banco. Se trata de una operación esencial del mercado financiero. El dueño del bar recibirá una gran suma de dinero a cambio de la promesa de pago de una suma mayor en el futuro. La diferencia entre esas cantidades es lo que llamamos «interés», pero en realidad es el precio del dinero (o, en un sentido más profundo, el precio del tiempo). El interés suele fijarse sobre una base porcentual, que se conoce como «tipo de interés». Si el banco cobra al dueño del bar un 8 por ciento de interés por un préstamo de 100.000 dólares, este deberá pagar 8.000 dólares anuales por el alquiler de esos 100.000 dólares. Esto le saldrá a cuenta siempre y cuando con el nuevo establecimiento gane lo suficiente para pagar los 8.000 dólares de intereses y seguir teniendo beneficios.

Los préstamos bancarios simples como el del ejemplo anterior constituyen solo una muestra de la miríada de transacciones de dinero por dinero que tienen lugar en los mercados financieros. No obstante, todas se basan en el mismo principio básico. Se entrega dinero a cambio de la promesa del pago futuro de una cantidad mayor. Cuando la transacción es un préstamo, la diferencia entre ambas cantidades se denomina interés, pero el término más general es «rendimiento». Una «inversión» es una transferencia de dinero que proporciona un «rendimiento» a la parte que hace el desembolso (el «inversor»). Y la otra parte de la transacción está dispuesta a pagar ese rendimiento porque considera que puede hacer uso de ese dinero como capital y ganar incluso más dinero que el rendimiento que debe al inversor (por ejemplo, el dueño del bar que gana más que los 8.000 dólares de intereses que cuesta el préstamo). Cuando este mecanismo funciona, y en una economía sana funciona la mayor parte del tiempo, las transacciones generan valor para ambas partes y la economía crece. Se trata de un aspecto fundamental. La inversión no es un juego de suma cero: aumenta el tamaño del pastel.

A estas alturas, probablemente intuyas por dónde van los derroteros. Invertir es muy buen negocio. Entregas dinero y, poco después, te devuelven más. Si lo haces varias veces, tu dinero crece exponencialmente, de forma constante y regular. En palabras de Gordon Gekko, el icono de *Wall Street* de Oliver Stone: «El dinero nunca duerme».

En ocasiones, sin embargo, el dinero no se despierta (es decir, no lo recuperas). Aquí es donde entra en juego la «calidad crediticia». El prestamista debe evaluar la probabilidad de que el prestatario pague el préstamo o aporte una garantía ejecutable en caso de impago del principal y los intereses. Prestar dinero es fácil, lo difícil es evaluar la calidad crediticia.

Ahora bien, para invertir con sensatez, hay que comprender otros aspectos además de los mecanismos básicos del capital. Las inversiones tienen lugar en el contexto de los mercados financieros. Y en ellos operan tres grandes categorías de entidades: las sociedades mercantiles, los bancos y otras instituciones financieras, y el Gobierno.

Organización del trabajo: la sociedad mercantil

Cuando pensamos en invertir, por lo general lo primero que se nos viene a la cabeza es comprar acciones de empresas. Es lógico, porque en nuestra economía las empresas son los principales usuarios del capital, generan una gran cantidad de empleo, fabrican la mayoría de los bienes y prestan la mayoría de los servicios.

Durante la mayor parte de la historia de la humanidad, la empresa privada fue pequeña: haciendas familiares, herreros, zapateros y poco más. Cualquier proyecto más ambicioso, como una campaña militar o una red de carreteras, solía ser competencia del Gobierno o, a veces, de una institución religiosa. Sin embargo, con el auge de la producción industrial en el siglo XIX, fue necesario aumentar la escala de la empresa privada. Las fábricas requerían centenares de trabajadores, más de los que podía proporcionar una familia o un grupo de allegados. De modo que los empresarios ambiciosos debían hallar la forma de mancomunar sus recursos. Pero la mancomunación de recursos, sobre todo entre grandes grupos de desconocidos, planteaba una serie de interrogantes. Si la empresa resultaba exitosa, ¿cómo se repartirían las ganancias? Si fracasaba, ¿quién sería responsable de aportar más capital? Más importante aún, ¿quién asumiría el control? Con el tiempo, la sociedad mercantil resolvería estas cuestiones.

La sociedad mercantil es un concepto jurídico. No tiene existencia física; no es un edificio ni un grupo de personas. Sin embargo, tiene personalidad jurídica. Puede tener bienes en propiedad, celebrar contratos, solicitar y conceder créditos, interponer demandas y ser demanda ante los órganos judiciales, y pagar impuestos. No es exactamente igual que una persona; las sociedades, por ejemplo, no pueden votar ni casarse ni asumir la custodia de un menor. Sin embargo, para prácticamente todas las necesidades de la empresa, la sociedad sustituye al empresario individual.

Las sociedades se rigen por normas internas, recogidas en los estatutos, que determinan las funciones de los socios. Esas normas son exigibles ante los juzgados y tribunales, aunque pocas veces se llega a esas instancias. Facultan a los socios para delegar decisiones en los directivos, contratar y despedir trabajadores e invertir el capital social. Además, estipulan niveles de supervisión y rendición de cuentas. Esto hace que las sociedades, a *diferencia* de las personas, sean mucho más predecibles, más transparentes en la toma de decisiones y más racionales. Por lo menos en la teoría. Al igual que los bancos convierten los depósitos a corto plazo en préstamos a largo plazo, las empresas toman las emociones humanas y —a través de la sabiduría colectiva— las convierten en decisiones y acciones meditadas. Y tiene sentido. Las empresas cometen tonterías a diario. Las personas, en cambio, cometen locuras a cada instante.

Las características propias de una sociedad, su estatus jurídico y su estructura organizativa, son esenciales para su misión y le confieren la capacidad de movilizar grandes cantidades de capital. El suministro de capital a las sociedades es uno de los principales objetivos —quizá el principal— de los mercados de valores. Profundizaré en ello más adelante en este capítulo, cuando me ocupe de las acciones y los bonos.

Organización del capital: la banca

Las entidades operativas (tanto las sociedades como las personas físicas) no participan de manera directa en los mercados financieros, sino que recurren a los servicios de los bancos y otras instituciones financieras. Estas se clasifican en cuatro tipos principales: los bancos minoristas, los bancos de inversión, las sociedades y agencias de valores, y las sociedades de inversión. Con todo, las líneas que los separan son difusas y los bancos más grandes, como JPMorgan Chase y Bank of America, operan en las cuatro categorías.

El modelo básico es el banco tradicional, al que solemos referirnos como banco minorista. En términos (muy) simplificados, este toma prestado el capital de un grupo de clientes y se lo presta a otro grupo de clientes. El beneficio del banco procede de la diferencia entre el interés que ofrece al primer grupo y el interés que cobra al segundo (además de todas las comisiones).

Para la mayoría, el primer contacto que tenemos con el banco es como miembros del primer grupo de clientes: prestamos capital al banco en forma de depósitos, en parte para devengar intereses, pero, sobre todo, para guardar nuestro dinero de forma segura. Hay una razón por la que la clásica imagen del banco es un imponente edificio de mármol con una gran cámara acorazada: su propuesta de valor a los depositantes consiste en ofrecer un lugar más seguro para guardar el dinero que una caja de zapatos. Y puesto que el dinero obra en su poder, y para que el servicio de custodia sea más atractivo, los bancos se encargan además de la operativa de las transacciones financieras: facilitan y procesan cheques, realizan pagos electrónicos y aceptan depósitos electrónicos. Esos servicios se reconfiguran constantemente y son disputados por nuevos participantes: PayPal y sus émulos, por ejemplo, se han hecho con una parte del negocio de las transacciones. Los entusiastas de las criptomonedas sostienen que la tecnología nos permitirá prescindir por completo de los bancos. Con todo, la segura y conveniente custodia del dinero es un elemento fundamental de todo sistema económico, y de ello se encargan en gran medida los bancos minoristas.

La mayoría de nosotros pertenecemos también al segundo grupo de clientes, los que piden dinero prestado al banco. Los beneficios de los bancos proceden mayoritariamente de los intereses de esos préstamos, y los propios préstamos constituyen la principal vía para inyectar dinero nuevo en la economía. Existen muchos tipos de préstamos, desde los no garantizados, en los que el dinero se presta simplemente a cambio de la promesa de pago futuro, hasta acuerdos complejos con diversas obligaciones y promesas a lo largo del tiempo. La hipoteca es un préstamo garantizado, ya que, si no se pagan las cuotas, el banco venderá la vivienda para recuperar el dinero. Las cuentas de las tarjetas de crédito también son un tipo de préstamo bancario, llamado crédito renovable, que puede utilizarse y pagarse a conveniencia.

Además de los bancos minoristas, existe otro tipo de banco completamente diferente, llamado **banco de inversión**. Los bancos de inversión, como Goldman Sachs y Morgan Stanley, combinan los servicios de asesoramiento financiero con la gestión del capital. Asesoran a sus clientes sobre operaciones financieras complejas y ayudan a financiarlas con capital propio (sobre todo de forma provisional hasta que se encuentren otros inversores). Además, negocian el capital propio y el de sus clientes en los mercados financieros.

Las **sociedades y agencias de valores** facilitan a los clientes las transacciones financieras más comunes; la compraventa de acciones es la más frecuente, pero también negocian con diversos activos financieros. Si bien los bancos minoristas y los bancos de inversión suelen ofrecer servicios de intermediación, existen sociedades y agencias de valores independientes, entre ellas, firmas tradicionales como Charles Schwab y empresas emergentes como Robinhood y Public (soy inversor en Public).

Por último, las **sociedades de inversión** agrupan el dinero de sus clientes con la finalidad de invertirlo por su cuenta y quedarse con una parte de los beneficios procedentes de las inversiones en las que el gestor ha sabido detectar un desequilibrio entre riesgo y rentabilidad. Hay una gran variedad de sociedades de inversión, y gran parte del capital financiero mundial se invierte a través de ellas. Es muy probable que ya se tengan inversiones con ellas; los activos del plan 401(k), por ejemplo, son invertidos por sociedades de inversión como Fidelity.

Algunas sociedades de inversión se especializan en un tipo concreto de inversión: las de capital riesgo, por ejemplo, se especializan en empresas emergentes. Otras se especializan en un tipo concreto de inversor: Vanguard y Fidelity prestan servicio a pequeños inversores particulares cuyo capital agrupan e invierten de diversas maneras. Los fondos de inversión libre (*hedge funds*) atienden a particulares e instituciones con grandes patrimonios y hacen apuestas audaces y concentradas con diferentes perfiles de riesgo y potencial de rentabilidad. Algunas sociedades de inversión se especializan en determinadas técnicas o filosofías de inversión: Berkshire Hathaway, por ejemplo, se rige por los principios de su fundador, Warren Buffett, y hace grandes inversiones a largo plazo en empresas que considera estables y duraderas. En cambio, los operadores de alta frecuencia utilizan enormes cantidades de recursos informáticos y complejos algoritmos con el fin de beneficiarse de las pequeñas variaciones de precios en períodos muy cortos.

Una de las mayores tendencias de las últimas décadas ha sido la creciente importancia del capital «privado», es decir, fuentes de financiación distintas de la venta pública de valores. Algunos tipos de sociedades de inversión han crecido enormemente en tamaño y en número. El capital riesgo, por ejemplo, que hace apenas una generación era un nicho, se ha convertido en un mercado que mueve centenares de miles de millones de dólares al año. Los inversores particulares que no disponen de millones de dólares para invertir tienen más dificultades para acceder a las oportunidades de creación de riqueza en esos ámbitos, pero los mercados son innovadores. Profundizaré en este tema al abordar las clases de activos.

El papel del Gobierno

Hay otro actor importante en los mercados financieros: el Gobierno. Este desempeña dos funciones profundamente importantes.

La primera consiste en establecer muchas de las normas fundamentales que rigen el funcionamiento de los mercados y en exigir su cumplimiento mediante la acción reguladora, los pleitos y, en casos excepcionales, la incautación efectiva de bienes y la pena de prisión. El Gobierno también determina el curso de las decisiones de inversión a través de la política tributaria. A muchos profesionales les gustaría creer que el sector financiero opera al margen del Gobierno, en una esfera más eficiente y admirable. Es un mito.

El funcionamiento seguro y fiable de los mercados financieros depende por completo de la autoridad gubernamental para establecer y hacer cumplir las reglas del juego. En ausencia de autoridad gubernamental, los mercados se convertirían en un lodazal de fraudes, promesas incumplidas y robos descarados (por ejemplo, las criptomonedas, en torno a 2022). Ningún Gobierno desempeña esta función a la perfección y muchos, de hecho, lo hacen de manera deplorable. Sin embargo, los mercados dependen de la regulación gubernamental para fomentar la confianza necesaria para incentivar a los participantes en el mercado.

Un aspecto más controvertido de la función reguladora del Gobierno es la protección de los participantes en el mercado que experimentan dificultades. La mayoría de los observadores coinciden en que es necesario cierto nivel de apoyo. Por ejemplo, la Corporación Federal de Seguro de Depósitos (FDIC) asegura los depósitos de las cuentas corrientes y de ahorro (hasta 250.000 dólares en el momento de esta redacción, pero es posible que aumente) y tiene competencias para asumir el control de bancos insolventes con el fin de reducir el riesgo de pánicos bancarios que desestabilizan la economía. Ello se considera positivo. Sin embargo, en 2008 y 2020, el «rescate» de bancos, aerolíneas y fabricantes de automóviles, entre otros, suscitó una fuerte controversia. Nos guste o no, ningún dirigente electo quiere ser responsable de una catástrofe económica, por lo que siempre nace el impulso de intervenir. Y, cada vez más, los rescatados están sobrerrepresentados en Washington D. C.

La segunda función del Gobierno es ser un participante importante en los mercados financieros. El Gobierno de Estados Unidos es, *con diferencia*, el mayor fondo de capital financiero del mundo. En el momento de la redacción de este libro, casi 25 billones de dólares han sido invertidos en el Gobierno de Estados Unidos por los tenedores de bonos del Tesoro, prácticamente el equivalente al capital invertido en todas las empresas de la Bolsa de Nueva York.[9] Ello convierte al Gobierno estadounidense en uno de los actores más importantes del mercado monetario, en un mastodonte cuyos movimientos agitan las corrientes a varios kilómetros a la redonda.

El brazo más activo del Gobierno en los mercados financieros es el banco central; en Estados Unidos, la Reserva Federal (Fed). La Fed es el banco del Gobierno (gestiona sus depósitos y facilita sus pagos). Regula los bancos comerciales, proporciona gran parte de la información en la que se basan los inversores y toma prestado y presta dinero en el propio sistema bancario. El Departamento del Tesoro emite deuda pública y varios organismos, como la Comisión de Bolsa y Valores (SEC), el Departamento de Trabajo y el Departamento de Comercio, regulan y atienden diversos aspectos de los mercados financieros.

Medir la economía

Hay otro aspecto fundamental de los mercados financieros que los inversores deben comprender: cómo medimos la economía. Las decisiones individuales de inversión (si comprar o no una acción, cuánto puede destinarse a la compra de la vivienda, etc.) dependen en parte de las circunstancias únicas de esa inversión, pero también deben tomarse en el contexto de la economía en su conjunto y, para ello, hemos desarrollado un conjunto de indicadores de gran difusión. Por cierto, se trata de una función esencial del Gobierno, que utiliza su potestad para reunir las ingentes cantidades de datos que alimentan los indicadores, y luego el capital aportado por los inversores y los contribuyentes para procesar esos datos y ponerlos a disposición del público de forma gratuita. Varias páginas web gubernamentales son recursos indispensables para los inversores, en particular la Oficina de Estadísticas Laborales (www.bls.gov), el Departamento de Comercio (www.commerce.gov) y la Base de Datos Económicos de la Reserva Federal (https://fred.stlouisfed.org/).

Existen docenas de indicadores de amplia difusión y miles de indicadores de nichos. A continuación se presentan las categorías y algunos indicadores que se mencionan a menudo en la presa financiera.

Producto Interior Bruto (PIB). La madre de todos los indicadores. Expresa el valor total de los bienes y servicios finales producidos en un país en el curso de un año. No refleja el valor de una economía, sino su *producción anual*, comparable a los ingresos de una empresa.

Hay varias formas de medir el PIB, y el método utilizado para recoger y analizar los datos es complejo, aunque esos detalles tienen poca importancia para los inversores. De hecho, el

PIB en sí es menos importante que la tasa de variación. Cuando el PIB está estancado o a la baja, las inversiones realizadas en esa economía no generan rendimientos positivos, lo que desincentiva las futuras inversiones y frena el crecimiento. Cuando el PIB cae durante varios trimestres consecutivos y otros indicadores económicos son débiles, se considera que esa economía está «en recesión». En raras ocasiones, como en la década de 1930, se denomina «depresión» a los años de caída del PIB.

Índice de precios de consumo (IPC). Es el indicador estándar de los precios de la «cesta de la compra» e intenta reflejar el cambio relativo de los precios a lo largo del tiempo, normalmente su aumento, es decir, la inflación. La inflación suele expresarse como un porcentaje anual, de modo que cuando los medios de comunicación informan de que la inflación es del 4,5 por ciento, ello implica que el IPC es un 4,5 por ciento más alto que hace doce meses. (Sin embargo, como he comentado en el capítulo anterior, el ritmo de variación de los precios no es el mismo para todos los bienes y servicios, de modo que los economistas desglosan el IPC en diferentes categorías para obtener un panorama más detallado.)

Los precios de consumo constituyen un indicador clave por varios motivos. El gasto de consumo es el principal motor de la actividad económica, y las subidas rápidas de los precios pueden frenar el gasto e impedir el crecimiento económico. Sin embargo, la preocupación más inmediata y práctica para los inversores es que la inflación es uno de los dos indicadores en los que la Reserva Federal puede influir (el otro es el empleo, del que hablaremos a continuación). El objetivo de inflación de la Reserva Federal es del 2 por ciento y, cuando la inflación se sitúa muy por encima de esa cifra, la Reserva Federal suele responder con medidas para subir los tipos de interés, es decir, para encarecer el dinero. Ello puede tener profundas repercusiones en el conjunto de la economía.

Tasa de desempleo. Se trata de una forma desmoralizante de medir el empleo —bien podríamos informar y hablar de la tasa de empleo, sería mucho más constructivo—, pero lo que se mide, de todos modos, es la presión de la oferta y la demanda en el mercado laboral. Una tasa de desempleo baja indica que la oferta de mano de obra es baja en relación con la demanda, por lo que el precio de la mano de obra (los salarios) tenderá a aumentar.

El engañoso término «pleno empleo» se refiere a una tasa de desempleo acorde con el equilibrio entre la oferta y la demanda en el mercado laboral. No existe una cifra mágica, pero los economistas suelen considerar como «pleno empleo» las tasas de desempleo en torno al 5 por ciento. Es lógico que siempre haya desempleados en busca de trabajo: trabajadores que han renunciado o han sido despedidos recientemente, personas que se incorporan por primera vez al mercado laboral o que se reincorporan después de haber estado un tiempo sin buscar trabajo.

Por supuesto, lo deseable es mantener un bajo nivel de desempleo, pues ello puede ser una fuente de fuerza económica a corto plazo, ya que los trabajadores disponen de más dinero para gastar. Sin embargo, cuando la tasa de desempleo es demasiado baja (inferior al 5 por ciento), muchos puestos de trabajo quedan sin cubrir y los salarios suben, lo que tiende a provocar el aumento de los precios y puede causar inflación y una reducción de la producción económica. Por el contrario, un alto nivel de desempleo puede beneficiar (a corto plazo) a las empresas con un gran número de trabajadores poco cualificados y semicualificados en sus estructuras de costes, como las cadenas de comida rápida y de venta al por menor, porque la gran oferta de trabajadores abaratará el coste de la mano de obra y, por tanto, reducirá los gastos de explotación de esas empresas. Sin embargo, a la larga, las tasas elevadas de desempleo reducen el gasto de consumo y frenan el crecimiento económico. Al igual que ocurre con la inflación, la Reserva Federal (así como los bancos centrales de otros países) se encarga de mantener el desempleo dentro de un rango objetivo y responderá con cambios en los tipos de interés cuando lo considere oportuno.

Tipos de interés. He mencionado varias veces los tipos de interés en el contexto del coste del dinero o, más concretamente, del coste de los préstamos. Sin embargo, los inversores no solo se interesan por el tipo de interés que cobran o pagan por sus inversiones. También se interesan, y mucho, por los tipos de interés que pagan los demás. Los tipos de interés son como la gravedad: afectan constantemente a todo y a todos y, cuanto más altos son, más presión ejercen sobre el crecimiento y los beneficios.

No existe un «tipo de interés» único y agregado, como ocurre con el desempleo o el PIB. En su lugar, los analistas y la prensa financiera comunican docenas de tipos aplicables a una apabullante gama de productos financieros: hipoteca fija a treinta años, hipoteca de tipo variable 7/1, pagarés de empresa a tres meses, letras del Tesoro a diez años, certificados de depósito de ahorro, etc. La mayoría de esos tipos específicos resultan poco relevantes a menos que se participe en el mercado de los productos a los que se asocian (basta con pensar en comprar una casa para estar *pendiente* de los tipos hipotecarios). Es más importante comprender cómo están interconectados y, en particular, cómo todos penden de un tipo de interés concreto, fijado (en cierto modo) por la Reserva Federal.

La Reserva Federal custodia el dinero público y presta servicios de transacción y otros similares. Pero recordemos que el Gobierno es el mayor participante en la economía y también su árbitro: tener una relación especial con el Gobierno otorga a la Reserva Federal (y a los bancos centrales de otros países) superpoderes bancarios. Los bancos procesan a diario miles de millones de dólares en transacciones y, para asegurarse de disponer de capital suficiente, se hacen préstamos entre ellos y piden préstamos a la propia Reserva Federal con plazos muy cortos, normalmente de un día para otro. Mediante una combinación de persuasión e incentivos económicos, la Reserva Federal orienta a los bancos hacia un tipo objetivo para esos préstamos, denominado tipo de los fondos federales. Cuando los medios de comunicación informan de que la Reserva Federal «aumenta los tipos de interés», significa que ha subido el tipo de los fondos federales.

Ahora bien, ¿por qué es importante esto? Porque el tipo de los fondos federales es la base de todos los demás tipos de interés. Por cierto, no por decreto gubernamental, sino debido a un poder superior: la ley de la oferta y la demanda. Imaginemos que el presidente de un banco tiene mil dólares que quiere prestar. La inversión más segura sería depositar el dinero en la caja fuerte de la Reserva Federal o prestarlo a un banco respaldado por ella. Invertir en la Reserva Federal es invertir en el Gobierno de Estado Unidos, que lleva trescientos años de historia pagando sus deudas, tiene derecho a gravar la mayor economía del mundo y, en último caso, su presupuesto militar es de 700.000 millones de dólares anuales. Prestar dinero al tío Sam no comporta riesgo alguno. Si Estados Unidos ofrece, por ejemplo, un tipo de interés del 3,5 por ciento, no hay ninguna razón lógica para prestar dinero a otro que pague un tipo más bajo, ya que, por definición, será un prestatario más arriesgado. Ese 3,5 por ciento sería el tipo de interés sin riesgo. Siguiendo con nuestro ejemplo del banco, cuando un cliente entre por la puerta para pedir un préstamo de mil dólares, se le aplicará un tipo de interés superior al tipo sin riesgo, en función del nivel de riesgo de su préstamo. Si la Reserva Federal sube el tipo de los fondos federales al 5 por ciento, nadie podrá obtener un préstamo por menos.

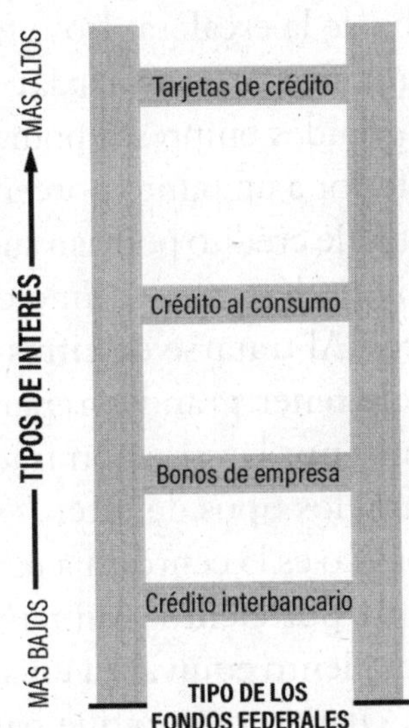

Todo préstamo se sitúa en algún nivel de la escalera de riesgo, y la Reserva Federal define el primer peldaño. Después del Gobierno y los grandes bancos, los acreedores que asumen menos riesgos son las empresas rentables sin grandes deudas, que pueden obtener préstamos con tipos cercanos al de los fondos federales. Después siguen las empresas en situación financiera menos estelar, que han de pagar un poco más. A esos préstamos se les llama a veces bonos basura, que es un término pintoresco pero engañoso: el riesgo crediticio sigue siendo relativamente bueno, solo que no tanto como el de los prestatarios corporativos más estables. Los préstamos garantizados por un inmueble o un vehículo son aún más arriesgados, pero no terroríficos, ya que tienen bienes en garantía. En el peldaño más alto y arriesgado se encuentran los créditos al consumo sin garantía, como las tarjetas de crédito. Cuando la Reserva Federal sube medio punto el tipo de interés, la onda se propaga hacia arriba de la escalera. Los efectos no son uniformes y tienden a amplificarse cuanto más cerca se está de la cima, de modo que las grandes empresas podrían registrar una subida de los tipos inferior a un punto porcentual, mientras que los tipos de las tarjetas de crédito podrían subir varios puntos porcentuales.

Quisiera hacer un último comentario acerca de los tipos de interés. Al tratarse de cifras pequeñas cuya mínima variación suele tener grandes repercusiones, los analistas suelen interesarse por la variación fraccionaria. Por ello, en la jerga financiera, los tipos de interés se miden en *puntos básicos*. Un punto básico es la centésima parte de un punto porcentual, es decir, 0,01 por ciento. Aumentar un tipo del 1,5 por ciento al 1,8 por ciento equivale a un aumento de 30 puntos básicos. A veces, cuando quiero que parezca que sé de lo que hablo, me refiero a ellos como *p. b.*, por ejemplo: «Creo que mañana la Fed bajará los tipos entre 25 y 50 p. b.». Curiosamente, es también la abreviatura de «Prodigué mi Bonus en un BMW y no me arrepiento».

Índices bursátiles. El último indicador son los índices bursátiles, también llamados índices de mercado. Los principales son el Dow Jones, el S&P 500 y el Nasdaq, pero existen muchos otros.

El más antiguo, y también el más peculiar, es el Promedio Industrial Dow Jones, comúnmente conocido como Dow Jones. Durante décadas, el Dow Jones ha sido el índice de referencia, lo que dice mucho sobre la ventaja del pionero. Creado originalmente por Charles Dow en 1896, consistía en la suma de los precios de las acciones de unas pocas docenas de grandes empresas manufactureras, multiplicada por el «divisor Dow», un factor inventado por Dow para tener en cuenta los matices en el cálculo de los precios de las acciones. Es una forma curiosa de evaluar el estado del mercado bursátil. En cierto modo, el S&P 500 es más racional, pues es una media ponderada del valor total de 500 de las mayores empresas cotizadas. El Nasdaq Composite es aún más amplio, ya que se trata de una media ponderada de todos los valores cotizados en la bolsa Nasdaq, pero está sesgado, pues el Nasdaq, que adquirió relevancia en las décadas de 1980 y 1990, abarca un número desproporcionado de empresas tecnológicas.

RENDIMIENTO DE LOS ÍNDICES NASDAQ, S&P 500 Y DOW JONES

Indexado a 100

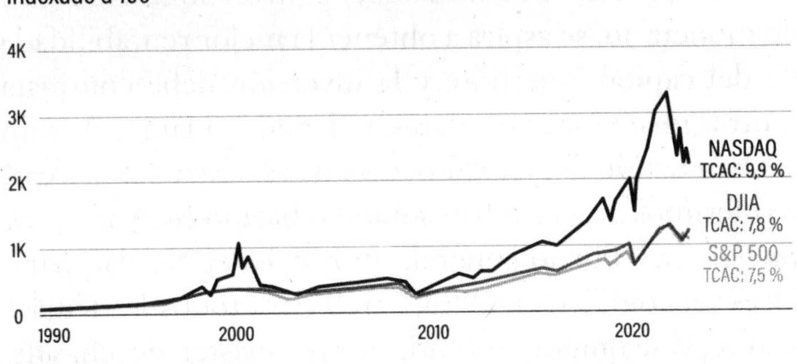

Fuente: Rogo.
Nota: TCAC: Tasa de Crecimiento Anual Compuesta.

En la práctica, sin embargo, a pesar de las importantes diferencias en la forma de calcularlos, los tres índices tienden a evolucionar de manera similar entre sí, aunque el Nasdaq es algo más volátil y ha superado a los otros dos en las últimas décadas, debido al rápido crecimiento de las acciones tecnológicas.

Quisiera hacer algunas observaciones con respecto a estos índices. En primer lugar, son importantes porque miden la confianza de los inversores en el potencial de crecimiento de las grandes empresas, pero no son tan relevantes como sugiere la cobertura mediática. Principalmente porque solo son indicadores parciales del mercado bursátil, no indicadores de la economía en sí. El grueso de la actividad económica tiene lugar en empresas que no componen estos índices; además, ningún indicador puede reflejar por sí solo un concepto tan complejo como la economía. Imaginemos que el mercado de valores es un perro con correa y la economía, la persona que sujeta la correa. Al final del paseo, ambos acabarán en el mismo sitio. Pero el perro (el mercado) irá dando bandazos que enviarán falsas señales sobre el rumbo del paseo.

En segundo lugar, estos índices desempeñan una función valiosa para los inversores porque proporcionan un punto de referencia para la rentabilidad de las inversiones. En el mercado monetario, se aspira a obtener la mejor rentabilidad posible del capital invertido, y la inversión debe contrastarse con otras inversiones similares. Cuando hablamos de valores que «han batido al mercado» o «van a la zaga del mercado», nos referimos a cuánto han subido o bajado *en relación con un índice bursátil*. Por lo general, utilizamos el Nasdaq para los valores tecnológicos y el S&P 500 para todos lo demás; no obstante, si se quiere profundizar más, existen decenas de índices, organizados sobre todo por sectores, pero también por tamaño y otros factores. Siempre que alguien diga que tal o cual empresa ha subido (o bajado) un tanto por ciento en lo que va del año, lo primero que deberíamos hacer es compararlo con el mercado en su conjunto. Repárese en que, a largo plazo, la rentabilidad de los índices de mercado será considerablemente mayor que la de la empresa «media» debido al sesgo de supervivencia: a medida que las empresas flaquean, salen del índice y son sustituidas por otras más exitosas. Recordemos que, a la larga, pocas baten al mercado.

La valoración y el valor temporal del dinero

Los índices bursátiles reflejan el valor de las empresas que los componen. La valoración es fundamental en toda decisión de inversión. Una oportunidad de inversión constituye una oportunidad para la compra de un activo, ya sean acciones, lingotes de oro o una vivienda de tres ambientes en una buena zona escolar. El reto del inversor consiste en comprar el activo a un precio inferior o igual a su valor.

Precio y valor

Precio y valor no son lo mismo. El precio de un activo por lo general es fácil de averiguar. Es la cantidad de dinero por la que se vende en el mercado. Los precios de las acciones se publican a cada instante en las bolsas de valores, y los precios de los inmuebles constan en los registros fiscales. El valor de un activo, en cambio, es la cantidad de dinero que cabe esperar que produzca en el futuro.

El valor de los activos puede variar en función de los compradores. Una casa en una buena zona escolar tendrá más valor para una familia con niños pequeños que para una pareja de jubilados con hijos mayores. Una empresa especializada en calzado, con una clientela entusiasta y una cartera de patentes sobre técnicas de fabricación, probablemente tendrá más valor para Nike que para McDonald's. Muchos activos proporcionan a los propietarios beneficios no monetarios (que también pueden valorarse). Unas bonitas gafas de sol no generan ingresos, pero tienen valor: protegen los ojos del sol, te hacen ver más atractivo y aumentan la confianza en uno mismo.

En un mercado eficiente, el precio y el valor están en consonancia. No obstante, los mercados eficientes son poco comunes y ningún mercado de inversión es completamente eficiente. El precio está vinculado al valor subyacente, pero a menudo no coinciden exactamente debido a factores psicológicos, los acontecimientos del momento, la dinámica política y las informaciones incompletas. Estos factores caóticos son efímeros y, con el tiempo, el precio y el valor de la mayoría de los activos tienden a converger. Como reza la cita atribuida al legendario gurú de la inversión Benjamin Graham: «A corto plazo, el mercado es una máquina de votar, pero a largo plazo es una máquina de pesar».[10] La inversión en valor, de la que Graham fue precursor, es la estrategia de identificar las inversiones cuyo precio es inferior a su valor, realizar la inversión y esperar a que el precio alcance su valor (es decir, aumente).

La valoración tiene principios aplicables a prácticamente todos los activos y aspectos específicos según la clase de activo. A continuación, expongo los principios generales y, en la sección dedicada a las clases de activos, me ocuparé de los aspectos específicos.

La ecuación básica de valoración

La valoración es un pronóstico, concretamente, de tres cosas: los ingresos, el valor terminal y el riesgo.

En primer lugar, ¿cuántos ingresos generará el activo una vez adquirido? En el caso de algunos activos, es fácil de determinar. Por ejemplo, puedo afirmar con absoluta certeza que un billete de 100 dólares generará cero ingresos. En cambio, 100 dólares en una cuenta de ahorro con un interés del 4 por ciento generarán 4 dólares al año. Muchos activos ofrecen flujos de ingresos previsibles. En el caso de un bono corporativo, se sabe de antemano cuánto pagará la empresa que lo emitió. Otros son más difíciles de pronosticar. Una vivienda puede generar unos ingresos sustanciosos, ya sea alquilándola o viviendo en ella (con el consiguiente ahorro en alquiler), pero el valor de esos ingresos es más difícil de pronosticar. Por otro lado, algunos activos, entre ellos los inmuebles, tienen costes asociados, que deben calcularse para determinar con exactitud los ingresos netos que generarán.

En segundo lugar, ¿por cuánto podrá venderse el activo en el futuro? En términos de valoración, ello se denomina valor terminal. Una vez más, la dificultad del pronóstico es variable. Tanto el billete de 100 dólares como los 100 dólares depositados en la cuenta de ahorro valdrán exactamente 100 dólares mañana, sin tener en cuenta la inflación. ¿Y una vivienda? Dependerá de la economía, de la dinámica del barrio y del estado de conservación del inmueble, entre otros factores.

En tercer lugar, el riesgo, que en este contexto puede denominarse incertidumbre. ¿Qué probabilidades hay de que los dos pronósticos anteriores sean correctos? Dadas dos oportunidades de inversión con idénticos pronósticos de flujo de caja y valor terminal, optaremos por aquella en cuyos pronósticos tengamos más confianza, es decir, por la de menor riesgo. A mayor riesgo, mayor será la rentabilidad necesaria para que la inversión merezca la pena.

La ecuación fundamental de valoración reúne los tres pronósticos:

VALOR =

(Ingresos futuros + Valor terminal) × Deducción por riesgo

El cálculo no es exactamente así —pues falta un componente importante—, pero, en principio, ese es el modo en que deben sopesarse las compras de activos. ¿Cuánto dinero generará, por cuánto podrá venderse en el futuro y qué nivel de confianza se tiene en esos dos pronósticos?

Los equipos deportivos (por lo general) tienen unos ingresos o flujos de caja nulos e incluso negativos, porque todo se reinvierte en el campo (es decir, en los jugadores), pero su valor terminal es extraordinario a medida que aumenta el valor de mercado de la franquicia. Y en tanto haya desigualdad de ingresos, seguiremos produciendo multimillonarios que, en plena crisis de la mediana edad, estén dispuestos a pagar miles de millones de dólares por un palco en el que agasajar a su cuarta esposa y sus amigos. Hertz genera unos ingresos aceptables con los coches de alquiler, pero el valor terminal de estos disminuye con el tiempo. Los inmuebles residenciales de alquiler han proporcionado abundante riqueza en los últimos cincuenta años, porque esa clase de activos ha presentado flujos de ingresos crecientes (alquileres), incrementos de los precios (valor terminal) y (en relación con otros activos) un nivel aceptable de certeza de que, a futuro, tanto los alquileres como el precio de venta seguirán aumentando.

La flecha del tiempo

El otro «componente importante» de la valoración es el hecho de que mañana el dinero valdrá menos que hoy. Y, debido al poder de la capitalización, dentro de varios años valdrá bastante menos que hoy. Esto se conoce como el valor temporal del dinero y constituye un principio fundamental de la inversión.

Aun teniendo la absoluta certeza de pago, hay dos factores que reducen el valor del dinero prometido a futuro: la inflación y la oportunidad. De la inflación me he ocupado en el capítulo anterior: con el tiempo, dado que los precios tienden a aumentar, el dinero vale menos. Dentro de un año, 100 dólares no bastarán para comprar la misma cantidad de bienes que hoy.

La otra razón por la que el dinero pierde valor con el tiempo es el coste de oportunidad. El dinero del que disponemos *hoy* puede invertirse y generar una rentabilidad. Sin embargo, esa rentabilidad potencial solo estará disponible en el futuro, cuando se haga efectiva, lo que hace que ese dinero pierda valor en una cantidad equivalente a lo que se esperaría ganar si se dispusiera hoy de él.

Dado que el valor de un activo depende del rendimiento que produzca en el futuro (su flujo financiero), debemos tener en cuenta el valor temporal del dinero. Nuestra ecuación básica ya contempla una reducción del valor, el riesgo de la inversión (es decir, la incertidumbre respecto de nuestras previsiones), al que añadiremos otro factor. La combinación del riesgo de la inversión y la reducción del valor, basada en el tiempo que hay que esperar para recibir el flujo financiero, se denomina tasa de descuento. Por tanto, podemos ajustar nuestra fórmula:

VALOR =

(Ingresos futuros + Valor terminal) × Tasa de descuento

Los inversores a menudo hablan de «descontar» la rentabilidad esperada. Esto significa que están aplicando la tasa de descuento. **Todos los flujos financieros futuros deben descontarse al valor actual.** Incluso un flujo financiero futuro teóricamente sin riesgo conlleva un coste de oportunidad.

La tasa de descuento de referencia es el tipo de interés sin riesgo, que es el tipo que se puede generar con un capital libre de riesgo. En teoría, no existe tal cosa, pero, como he explicado antes, prestar dinero al Gobierno de Estados Unidos se asemeja bastante. Los bancos utilizan el tipo de los fondos federales como el tipo sin riesgo a la hora de tomar decisiones crediticias, pero los inversores no tienen esa posibilidad. De modo que los analistas profesionales suelen utilizar el tipo de las letras del Tesoro a noventa días en sus modelos de valoración. Como inversor minorista, sin embargo, lo más práctico es tomar como referencia de tipo de interés sin riesgo el tipo más alto que pueda obtenerse de una inversión simple y segura en una cuenta de ahorro o en un fondo del mercado monetario.

Con independencia de la referencia utilizada como tipo de interés sin riesgo, el caso es que siempre se podrá obtener al menos esa rentabilidad, de forma que no hay que conformarse con menos. Cuanto mayor riesgo comporte una oportunidad, mayor deberá ser la tasa de rentabilidad prevista *respecto del tipo sin riesgo* para justificar la inversión.

Para recapitular: la riqueza se obtiene convirtiendo la mayor parte posible de los ingresos en capital de inversión. A la hora de elegir las inversiones, deben priorizarse aquellas que ofrezcan la mayor rentabilidad (flujos de efectivo futuros) ajustada al riesgo (la confianza en esos flujos de efectivo). A continuación, nos centraremos en las opciones de inversión y, para ello, exploraremos las principales categorías de activos financieros.

Clases de activos y espectro de inversión

Para invertir, no hace falta tener un gran conocimiento del mundo financiero. El capitalismo en piloto automático solo consta de tres pasos. No es el *único* método para invertir con éxito, pero, si se aplican estos consejos, ha demostrado ser una estrategia fiable para obtener seguridad económica. Nota: No es fácil, pues hay que tener habilidad y agallas para ganar dinero y disciplina para ahorrar e invertir.

1. Mantén los fondos a largo plazo (el capital de inversión) en una empresa de corretaje reconocida, como Fidelity o Schwab, en una cuenta estándar sin comisiones.
2. Invierte el capital en media docena de fondos cotizados (ETF) diversificados y de bajo coste, que inviertan principalmente en renta variable estadounidense.
3. Sigue añadiendo capital a la cuenta de inversión hasta llegar a la cifra objetivo (es decir, el suficiente para poder vivir exclusivamente de los ingresos pasivos).

Se trata de una estrategia sólida, pero es poco versátil y, en ocasiones, muchos inversores exitosos se apartan de ella.

Por dos motivos. El primero es que la vida nos depara sorpresas, buenas y malas, y habrá momentos en los que tendremos que desviarnos de la estrategia, ya sea para protegernos de períodos bajistas o para prepararnos para períodos alcistas: comprar nuestra primera vivienda, hacer frente a gastos médicos imprevistos, tener hijos o aprovechar una oportunidad de inversión prometedora. ¿Cuándo conviene desviarse de esta estrategia? ¿Cómo tomar esa decisión?

El segundo motivo es que la elección de la carrera profesional y el estilo vida se enmarcan en el contexto del capitalismo, de modo que es importante comprender el funcionamiento del sistema en su conjunto para desenvolverse mejor en él. Tal vez incluso cambiarlo. Poner el dinero a trabajar como un capitalista (invertir) ofrece una visión de cómo son las cosas, no de cómo deberían ser. No me refiero a conocimientos intelectuales, sino a una apreciación instintiva del precio y el valor, de la dinámica del mercado y de la propia capacidad para evaluar y afrontar el riesgo.

La mayoría de las personas no tiene la suerte de contar en su vida con un mentor como Cy Cordner, pero todo el mundo puede y debe cultivar estos conocimientos, al margen de sus intereses o su posición política. Andy Warhol dijo en una ocasión: «Ser bueno en los negocios es el tipo de arte más fascinante».[11] Friedrich Engels dirigía las fábricas textiles de su padre mientras escribía *Das Kapital* con Karl Max. Conviene desarrollar una comprensión intuitiva de los tipos de interés y las deducciones fiscales antes de dar el paso de comprar la primera vivienda. Y si uno está recaudando capital para una empresa emergente, no basta con conocer a fondo el producto, el mercado y la estrategia. Hay que comprender el punto de vista del inversor, por qué está en esa sala, qué espera de uno y qué puede obtenerse de él: valoración, dilución, gobernanza, preferencia de liquidez, etc.

La estrategia equilibrada

La mejor inversión no existe, ni para mí ni para nadie. A lo largo de la vida, haremos una amplia gama de inversiones buscando que el riesgo, la rentabilidad y otros aspectos de la inversión se adecúen a nuestras necesidades.

En el capítulo anterior, propuse organizar el dinero en tres cubos: consumo, gastos a medio plazo y gastos a largo plazo. El dinero del cubo de consumo no permanecerá allí el tiempo suficiente para invertirlo, pero los otros dos cubos deben considerarse como capital de inversión.

Si se ha creado un colchón de efectivo para emergencias, ese dinero corresponde al cubo a medio plazo. Y si se prevén gastos importantes, como un posgrado o una vivienda, estos deben considerarse como objetivos adicionales para ese cubo. Hay que tener en cuenta esas necesidades a la hora de financiar el cubo a largo plazo: no querremos destinar el dinero que necesitaremos dentro de uno o dos años a inversiones muy variables o ilíquidas. Para ello, las mejores clases de activos son las que ofrecen precios estables y facilidad de entrada y salida: las cuentas de ahorro son las más comunes, pero también deberían considerarse los bonos del Tesoro y los bonos corporativos de grado de inversión.

Si se tiene un plan de ahorro para la jubilación 401(k), las aportaciones formarían parte del cubo a largo plazo. Tal vez no se disponga de muchas opciones para invertir los fondos, ya que esos planes suelen limitarse a unos pocos vehículos de inversión. Sin embargo, conocer las opciones y asignar el capital a las opciones adecuadas, además de ser instructivo, tendrá un efecto palpable en la rentabilidad a largo plazo. Una vez leído este capítulo, recomiendo sentarse con el folleto del 401(k) que lleva tiempo juntando polvo y estudiar las opciones de inversión ofrecidas. (Insisto, la mejor práctica consiste en aprovechar al máximo, en la medida de lo posible, las oportunidades de aportaciones igualadas por el empleador y las ventajas fiscales, como las de los planes 401[k].)

A medida que ahorres dinero además de las aportaciones al plan de jubilación, dispondrás de capital a largo a plazo: un ejército a tus órdenes. Para muchas personas, esto ocurre al recibir bonus o ingresos extraordinarios. Si el colchón de emergencia está cubierto y estás sacando partido de los ahorros con tributación diferida y progresando en los objetivos a medio plazo, puedes empezar con la educación financiera práctica. A lo mejor suena aterrador, pero que no cunda el pánico. Ten presente que la capacidad para destinar capital al segundo y tercer cubo dependerá de la disciplina para vivir por debajo de tus posibilidades. Y eso llevará tiempo. Pregunta: ¿cómo se come un elefante? Respuesta: de bocado en bocado. Sé paciente, pero empieza ya.

Si bien la suma propuesta puede adaptarse a discreción, recomiendo que los primeros 10.000 dólares ahorrados para el presupuesto a largo plazo —los ahorros en efectivo, no las aportaciones al plan 401(k)— se repartan 80/20 de la siguiente manera:

La mayor parte se destinará a inversiones pasivas (principalmente a fondos cotizados indexados, que explicaré más adelante en la sección «Fondos»). Una vez compradas las participaciones en los fondos, las mantendremos durante años, quizá para siempre (recordemos: capitalismo en modo fácil). Son inversiones pasivas.

El 20 por ciento del dinero ahorrado (hasta los primeros 10.000 dólares en ahorros) debería invertirse activamente. Dos mil dólares bastan para empezar. Es una cantidad suficiente para que duela perderla, pero no tan alta como para arriesgar innecesariamente la futura seguridad económica. El objetivo no es enriquecerse pronto, sino aprender sobre los mercados, sobre el riesgo y, más importante aún, sobre uno mismo: la gestión activa de inversiones a largo plazo no es para todo el mundo. Requiere tiempo (la ventaja es que, sobre todo en la juventud, se tiene de sobra). Además, hay que estar preparado, porque la experiencia puede ser emocionalmente agobiante y mentalmente agotadora.

Entonces, ¿para qué molestarse (en invertir activamente)? Mi colega Aswath Damodaran sostiene que la mejor regulación proviene de las lecciones de vida. La mayoría de nosotros, y probablemente todos los jóvenes, vivimos con la ilusión de que podemos batir al mercado. Muy bien, adelante. Lo más probable es que caigamos en la cuenta de que no podemos hacerlo, y que, a largo plazo, las inversiones activas rindan menos que las pasivas. Sin embargo, hay quien disfruta con ello (el consumo), y acabará aprendiendo. Por otro lado, no faltarán oportunidades para hacer grandes inversiones en bienes más accesibles de los que se tiene una mejor idea del valor que el mercado (por ejemplo, la casa de al lado que, aunque está deteriorada, tiene una estructura formidable y entra en sucesión; la madre de un amigo que se jubila y vende su empresa, la cual conoces a la perfección porque trabajaste allí mientras estudiabas, etc.). Lo ideal es que no sean la primera inversión financiera directa que hagas.

Recomiendo depositar el dinero de las inversiones activas en una cuenta de corretaje que permita comprar acciones fraccionadas y no cobre comisiones por transacción en la mayoría de las inversiones. A lo mejor conviene hacerlo con una empresa distinta de la que lleva las inversiones pasivas, con el fin de reforzar la distinción entre ambos tipos de inversiones y desincentivar los «préstamos» de la cartera pasiva para financiar la cartera activa (no lo hagas). Si se opta por llevar todo con la misma empresa, hay que utilizar cuentas separadas.

Una vez superados los 10.000 dólares, lo ideal es destinar todos o casi todos los ahorros adicionales a inversiones pasivas. Lo que puede aprenderse gestionando activamente 20.000 dólares en el mercado no es más de lo que se aprenderá gestionando 2.000. No obstante, si se decide destinar más de 2.000 dólares a la inversión activa, será imprescindible trazar un plan de asignación de activos y seguirlo al pie de la letra. Debe llevarse un registro de los rendimientos *reales*, teniendo en cuenta las pérdidas, los impuestos y las comisiones, entre otros. Si no se tiene la disciplina de llevar un control (que se necesitará de todos modos para los impuestos), la inversión activa no es un pasatiempo adecuado para uno.

Ahora bien, antes de adentrarnos en la inversión activa, hagamos un breve resumen de cuál debería ser la situación económica antes de quemar los ahorros en opciones de compra de GME sin valor intrínseco a dos semanas porque solo se vive una vez (por favor, no lo hagas). Antes de empezar a hacer inversiones activas, deberías:

a) Estar siguiendo un presupuesto que refleje los gastos reales e incluya una partida para el ahorro.
b) Maximizar las aportaciones a un plan de jubilación con ventajas fiscales.

c) Haber creado un colchón de emergencia adecuado a las circunstancias personales y estar en condiciones de hacer frente a los gastos previstos del cubo a medio plazo.
d) Haber empezado a acumular ahorros adicionales en efectivo (tercer cubo). Estos son los fondos que se invertirán en las clases de activos que describo a continuación, siguiendo la propuesta de asignación 80/20 pasiva/activa.

Si cumples esos criterios, estás listo. Entonces, ¿en qué invertir ese dinero?

El espectro de inversión

La forma más sencilla de invertir el capital es prestárselo al banco depositándolo en una cuenta de ahorro remunerada. El banco utiliza ese dinero, principalmente para conceder préstamos a otros clientes, y a cambio paga un (muy) módico interés. Si uno se compromete a no retirar los fondos durante un período determinado, por ejemplo, de seis o doce meses, el banco paga un tipo de interés (ligeramente) mayor; esta inversión suele denominarse certificado de depósito de ahorro (CDA).

Sin embargo, la rentabilidad de las cuentas de ahorro y de los CDA es muy baja y no basta para crear riqueza. Para ello, tenemos que invertir con un tercero que adopte una estrategia más agresiva (es decir, que asuma más riesgo) y, por tanto, ofrezca una mayor rentabilidad. La forma clásica de hacerlo es invertir en empresas operativas, como Microsoft o McDonald's, que utilizan el dinero procedente de la venta de acciones para comprar insumos, pagar salarios y alquileres y cubrir los costes de producción de sus productos. Dado que la selección de empresas en las que invertir es una tarea laboriosa que requiere conocimientos especializados, existen diversas sociedades de inversión que agrupan el capital de los clientes y luego lo invierten en una combinación de empresas que consideran buenas apuestas. El clásico ejemplo son los fondos de inversión (y los más recientes fondos cotizados o EFT) y también es el concepto básico que subyace a los fondos de inversión libre (*hedge funds*) y al capital riesgo.

Además de invertir en empresas, ya sea de forma directa o a través de sociedades de inversión, también se puede invertir directamente en los insumos de nuestra economía: tierras y materias primas.

En el otro extremo del espectro, algunos optan por invertir en derivados, que básicamente es apostar en los mercados financieros. Las opciones de compra y venta, las ventas en corto y los futuros son herramientas del mercado de derivados. Cumplen una función importante en la economía y en el mercado monetario, pero, como efecto colateral, también ofrecen un mayor riesgo y mayor potencial de rentabilidad.

VEHÍCULOS DE INVERSIÓN PARA CONSUMIDORES

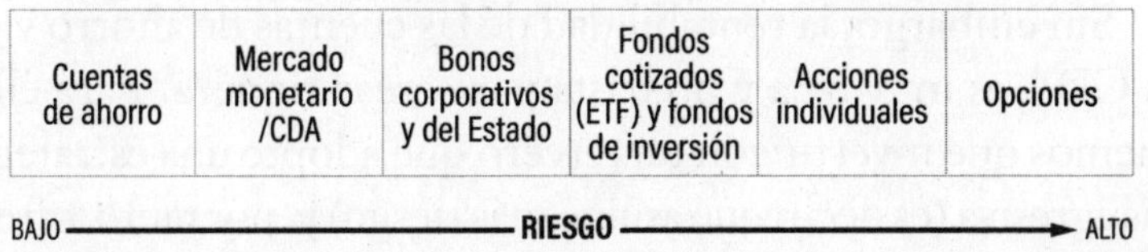

Estudiaremos las clases de activos en detalle por ser importantes para nuestro sistema financiero y porque considero que son conocimientos útiles, aun cuando no se invierte en ellos. De hecho, cuanto más sepamos sobre algunas clases de activos, más convencido estaremos de *no* invertir directamente en ellas. Para el grueso de las personas —probablemente para todos nosotros—, y para la mayor parte del capital de inversión, la respuesta se encuentra al final de esta sección. El cubo a largo plazo, el dinero del que se espera vivir en el futuro, debería invertirse mayoritariamente en fondos cotizados diversificados y de bajo coste. Para llegar allí, tomaremos el camino más largo (y entonces explicaré qué son los fondos cotizados); de momento, quedémonos con este principio mientras hacemos un recorrido por las principales clases de activos.

Acciones

Las acciones son, sin duda, la inversión estrella. Los medios de comunicación financieros, como la CNBC y *The Wall Street Journal*, dedican la mayor parte de su cobertura a los resultados empresariales y las cotizaciones de las acciones. Las redes sociales dedicadas a la inversión están obsesionadas con las acciones, y son nuestra primera opción cuando pensamos en invertir.

¿Por qué? Porque las acciones ofrecen el acceso más directo al poder bruto de generación de riqueza de la economía y a la mayor máquina generadora de riqueza de la historia: la empresa estadounidense. Las virtudes de un sistema en que las empresas pueden acumular tal poder económico, y de hecho lo hacen, son objeto de debate, pero, en el mundo en que vivimos, la mejor forma de alcanzar seguridad económica es enganchando nuestro carro a su cohete. O algo por el estilo.

Comprender por qué las acciones son la vía directa a las venas de la economía implica comprender cómo funcionan y qué implica su propiedad. Claro que es posible comprar y vender acciones sin comprender en qué se está invirtiendo el dinero; sin embargo, dado que probablemente serán el activo con mayor peso en la cartera (después de los inmuebles), merece la pena dedicar unos minutos a comprender los fundamentos de un pilar de la búsqueda de seguridad económica.

Antes he explicado que las sociedades son instrumentos jurídicos concebidos con la finalidad de permitir la mancomunación de recursos. Las acciones son el mecanismo por el cual se produce esa mancomunación.

Participación en el capital

La propiedad de acciones, también llamada participación en el capital, comporta dos dimensiones: el control y el aspecto económico. El primero es el que menos interesa a los inversores minoristas, de modo que lo abordaré de forma sucinta. Las sociedades anónimas están dirigidas en el día a día por el consejero delegado, que rinde cuentas al consejo de administración. Los accionistas (o tenedores de acciones, son términos equivalentes) votan, normalmente una vez al año, y eligen a los directores del consejo de administración. Por lo general, a cada acción le corresponde un voto. Recientemente ha habido una tendencia, desafortunada en mi opinión, hacia las estructuras de acciones de «doble clase», en las que algunas acciones conceden a sus titulares (normalmente los fundadores de la empresa y los primeros inversores) más de un voto por acción, permitiendo de ese modo el control efectivo de la empresa. Sin embargo, con independencia de las normas de votación, la estructura básica es la misma: los accionistas deciden quiénes componen el consejo, el consejo adopta las decisiones importantes, incluida la contratación y el despido del consejero delegado, y este dirige la empresa trimestralmente. Con todo, algunas decisiones de capital importancia, como la venta de la empresa, deben someterse al voto de los accionistas.

Ahora bien, el aspecto que más interesa a la mayoría de los inversores es la dimensión económica de la propiedad de acciones. Una acción representa un interés económico en la empresa. Concretamente, implica dos cosas. La primera, que los accionistas tienen un «derecho residual» sobre el patrimonio de la empresa. Las sociedades no caducan, pero, en el dinámico mercado del capitalismo, nada dura para siempre. Así pues, cuando una empresa se extingue, ya sea porque la compra un tercero (por lo general otra sociedad) o porque cesa su actividad, una vez saldadas todas las deudas, el valor restante se reparte entre los accionistas. Cada acción recibe la parte correspondiente del patrimonio.

Sin embargo, por lo general, no compramos acciones de empresas que esperamos que desaparezcan, sino de empresas que esperamos que prosperen. Al igual que con el valor residual del patrimonio, cada acción confiere derecho a una parte proporcional de los beneficios futuros. Las empresas son máquinas generadoras de dinero y las acciones, el medio de reparto de los beneficios. En la mayoría de las empresas esto no ocurre de forma directa. Los accionistas no se reúnen al final del día, ni siquiera al final del trimestre o del año, y se reparten el dinero de la cuenta bancaria de la empresa. En cambio, son los directivos de la empresa (el consejero delegado y el consejo de administración) los que determinan cuándo y qué parte de los beneficios se repartirá entre los accionistas. A menudo, especialmente en las empresas jóvenes y de rápido crecimiento, la dirección decide reinvertir los beneficios en el crecimiento de la empresa y estos se utilizan, por ejemplo, para contratar más personal y abrir nuevas fábricas o puntos de venta. Si la dirección es hábil en sus inversiones, las perspectivas de la empresa mejorarán, por lo que, aunque los accionistas no reciban de forma inmediata una parte de los beneficios en efectivo, el valor de las acciones aumentará, ya que el mercado anticipa mayores flujos de caja en el futuro.

Reparto de beneficios

Con el tiempo, llega un punto en que la mayoría de las empresas exitosas no pueden hacer un buen uso de todos los beneficios —han alcanzado la «madurez», si se quiere— y proceden a repartir una parte de ellos entre los accionistas. Esto puede hacerse mediante dividendos, que son pagos directos en efectivo, o mediante recompras de acciones, en las que la empresa utiliza los beneficios para comprar sus propias acciones.

El método tradicional son los dividendos; muchas empresas grandes y estables pagan dividendos en la actualidad. Es importante comprender que los dividendos no son dinero gratis ni obsequios. El dinero siempre ha pertenecido a los accionistas, solo que se transfiere de un tipo de propiedad, las acciones, a otro, el efectivo. De hecho, cuando una empresa paga un dividendo, el mercado de acciones suele caer en la misma cantidad que el dividendo, reflejando así esa transferencia del valor de las acciones. En cambio, la recompra de acciones es un método indirecto de devolver los beneficios a los accionistas: funciona aumentando el valor de las acciones en lugar de pagar dividendos en efectivo. Tras la recompra, el precio de las acciones sube porque hay menos acciones «en circulación» entre las que dividir el valor total de la empresa, de modo que a cada acción le corresponderá una parte mayor del patrimonio y los beneficios futuros de la empresa.

La recompra de acciones está suplantando a los dividendos como medio preferido para el reparto de beneficios a los accionistas. Históricamente, los dividendos ofrecían a los inversores la ventaja de disfrutar de una parte del rendimiento de sus inversiones en efectivo sin tener que vender acciones. En otros tiempos (antes de 2020 y sobre todo antes de 2000), la venta de acciones comportaba grandes comisiones, especialmente cuando se vendían menos de cien acciones a la vez. Sin embargo, dada la disponibilidad de operaciones de acciones y acciones fraccionadas sin comisiones, o con unas comisiones muy bajas, los dividendos ofrecen pocas ventajas prácticas a los inversores. Hoy, si un inversor desea obtener efectivo de una participación accionarial, puede crear «dividendos sintéticos» vendiendo unas pocas acciones, o incluso una parte de una acción. En tanto que el precio de la acción suba, los accionistas pueden seguir vendiendo cantidades cada vez menores para recibir un flujo de efectivo constante. Las recompras ofrecen a los accionistas una importante ventaja fiscal: la elección del momento en que se generará la obligación tributaria. Cuando el inversor recibe un dividendo, este tributa (en la mayoría de los casos, a los tipos impositivos sobre las ganancias de capital) en el ejercicio en que se haya recibido pago. En cambio, cuando la empresa recompra acciones y aumenta el valor de las acciones del inversor, este no paga impuestos hasta que venda las acciones, lo que puede ocurrir muchos años después, permitiendo así el crecimiento de la inversión con tributación diferida.

Dado que la mayor parte de los beneficios empresariales no se reparten en efectivo a los accionistas, el rendimiento más importante para ellos se obtiene a través del aumento del precio de las acciones de la empresa. Comprar una acción es apostar a que el precio de esa acción es igual o, en el mejor de los casos, inferior a su valor real, y que el mercado acabará dándose cuenta de ello y el precio de la acción subirá hasta su valor real, lo que nos lleva nuevamente a la cuestión esencial de la valoración. ¿Cómo calculamos el verdadero valor subyacente de una acción? La respuesta breve, como he comentado antes, es que equivale al valor actual de todos los flujos de efectivo futuros de las acciones. Ello plantea un interrogante: ¿cómo podemos conocer el valor actual de los flujos de efectivo futuros? La respuesta requiere una breve introducción a la herramienta utilizada por las empresas para informar de sus operaciones a los accionistas: los estados financieros.

Estados financieros

Las empresas llevan una gran cantidad de registros internos, pero los condensan en tres documentos principales a la hora de informar a los accionistas: la cuenta de resultados, el estado de flujos de efectivo y el balance de situación. Las empresas que cotizan en bolsa elaboran estos informes trimestralmente y los presentan, en el caso de Estados Unidos, a la Comisión de Bolsa y Valores de Estados Unidos (SEC), donde pueden consultarse a través del servicio EDGAR: www.sec.gov/edgar.

Explicaré brevemente el balance de situación y el estado de flujo de efectivo y luego me centraré en la cuenta de resultados, por tratarse del informe más interesante y relevante para los inversores. El **balance de situación** (o balance general) enumera el activo y el pasivo de la empresa y algunos datos básicos sobre las acciones. El activo consta principalmente de dinero, ya sea efectivo o inversiones, y de bienes, como maquinaria e inmuebles. La propiedad intelectual, como las patentes y los derechos de autor, forman parte del activo, al igual que los préstamos adeudados *a* la empresa. En cambio, los préstamos adeudados por la empresa (es decir, las deudas), así como otras obligaciones contraídas, forman parte del pasivo. Algunos pasivos comunes son la obligación de pago de pensiones y las reservas líquidas para sufragar los costes que la dirección considera que pueden producirse, como las pérdidas debidas a procedimientos judiciales. En una empresa saneada, el valor total del activo es superior al del pasivo, y la diferencia entre ambos se denomina patrimonio neto. Para mayor confusión, el valor del patrimonio neto que consta en el balance de situación *no* equivale al valor de mercado de las acciones de la empresa, que suelen valer mucho más, puesto que representan un derecho sobre los beneficios futuros de la empresa, no solo sobre su patrimonio en ese momento.

El **estado de flujos de efectivo**, como su nombre indica, refleja los movimientos de entrada y salida de dinero de la empresa. Las empresas necesitan un estado de flujo de efectivo porque suelen basarse en la contabilidad de devengo para hacer un seguimiento de sus operaciones. (Si al leer esta última oración te quedaste dormido, tienes mi beneplácito para saltarte el resto del párrafo.) La contabilidad de devengo no tiene en cuenta el dinero realmente pagado y recibido, sino que registra cuándo el *valor* cambia de manos. Por ejemplo, si una empresa que utiliza la contabilidad de devengo vende un *widget* por 100 dólares el 31 de diciembre de 2023, pero no recibe el pago hasta el 31 de enero de 2024—algo muy frecuente en las operaciones comerciales—, la empresa contabilizará los ingresos procedentes de la venta en 2023, a pesar de que no recibirá el efectivo hasta 2024. El estado de flujos de efectivo concilia la información según la cual la empresa ha generado 100 dólares en ingresos con el hecho de que ese dinero no se encuentra en la cuenta bancaria. Al igual que el balance de situación, el estado de flujos de efectivo contiene información importante y de utilidad para un análisis pormenorizado, pero no es la herramienta más adecuada para comprender la actividad de la empresa.

Para ello, consultamos la **cuenta de resultados**, también llamada cuenta de pérdidas y ganancias (P y G) o cuenta de explotación. Este informe proporciona una idea más precisa de cómo genera dinero la empresa y de los beneficios esperados en el futuro.

Leída de arriba abajo, la cuenta de resultados representa un río cuyo caudal monetario fluye por la empresa y baña sus operaciones. La fuente de origen de este río son los ingresos ordinarios: el dinero procedente de la venta de bienes y servicios. Si la empresa vende diez *widgets* a 10 dólares cada uno, ingresa 100 dólares. A medida que desciende por la cuenta de resultados, el caudal de ingresos se desvía para alimentar los diferentes componentes de la empresa. La primera gran desembocadura, y a menudo la más importante, se encuentra justo al principio, es el coste de los bienes vendidos. Está constituida por dos brazos: el coste de las materias primas utilizadas para la fabricación de los productos y la mano de obra directamente imputable a la producción. El remanente tras pagar el coste de los bienes vendidos se denomina margen bruto o beneficio bruto. La siguiente desembocadura son los gastos de explotación, es decir, los costes necesarios para el desarrollo de la actividad de la empresa. Suele incluir una línea de gastos de venta, administrativos y otros de carácter general (gastos VAG). Se trata principalmente de los salarios de los departamentos de ventas y marketing, del equipo directivo y del personal de apoyo. La investigación y el desarrollo por lo general se incluyen en los gastos VAG, aunque a veces constan por separado. Una vez cubiertos los gastos de explotación, el caudal restante es el resultado de explotación.

EL RÍO DE LA CUENTA DE RESULTADOS

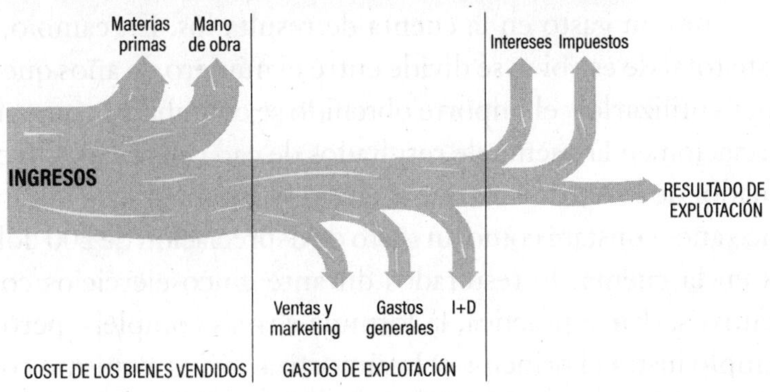

El resultado de explotación es una cifra importante porque muestra la cantidad de dinero generado por la empresa como resultado de su actividad antes de tener en cuenta los efectos de las obligaciones financieras y fiscales. Por supuesto, las obligaciones financieras y fiscales son costes reales, pero distan mucho de las cuestiones fundamentales de la empresa: ¿desean los clientes el producto y están dispuestos a pagar un precio elevado por él? ¿Puede la empresa fabricar y vender el producto por menos de lo que pagarán los clientes por él? ¿Está invirtiendo la empresa en su futuro mediante el desarrollo de nuevos productos? Los analistas a menudo utilizan el tecnicismo EBIT (el acrónimo de *earnings before interest and taxes*) o BAII (beneficio antes de intereses e impuestos) para referirse al resultado de explotación.

Una variante del **EBIT** a la que también se presta mucha atención es el **EBITDA** (el acrónimo de *earnings before interest, taxes, depreciation, and amortization*), esto es, el beneficio antes de intereses, impuestos, depreciaciones y amortizaciones. Las depreciaciones y amortizaciones son otro artificio del método contable de devengo. Cuando la empresa compra un bien que va a utilizar durante más de un año, su coste no se contabiliza como un gasto en la cuenta de resultados. En cambio, el coste total de ese bien se divide entre el número de años que se espera utilizarlo y el importe obtenido se contabiliza como depreciación en la cuenta de resultados de cada ejercicio. Un ordenador de 1.000 dólares que la empresa espera utilizar durante cinco años constará como un gasto de depreciación de 200 dólares en la cuenta de resultados durante cinco ejercicios consecutivos. (En la práctica, la fórmula es más compleja, pero el ejemplo lustra el principio.) La amortización es el mismo concepto, solo que aplicable a los activos intangibles, como las patentes. Dado que los cargos de depreciación no son gastos reales en los que haya incurrido la empresa (los desembolsos en efectivo por esos bienes ya se hicieron en el pasado), es útil devolver las aguas a su cauce para tener un panorama más claro de la rentabilidad de la empresa en el período actual. Para calcular el EBITDA, se toma el resultado de explotación de la cuenta de resultados y se le añaden los gastos de depreciación y amortización (que constan en el estado de flujos de efectivo).

A los consejeros delegados les gusta hacer hincapié en el EBITDA por la sencilla razón de que hace que la empresa parezca más rentable. Cuando quería vender L2, utilizaba el EBITDA en mis presentaciones. Sin embargo, su uso es polémico porque, aunque la depreciación no constituye un gasto en efectivo, las empresas siguen teniendo que hacer gastos

BENEFICIO BRUTO =

Ingresos – Coste de los bienes

RESULTADO DE EXPLOTACIÓN («EBIT») =

Beneficio bruto – Gastos VAG (gastos de venta, administrativos y generales)

INGRESO NETO =

Resultado de explotación – Intereses – Impuestos

de capital (es decir, comprar equipos e invertir en investigación) y el EBITDA excluye en efecto costes muy reales del cuadro financiero de la empresa. Precisamente por ello Warren Buffett es muy crítico con el EBITDA; de hecho, en una ocasión planteó: «¿Acaso la dirección cree que los gastos de capital los paga el ratoncito Pérez?».[12]

En los últimos años, ha habido una tendencia hacia el uso de unos indicadores aún más agresivos, sobre todo entre las empresas incipientes, que suelen describirse como «EBITDA ajustado», en los que se excluyen costes como los de marketing e incluso la remuneración de los empleados. Como dudosa justificación para el empleo de esos indicadores se aduce que los costes excluidos son específicos de la etapa de crecimiento de la empresa y, por tanto, no deben considerarse como parte de su futuro modelo operativo. Cuidado: la mayoría de esos indicadores suenan como si un vendedor de coches nos dijera cuántos litros de gasolina consume un coche que va cuesta abajo.

Debajo del resultado de explotación (EBIT) en la cuenta de resultados, figuran los costes de financiación —principalmente el pago de intereses de las deudas— y de los impuestos.

A veces, en esa etapa, algo de agua vuelve al río, por ejemplo, si la empresa ha invertido una parte de su capital, ha recibido devoluciones de impuestos o ha tenido fuentes extraordinarias de ingresos. Hay que tener en cuenta que el principal de un préstamo —la cantidad de dinero prestada— no consta en la cuenta de resultados, sino solo los gastos (o ingresos) por intereses. Los préstamos no forman parte del caudal de ingresos, ya que no proceden de la actividad empresarial.

El agua que queda en el río son los beneficios, que suelen denominarse ingresos netos o ganancias. Las empresas cotizadas comunican ese dato como cifra absoluta en dólares, pero también como «beneficio por acción». Lo calculan dividiendo el ingreso neto por el número de acciones en circulación. A menudo abreviado como BPA, el beneficio por acción constituye el indicador fundamental de la rentabilidad de la empresa, es decir, el beneficio al que tiene derecho cada acción (aunque la mayor parte del dinero permanezca en la empresa).

Valoración de acciones

La forma más sencilla de calcular el valor de una acción es aplicando un «múltiplo» al beneficio por acción. Se trata de un método estimado para calcular el valor del flujo de efectivo futuro de la empresa a partir de sus beneficios más recientes. Cuanto mayor sea el crecimiento previsto, mayor será el múltiplo de beneficios actuales aplicado. En el caso de las empresas cotizadas, es posible evaluar la valoración que hace el mercado de las perspectivitas de la empresa basándose en la relación entre el precio de cotización de la acción y el beneficio por acción de la empresa, lo que se conoce como ratio precio beneficio (PER, por sus siglas en inglés). A mayor PER, mayor la convicción del mercado respecto del aumento de los beneficios futuros de la empresa. Las PER superiores a 30 suelen ser indicativas de empresas de alto crecimiento, mientras que las empresas maduras y de crecimiento más lento suelen tener una PER en torno a 10.

La ratio precio beneficio es lo que llamamos un múltiplo de mercado. Es el más común, pero no es el único, ni tampoco el más útil. Los inversores suelen prestar atención a los múltiplos de cada una de las partidas más importantes de la cuenta de resultados. Una empresa cuya capitalización bursátil es de 1.000 dólares, que ha contabilizado 100 dólares de ingresos, 50 dólares de beneficio bruto, 25 dólares de EBIT y 10 dólares de ingreso neto, tiene un múltiplo de ingresos de 10, un múltiplo de beneficio bruto de 20, un múltiplo de EBIT de 40 y un múltiplo de ingreso neto de 100.

Los múltiplos pueden calcularse sobre la base de cualquier cifra de los estados financieros. Las empresas con un modelo de suscripción a veces se valoran en función de su valor por suscriptor. Las acciones que pagan dividendos pueden valorarse en función de la rentabilidad por dividendo: el dividendo anual total dividido por el precio de la acción. Los analistas también se fijan en las ratios de otras cifras distintas del valor de mercado: el porcentaje de margen bruto es la parte de los ingresos convertida en beneficio bruto e indica el poder de fijación de precios de la empresa, mientras que la rotación de existencias (el coste de los bienes vendidos dividido por las existencias) indica la eficiencia de la empresa a la hora de fabricar y vender sus productos.

Los múltiplos por sí solos no dicen mucho, pero, si uno está familiarizado con determinado sector, acabará conociendo los múltiplos típicos de ese sector. Resultan útiles sobre todo como medio de comparación. Si tenemos dos empresas

MÚLTIPLOS DE VALORACIÓN

	INGRESOS	CAPITALIZACIÓN BURSÁTIL	MÚLTIPLO
INGRESOS ORDINARIOS	100 $	1.000 $	**10**
BENEFICIO BRUTO	50 $	1.000 $	**20**
EBIT	25 $	1.000 $	**40**
INGRESO NETO	10 $	1.000 $	**100**

del mismo sector, cuyos múltiplos de EBIT son de 20 y 35, respectivamente, ello indica que el mercado es más optimista con respecto a la segunda empresa. A menudo decimos que la primera empresa es «barata» y la segunda «cara» basándonos en esos múltiplos. Pero todo es relativo.

En términos generales, los múltiplos basados en las partidas situadas más abajo en la cuenta de resultados son más relevantes, porque reflejan la verdadera rentabilidad de la empresa. Sin embargo, dado que los resultados pueden verse afectados por factores ajenos a la explotación (impuestos y financiación), los inversores experimentados suelen considerar que el mejor indicador del valor de la empresa es el múltiplo EBIT. Sin embargo, para las empresas de alto crecimiento o aquellas que se estudian como objetivo de adquisición, el mejor indicador del valor puede ser el múltiplo de ingresos.

A la hora de calcular un múltiplo, es importante comprender la diferencia entre la capitalización bursátil y el valor de la empresa. La capitalización bursátil es el precio de las acciones de la empresa multiplicado por el número total de acciones. Es el valor de las acciones de la empresa.

CAPITALIZACIÓN BURSÁTIL =
Precio de la acción × Número de acciones

Para una empresa que no tienen grandes deudas ni un gran saldo de caja, el valor de sus acciones será equivalente al valor de la propia empresa. Sin embargo, las deudas y el efectivo complican el asunto. Paradójicamente, para determinar el valor de mercado de la propia empresa, hay que *sumar* la deuda a largo plazo de la empresa a su capitalización bursátil y *restar* el efectivo. El resultado será el valor de la empresa. Es más exacto utilizar el valor de la empresa que la capitalización bursátil a la hora de calcular un múltiplo, pero, repito, en el caso de las empresas sin mucha deuda ni efectivo, la capitalización bursátil es suficiente.

VALOR DE EMPRESA =
(Capitalización bursátil + Deudas) − Efectivo

Aunque un único múltiplo proporciona cierta información (cuanto más alto es, más crecimiento espera el mercado), los múltiplos son ante todo indicadores relativos. Ello implica que requieren «comparables», es decir, empresas que sean *comparables* al objeto de la valoración. Seleccionar comparables no siempre es tan fácil como podría parecer. Algunas empresas tienen comparables evidentes en su entorno competitivo: Home

Depot y Lowe's, por ejemplo, son empresas de un tamaño similar que desarrollan la misma actividad y, si cotizaran a múltiplos diferentes, sería una señal inequívoca de que el mercado considera que una de ellas (la de los múltiplos más altos) está mejor posicionada para crecer que la otra. Pero ¿cuál sería un buen comparable para Microsoft? La empresa compite encarnizadamente con Amazon en servicios en la nube, pero no participa en el negocio principal de Amazon, que es el comercio minorista. Microsoft Office compite con Google Docs y Google Sheets, pero Google los ofrece de forma gratuita. ¿Cómo se pueden comparar financieramente dos empresas cuando una de ellas no cobra por sus productos?

Los múltiplos son relativos y se limitan a los comparables disponibles; un método de valoración más directo consiste en elaborar un «modelo de flujo de efectivo descontado» (DCF, por sus siglas en inglés). El DCF es una herramienta fundamental para los inversores profesionales, que los pequeños inversores no necesitan comprender en detalle. En síntesis, el DCF comienza con la cuenta de resultados, pero en lugar de mostrar los resultados de la empresa en el pasado reciente, los proyecta hacia el futuro. A continuación, dado que *todos los flujos de efectivo futuros deben descontarse*, se aplica una tasa de descuento a los beneficios futuros, como he explicado antes, y se calcula el total para llegar al valor actual de la empresa. Si calculamos el valor actual de una empresa cotizada y el resultado difiere del precio de mercado, ello indica que nuestras hipótesis difieren del consenso del mercado, lo que podría significar que existe una oportunidad de inversión.

Todo medio de valoración exige comprender, en cierta medida, la actividad de la empresa. Sin embargo, al igual que con la búsqueda de comparables, esto puede ser más complicado de lo que parece. Los diferentes sectores de actividad requieren diferentes tipos de empresa. Una petrolera mundial, por ejemplo, como Exxon o Chevron, tiene que hacer inversiones de miles de millones de dólares en la operaciones petrolíferas que pueden tardar décadas en dar sus frutos. Esto requiere cantidades ingentes de capital inicial, pero, una vez que el petróleo empieza a fluir, genera enormes beneficios. En ese sentido, las petroleras se parecen bastante a algunas empresas de *software*. Ambas deben invertir durante años en desarrollo inicial, pero, una vez que han dado con el producto, pueden distribuirlo de forma ilimitada prácticamente sin coste. Comparemos esos modelos con el de un bufete de abogados. Un pequeño bufete compuesto por un abogado y su asistente puede generar beneficios desde el primer día, porque los gastos generales son insignificantes: algunos portátiles, un seguro de responsabilidad civil profesional, el alquiler del despacho y tal vez unos cuantos trajes bonitos. Con ello ya puede facturar un dineral por hora de trabajo. Sin embargo, recordemos que en «Concentración» he explicado que las empresas de servicios no escalan bien. Si el abogado fundador está sobrecargado de trabajo y desea duplicar los ingresos del bufete, deberá contratar a otro abogado. Para multiplicar por diez los ingresos, deberá multiplicar por diez el número de abogados. Y si el socio que da nombre al bufete no es capaz de conseguir suficiente trabajo para esos diez abogados, deberá pagar sus nóminas de todos modos.

Algunas empresas no se dedican realmente a la actividad aparente. Google, por ejemplo, es el principal motor de búsqueda de internet, pero no vende motores de búsqueda, sino publicidad. Ese es su verdadero negocio. A pesar de que desarrolla e implanta sistemas de tecnología avanzada, desde el punto de vista empresarial, Google se parece más a una cadena de televisión o a grupo editorial de prensa que a empresas tecnológicas como Microsoft y Apple, porque su actividad principal para generar ingresos consiste en crear contenidos que capten la atención del público y luego vender a los anunciantes el acceso a esa atención. Comprender cómo genera realmente ingresos una empresa y el coste de su actividad resulta fundamental para comprender sus finanzas, sus perspectivas de crecimiento y, en definitiva, su valor.

Inversión en acciones

Por lo general, los inversores no compran las acciones directamente a las empresas. La mayoría de las ventas de acciones tienen lugar en el «mercado secundario»: terceros que comercializan acciones entre sí. Y el dinero procedente de la venta de acciones no va realmente a la empresa, sino al accionista que las vendió. Se invierte en la empresa, claro, pero se está comprando una inversión realizada previamente por un tercero. Aunque la empresa no recibe el dinero procedente de la venta de sus acciones en el mercado secundario, la dirección sigue concentrando toda su atención en el precio de estas. Dado que suele constituir una parte importante de la remuneración de los directivos y del modo en que atraen a los empleados, puede utilizarse para comprar otras empresas; además, las ventas adicionales de acciones son una potencial fuente de capital. Del mismo modo que las empresas a veces compran acciones en el mercado, en ocasiones las venden con la finalidad de recaudar capital. La primera vez que lo hacen es en la oferta pública inicial (OPI), un acontecimiento importante en la trayectoria de toda empresa. Las ventas posteriores se denominan ofertas secundarias y se llevan a cabo con mucho menos bombo.

Comprar y vender acciones es una buena forma de implicarse en el juego y ganar motivación para aprender sobre las empresas y el proceso de inversión. He comprado acciones individuales, estoy a favor de que los inversores prudentes e informados también lo hagan. Lo que desaconsejo encarecidamente, y los datos confirman su ineficacia, es saltar de una acción a otra. Cuanto más se negocia, más se pierde. Es agotador a nivel cognitivo y emocional, y no funciona. Tampoco es eficiente desde el punto de vista fiscal, ya que los activos mantenidos durante menos de un año no pueden beneficiarse del tratamiento fiscal de las plusvalías. No hay que operar intradía.

Es muy probable que, en algún momento de la carrera, no quede más remedio que tener acciones de una empresa porque se trabaja en ella y la remuneración se compone en parte de acciones (en la actualidad, suele consistir en unidades de acciones restringidas o RSU, por sus siglas en inglés). Mi recomendación, en esos casos, es vender las acciones cuanto antes con las mayores ventajas fiscales posibles. Las cuestiones fiscales pueden justificar la tenencia de las acciones recibidas como remuneración; pero, por lo demás, no tiene sentido conservar acciones de la empresa en la que trabajas. ¿Por qué? Porque tu exposición a esa empresa ya es inmensa y lo deseable es diversificar el riesgo, no concentrarlo aún más. Con exposición me refiero a que, por el hecho de trabajar allí, tu remuneración futura, tu reputación en el mercado laboral y las recompensas psicológicas de tu trabajo dependen del éxito de la empresa. Las acciones tienen una gran liquidez; no trates esa parte de la remuneración de un modo distinto solo por haberla cobrado en forma de acciones en lugar de en efectivo. Veámoslo de este modo: si no hubieras recibido las acciones como parte de la retribución, sino la cantidad equivalente en efectivo, ¿habrías utilizado ese dinero para comprar acciones de tu empresa? Lo dudo.

Ahora bien, ¿quién querría conservar las acciones de la empresa? Los fundadores y los primeros empleados e inversores deben ser cautos a la hora de vender las acciones porque una venta agresiva puede sembrar dudas en el mercado (o peor aún, entre los empleados) sobre las perspectivas de la empresa. Sin embargo, no hay que sobrestimar esta consideración. Los capitalistas de riesgo y los banqueros siempre instan a los fundadores a dejar su dinero en la empresa. Ello les interesa porque quieren que el precio de las acciones sea el más alto posible y que el fundador dependa lo máximo posible de la empresa. Siempre aconsejo a los fundadores que retiren algunas fichas de la mesa, porque su principal interés es conseguir seguridad económica para su familia, y las acciones de crecimiento son arriesgadas. En el caso de los propietarios de pequeñas empresas (es decir, la economía de *Main Street* que describo en el capítulo «Concentración»), la prioridad fundamental debería ser el traspaso gradual del patrimonio empresarial al patrimonio personal, de modo que la seguridad económica no quede supeditada a un único acontecimiento, como la venta o la transmisión de empresa a un heredero.

Algunos empleados son grandes expertos en su sector y pueden tener una mejor visión del potencial de la empresa que los analistas externos. Si uno tiene motivos de peso para creer que su empresa aumentará los beneficios más rápido de lo que podría sugerir el precio actual de las acciones, a lo mejor conviene aumentar la exposición a la empresa manteniendo las acciones (o incluso comprando más). Sin embargo, hay que tener cuidado de que la afinidad natural con el propio trabajo, los colegas o los productos desarrollados no nublen la visión. Por otro lado, hay que asegurarse de no estar negociando sobre la base de «información privilegiada», como el conocimiento que aún no se ha hecho público de que un determinado medicamento ha sido aprobado o de que la empresa ha ganado un cliente importante. Se puede acabar en la cárcel por ello.

Aparte de ser empleado, hay otras formas de conocer en profundidad una empresa o un sector. Los clientes clave a veces tienen una visión única de la empresa. Los académicos y los científicos también pueden ser buenos conocedores de algunos sectores. A mediados de la década del 2000, había pasado veinte años trabajando estrechamente con algunas de las mejores empresas minoristas mientras gestionaban la transición al comercio electrónico y fundé varias empresas de comercio electrónico, incluida una que salió a bolsa. Había adquirido un profundo conocimiento del potencial de ese sector y de lo que hacía falta para explotarlo. Tenía claro que el mercado estaba infravalorando mucho a Amazon y aposté una parte considerable de mi patrimonio neto por Jeff Bezos y su equipo. Esa inversión me ha dado un rendimiento veinticinco veces mayor en las últimas dos décadas. No fue una inversión hecha a la ligera, sino una basada en veinte años de experiencia.

Una tendencia que ha cobrado impulso en los últimos años es la inversión guiada por las políticas y, en particular, las denominadas inversiones ambientales, sociales y de gobierno corporativo (ASG). Para los inversores particulares, no soy partidario de ellas. Nuestras inversiones individuales no influirán en las decisiones de las empresas cuyas acciones compramos, pero sí determinarán nuestra futura seguridad económica. Entiendo que algunas personas prefieran no participar en los beneficios de una breve lista de empresas que considera destructivas para la sociedad; yo mismo tuve acciones de Facebook durante muchos años y acabé vendiéndolas cuando me convencí de que la empresa estaba causando un daño real a los jóvenes y a la sociedad en su conjunto. Sin embargo, insto a no orientar toda la cartera de inversión en torno a las preferencias políticas. Votemos, presionemos a los representantes y movilicémonos en nuestras comunidades. Pero el capital es mucho más relevante para nosotros que para nuestras inversiones. La etiqueta ASG, en particular, ha sido utilizada como arma por las relaciones públicas de las empresas y no significa nada. (La inversión en políticas presenta un cálculo diferente para las grandes instituciones, cuyas decisiones de inversión tienen un impacto real, pero eso es material para otro libro.)

Bonos

Tanto las empresas como los Gobiernos emiten bonos; el mercado es inmenso: sobrepasa los 120 billones de dólares. Los bonos son un tipo de deuda, solo que, a diferencia de los préstamos entre dos partes, son deuda transformada en un «valor». Un valor es un derecho sobre un activo subyacente, que puede comprarse y venderse independientemente de ese activo. Las acciones son un tipo de valor: es un derecho sobre el capital de una empresa, que cambia de manos en el mercado sin la participación de la empresa. Sin embargo, es un derecho legal y vinculante sobre la empresa. Los bonos son el mismo concepto, pero aplicado a los préstamos.

He aquí un ejemplo simplificado de cómo funcionan los bonos: supongamos que Amazon quiere pedir un préstamo de 100 dólares. Acude a un banco, como Wells Fargo. Wells estudia la contabilidad de Amazon, determina que su riesgo crediti-

COMPARATIVA DE CRECIMIENTO ENTRE LOS MERCADOS ESTADOUNIDENSES DE ACCIONES Y BONOS

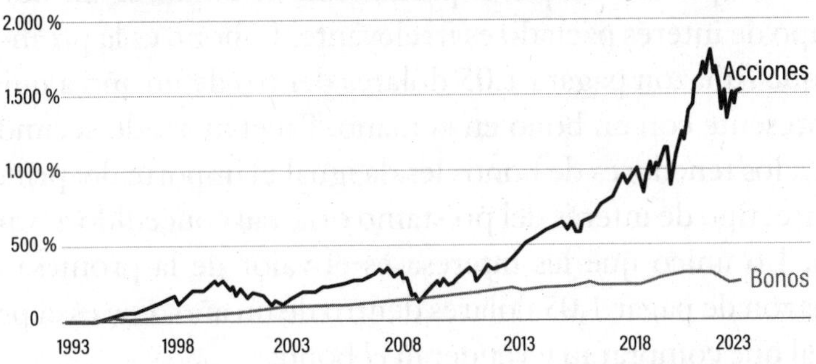

Fuente: Morningstar; Bonos = Vanguard Total Bond Market Index Fund; Acciones = Vanguard Total Stock Market Index Fund.

cio es aceptable y le ofrece un préstamo al 6 por ciento. Amazon responde: «A ver, somos la empresa dominante de comercio electrónico y servicios en la nube, tenemos un flujo de efectivo excepcional, ¿qué tal un 4 por ciento?». Al final, ambas partes acuerdan un préstamo al 5 por ciento, es decir, Wells Fargo hace entrega de 100 dólares a Amazon a cambio de la promesa de pago de 105 dólares al cabo un año. Sin embargo, en lugar de conservar esa promesa de pago de 105 dólares, Wells la divide en cien pequeñas promesas de pago a un año de 1,05 dólares (5 por ciento de interés por dólar). A continuación, las vende en el mercado abierto. Esos son los bonos. Los inversores que compran los bonos pueden conservarlos durante un año y cobrar 1,05 dólares o bien venderlos a otros inversores, del mismo modo que se negocian las acciones en un mercado secundario.

Ahora bien, ocurre algo peculiar con los bonos una vez que se convierten en valores y se negocian en el mercado secundario. Cuando Wells y Fargo negociaron las condiciones originales del préstamo, la variable primordial era el tipo de interés:

Amazon quería un 4 por ciento; Wells Fargo, un 6 por ciento y, finalmente, pactaron un 5 por ciento. Sin embargo, para el inversor que contempla la posibilidad de comprar un bono, el tipo de interés pactado es irrelevante. El bono es la promesa de que Amazon pagará 1,05 dólares dentro de un año a quien se presente con un bono en la mano. En el mercado secundario, a los tenedores de bonos les da igual el importe del principal y el tipo de interés del préstamo original concedido a Amazon. Lo único que les interesa es el valor de la promesa de Amazon de pagar 1,05 dólares dentro de un año. Ese es el precio al que comprarán y venderán el bono.

Si Amazon de pronto sufre graves problemas, por ejemplo, en la cadena de suministro o se producen cambios en la dirección o filtraciones de datos, los inversores se inquietarán ante la posibilidad de que la empresa no sea capaz de hacer frente a ese pago de 1,05 dólares, de modo que le asignarán un valor inferior al bono. Los flujos de efectivo previstos del bono no habrán cambiado, pero el riesgo y, por tanto, la tasa de descuento, habrán aumentado, por lo que el valor actual del bono disminuirá. Podría haber valido 1 dólar cuando Wells lo negoció, pero, unos meses después, la empresa sufrió un revés y su promesa pasó a valer 0,90 dólares. El riesgo de que esto ocurra se denomina riesgo crediticio o riesgo de impago.

Los precios de los bonos pueden cambiar aunque no cambie la percepción que los inversores tienen de la empresa. Si los tipos de interés suben, los compradores dispondrán de mejores opciones y no estarán dispuestos a pagar un precio tan alto por 1,05 dólares dentro de un año. Si un inversor tiene la posibilidad de pagar 1 dólar al Gobierno de Estados Unidos por la promesa de 1,06 dólares dentro de un año, evidentemente no pagará 1 dólar a Amazon por la promesa de pago de 1,05 dólares en un año. Por mucho que Amazon sea un deudor sólido, no es más fiable que el Gobierno de Estados Unidos, por lo que el precio de los bonos de Amazon caerá por debajo de 1 dólar. Si, por el contrario, los tipos de interés *bajan*, entonces la promesa de Amazon de pagar 1,05 dólares dentro de un año resultará más atractiva (puesto que el Gobierno de Estados Unidos ofrecerá menos de 1,05 dólares) y el precio del bono subirá a más de 1 dólar. La probabilidad de que el precio del bono fluctúe como consecuencia de la variación de los tipos de interés del mercado se denomina riesgo de tipo de interés.

Con independencia de lo que ocurra con Amazon o en el mercado en general, a medida que nos acerquemos a la fecha de reembolso, el precio del bono se aproximará a 1,05 dólares debido al valor temporal del dinero y a que, en menos tiempo, hay menos probabilidades de que las cosas se tuerzan. La promesa de Amazon de pagar 1,05 dólares mañana vale 1,05 dólares, a menos que la empresa tenga problemas muy graves.

Un poco de terminología: la cantidad que pagará el bono a su vencimiento se denomina valor nominal o valor de paridad. En nuestro ejemplo, el valor nominal es 1 dólar. El tipo de interés negociado originalmente es el tipo de interés nominal, en este caso del 5 por ciento. La mayoría de los bonos tienen plazos de más de un año, por lo que el emisor realizará pagos de intereses durante ese período. En nuestro ejemplo, solo hay uno, de 0,05 dólares a final de año. La fecha en que vence un bono (es decir, cuando se reembolsa el principal) se conoce como fecha de vencimiento. En este caso, también es a final de año, cuando Amazon reembolsa el principal de 1 dólar, más ese único pago de intereses de 0,05 dólares.

El término más importante, sin embargo, es «rendimiento». El rendimiento se refiere al tipo de interés anual *efectivo* que se obtendrá al comprar el bono al precio de mercado. En nuestro ejemplo de Amazon, si compro el bono un año antes de su vencimiento por 1 dólar, el rendimiento será del 5 por ciento, porque el bono pagará 1,05 dólares dentro de un año. Si lo compro por 1 dólar a solo seis meses del vencimiento, el rendimiento será del 10 por ciento, porque obtendré una rentabilidad del 5 por ciento en solo seis meses, el equivalente a una rentabilidad *anualizada* del 10 por ciento. El rendimiento de un bono cambia diariamente en función de su precio de mercado y mide el atractivo para el mercado de la promesa de pago del emisor. En general, aunque no siempre, el mercado de bonos y el mercado de acciones se mueven en direcciones opuestas, porque, cuando las acciones marchan bien, los inversores se muestran menos propensos a comprar bonos, que suelen tener rendimientos más bajos pero más estables. Esto empuja los precios a la baja, aumentando así los rendimientos, hasta que los rendimientos ajustados al riesgo de los bonos compiten con los rendimientos de las acciones. Para comprender estas relaciones se requiere algo de práctica y la mejor manera de interiorizarlas es comprar algunos bonos y seguir su precio (y rendimiento) en el tiempo.

Los Gobiernos también emiten bonos. De hecho, una gran parte del mercado de bonos se compone de bonos del Estado, siendo el Gobierno Federal de Estados Unidos uno de los mayores emisores. La mayoría de los títulos de deuda estadounidense son emitidos por el Tesoro en múltiplos de 100 dólares y con vencimientos que oscilan entre cuatro semanas y treinta años. (Los títulos de deuda con plazos más cortos se denominan letras del Tesoro o bonos a corto plazo y los que tienen plazos más largos, bonos a secas, pero básicamente funcionan igual.) El Tesoro emite nuevos bonos todas las semanas y fija el tipo de interés basándose en una subasta para los inversores. Sin embargo, una vez en el mercado como valores, ofrecen un flujo fijo de pagos, igual que los bonos corporativos, y se negocian al precio que determina el mercado. Una ventaja apreciable de los bonos del Tesoro de Estados Unidos es que los intereses que pagan están exentos del impuesto estatal sobre la renta.

Los bonos son una forma alternativa de invertir en las empresas y la única forma de invertir en los Gobiernos. Comportan menos riesgos que las acciones, ofrecen un rendimiento más previsible y, en la mayoría de los casos, el riesgo de pérdidas es mínimo si se mantienen hasta su vencimiento. Como contrapartida, ofrecen rendimientos más modestos y el potencial de revalorización es muy pequeño. Por muy exitoso que sea el emisor, nunca pagará *más* que los pagos previstos. Lo máximo que el tenedor recibirá de la empresa será lo que conste en el bono. Todo rendimiento adicional se destinará a los accionistas. El riesgo, como siempre, está ligado a la recompensa.

Bienes inmuebles

Los inmuebles son el emperador de las clases de activos. Si bien el precio de las parcelas individuales puede fluctuar al alza y a la baja, a largo plazo, es infalible. Los terrenos (y los edificios) pueden generar ingresos (mediante su alquiler, uso o desarrollo) y tienen un valor terminal prácticamente garantizado. Además, los bienes inmuebles gozan de diversas ventajas fiscales. Para los inversores que puedan permitírselos, como inversión a largo plazo no tienen parangón.

Sin embargo, como toda inversión, presentan una desventaja. En realidad, dos. La primera es que los bienes inmuebles tienen menos liquidez que casi cualquier otra inversión. Es difícil encontrar comprador y los costes de transacción son elevados. De hecho, al comprar una finca, la inversión suele comenzar con pérdidas, porque hay que pagar a agentes inmobiliarios, a tasadores y, a veces, a agrimensores, así como a toda una serie de organismos públicos que esperan con las manos abiertas; y lo mismo cuando se quiere vender. La segunda desventaja de ser propietario es que cuesta dinero: impuesto de bienes inmuebles, seguros y mantenimiento. Incluso las parcelas sin edificar suelen comportar gastos de mantenimiento, como vallado y sistemas de seguridad, prevención de incendios e inundaciones, el riesgo de que el propietario anterior vertiera residuos y muchos otros costes adicionales. Mirándolo por el lado positivo, sin embargo, a lo mejor se descubre petróleo u oro. Basta con asegurarse de obtener los derechos mineros cuando se compra la finca.

En resumidas cuentas, los bienes inmuebles son fantásticos como inversión, pero como la mayoría de las grandes inversiones en un sistema capitalista, hacer dinero cuesta dinero. Para invertir en inmuebles, hace falta disponer de mucho capital que estará inmovilizado durante años, así como de suficiente liquidez para mantenerlos. A menos que uno sea un magnate inmobiliario multimillonario, tendrá pocas oportunidades viables para invertir en el sector.

La inversión inmobiliaria más importante para la mayoría de las personas es la propia vivienda. Para la mayoría de los lectores de este libro, constituirá el componente más importante de la cartera de inversión durante la mayor parte de su vida. Será la compra más importante que se haga, el mayor préstamo contraído y el mayor gasto del presupuesto mensual. Este tipo de inversión puede ser una poderosa fuerza estabilizadora en nuestra vida, por lo que suele considerarse como un trampolín hacia la seguridad económica. Esa percepción ha dado forma a las políticas fiscal y económica en Estados Unidos y en otros países, orientándolas hacia el fomento de la vivienda en propiedad. En la actualidad, existe un mayor debate en torno a las virtudes de la propiedad y el alquiler, y hay situaciones en las que es ciertamente desaconsejable comprar una vivienda. Sin embargo, para el grueso de las personas, recomiendo vivamente hacer de la compra de la vivienda un componente central del plan para alcanzar seguridad económica. Como en gran parte de este libro, mis consejos sobre la propiedad se basan en dos ámbitos: el económico y el personal.

En primer lugar, el aspecto económico. Históricamente, los inmuebles residenciales han sido una buena inversión a largo plazo. Comparar el valor de la vivienda con otras inversiones es complicado por las diferencias en el tratamiento fiscal, por los costes y los beneficios que comporta la propiedad (véase antes: evitar el pago de alquileres, pagar el impuesto de bienes inmuebles) y porque el sector inmobiliario está muy localizado territorialmente. En este sentido, las viviendas en barrios consolidados con un historial de revalorización de precios en las zonas más codiciadas (por el clima y otros recursos naturales, por la proximidad al lugar de trabajo, etc.) son una mejor inversión. Las viviendas de bajo coste situadas en urbanizaciones nuevas, parcialmente construidas, a kilómetros de todo son baratas por una razón. Las inversiones inmobiliarias en zonas periféricas destruyeron la seguridad financiera de muchas familias cuando los precios de la vivienda se desplomaron en 2008. Con todo, a largo plazo, los inmuebles gozan de ventajas fiscales y de una fiabilidad superior respecto de otras clases de activo.

Los primeros 250.000 dólares en *ganancias* procedentes de la venta de la vivienda (500.000 en el caso de los matrimonios) están exentos de impuestos (además, los gastos en que se haya incurrido para la mejora de la vivienda son deducibles), y todo lo que supere a esa cantidad tributa a los tipos de las ganancias de capital o plusvalías. Así pues, si uno compra una casa por 400.000 dólares y la vende cinco años después por 500.000, no tendrá que pagar el impuesto sobre la renta por la venta, ya que la ganancia es de solo 100.000 dólares. Los inmuebles de inversión (es decir, los no habitados por sus dueños) tienen una normativa propia para el aplazamiento y la minimización de impuestos. Además, existen varios programas estatales y federales para los compradores de primera vivienda con rentas bajas y medias, e incluso es posible retirar una parte (no muy grande) del capital de las cuentas de jubilación, como IRA y 401(k), sin penalización para el pago de la entrada.

La revalorización no es la única ventaja económica de tener un inmueble en propiedad. Es la única inversión en la que *se puede vivir*; y en algún sitio hay que vivir. Los *millennials* destinan más del 50 por ciento de sus ingresos al pago del alquiler en los núcleos urbanos más caros. El ahorro en alquiler se ve contrarrestado por los impuestos sobre la propiedad, los seguros y los gastos de mantenimiento. Muchos compradores de primera vivienda subestiman el coste real de ser propietario; sin embargo, a menos que uno sea tremendamente desafortunado o insensato, el dinero ahorrado en alquiler superará los gastos de mantenimiento.

Para la mayoría de las personas, comprar una vivienda implica sacar una hipoteca y pagar unos sustanciosos intereses. En la década de 2010, los bajos tipos de interés hicieron aún más atractiva la compra y, aunque los tipos subieron tras la pandemia de la COVID-19, no parece probable que vayamos a volver a los tipos hipotecarios de dos dígitos de la década de 1970. Dado que la hipoteca es un préstamo «garantizado» (es decir, en caso de impago, el banco puede quedarse con el inmueble o venderlo), los tipos de interés son bajos respecto de otras formas de crédito al consumo, lo que refleja el menor nivel de riesgo asumido por el prestamista. Incluso si se tiene la posibilidad de comprar la vivienda sin hipoteca, ese capital no podrá invertirse en otra cosa —la inversión siempre conlleva un coste de oportunidad—, por lo que si el tipo de interés hipotecario es inferior a lo que puede obtenerse con otras inversiones, la hipoteca puede seguir siendo una opción económica sensata.

La política fiscal estadounidense ofrece otra importante ventaja a la compra de la vivienda, aunque esta se ha reducido en los últimos años. Desde que se introdujo el impuesto sobre la renta en 1913, los propietarios han podido deducir los intereses hipotecarios de la base imponible de la renta. Esto sigue siendo así, pero, debido a una serie de modificaciones del código tributario, la deducción solo tiene sentido económico para una escasa minoría de propietarios. En virtud de la Ley de Empleos y Reducción de Impuestos de 2017 (también conocida como los recortes de impuestos de Trump), la «deducción estándar» se duplicó (de 6.000 a 12.000 dólares, y el doble para los matrimonios), neutralizando así las ventajas de la deducción de intereses hipotecarios, a menos que se tenga una hipoteca muy grande u otras deducciones muy importantes. Las repercusiones fueron tremendas. El año previo a la modificación, el 21 por ciento de los contribuyentes se acogió a la deducción. En 2018, solo el 8 por ciento lo hizo.[13] Entre los contribuyentes con rentas familiares de entre 100.000 y 200.000 dólares, el porcentaje que optó por la deducción hipotecaria cayó del 61 al 21 por ciento.

He destacado los cambios en la deducción de los intereses hipotecarios porque, durante más de cien años, hemos vivido en un mundo en que la deducción ha sido un componente importante en la decisión de compra de la vivienda. En consecuencia, esa realidad histórica se refleja en los consejos ofrecidos por amigos y familiares y en todas las publicaciones previas a 2018 (e incluso en algunas posteriores). Con todo, la deducción hipotecaria puede seguir siendo aplicable en función de la situación de cada uno, pero no hay que darlo por sentado solo porque lo ha dicho el tío Carl, o, para el caso, el tío Scott. La legislación fiscal cambia a menudo, de modo que, antes de comprar una vivienda, hay que informarse sobre la normativa vigente. Si estás decidido a dar ese paso, vale la pena buscar asesoramiento fiscal profesional.

Dicho esto, desgravar los intereses hipotecarios nunca ha sido la razón principal para comprar una vivienda, una opción que, en términos económicos, sigue teniendo sentido para muchas personas. Pero, además, están los factores personales. El pago de la hipoteca es una forma de «ahorro forzoso». Hay un *alto* grado de motivación para pagar la hipoteca y, por consiguiente, una alta probabilidad de cumplimiento. A pesar de nuestros mejores esfuerzos, nos cuesta mucho sacar 1.000 dólares al mes de nuestros ingresos para ponerlos en un fondo de inversión. En cambio, los pagos de la hipoteca reducen gradualmente el importe adeudado al banco y aumentan nuestra participación en el valor de la vivienda.

Ser propietario es un compromiso de seguridad y estabilidad económicas. La falta de liquidez de una casa puede suponer una ventaja, porque uno se implica con el barrio e incluso se compromete más con su trabajo. Las limitaciones fomentan la concentración, y la concentración nos permite alcanzar objetivos más rápidamente que la flexibilidad. En el capítulo «Tiempo», he sugerido que el cambio es una constante. Una de las formas en que ese cambio se manifiesta es que, con el tiempo, uno desea asentarse y echar raíces, y busca estabilidad. De modo que, aunque en este momento una casa te parezca un impedimento para tu libertad, es muy probable que dentro de diez años la consideres tu refugio. Si eres joven, no des por sentado que querrás vivir en un apartamento y estar listo para mudarte con treinta días de preaviso el resto de tu vida.

Al igual que con el aspecto económico, también existen factores compensatorios. Echar raíces es estupendo, hasta que quieres mudarte. Vender un inmueble cuesta mucho dinero, en el mejor de los casos, y verse obligado a vender en un mercado bajista puede ser atroz. De modo que, si compras una vivienda, quizá tengas que renunciar a oportunidades laborales o a una mejora de la calidad de vida debido a la imposibilidad de desarraigarte. (Nota: alquilarla puede solucionar ese dilema e incluso ser una fuente de ingresos en algunas condiciones de mercado, pero es arriesgado y requiere una gestión diligente.) Por último, los inmuebles requieren mantenimiento y comportan obligaciones fiscales, y puedo afirmar con absoluta certeza que siempre se acaba gastando más de la cuenta en mobiliario y mejoras.

Aparte de la vivienda, es posible invertir en otros tipos de inmuebles. La inversión directa en ellos es una *excelente* forma de convertir la renta en capital y conseguir seguridad económica. El inconveniente es que comporta unos gastos generales elevados. Como ingresos «pasivos», son bastante activos. Por ello expliqué mis experiencias con la inversión inmobiliaria en el capítulo «Concentración», porque se parece bastante a tener una segunda (o primera) carrera profesional. Si uno es disciplinado y detallista, se da maña o tiene facilidad para tratar con los contratistas, posee la firmeza necesaria para negociar con los inquilinos y hacer cumplir lo pactado, conoce en profundidad el mercado regional y tiene contactos, y, sobre todo, dispone de tiempo, debería considerar seriamente la posibilidad de comprar inmuebles para revenderlos o alquilarlos. Hay que empezar poco a poco y crecer progresivamente.

También es posible invertir en inmuebles a través de sociedades financieras. Los fondos de inversión inmobiliaria son (a menudo) *holdings* inmobiliarios que cotizan en bolsa, pero también hay muchísimos grupos no cotizados que poseen inmuebles en todo el mundo. Pueden ser desde pequeños consorcios formados para financiar una única promoción, como un centro comercial o un edificio de oficinas, hasta *holdings* multinacionales con miles de millones de dólares en activos. Los fondos de inversión inmobiliaria cotizados (REIT) están sujetos a regulaciones más estrictas, lo que les confiere cierta seguridad añadida, mientras que las inversiones inmobiliarias privadas requieren una diligencia debida exhaustiva por parte del inversor. Sin embargo, en general, estas inversiones se asemejan bastante a la inversión en acciones, en el sentido de que se invierte en un equipo directivo y en un modelo de negocio que resulta estar en el sector inmobiliario y no en el del *software* o el calzado deportivo.

Materias primas, divisas y derivados

En los extremos del espectro de inversión, se encuentran las clases de activos más alejadas de la actividad económica. Las materias primas y las divisas son activos reales. Las materias primas incluyen productos como el petróleo, el oro y el maíz, y las divisas son dinero. Se intercambian en mercados (mayoritariamente) líquidos. Los precios de las materias primas se ven afectados en gran medida por las circunstancias del mundo real: el clima, por ejemplo, influye enormemente en el precio del gas natural y de muchas materias primas agrícolas. Los cambios en los modelos de producción mundial repercuten en los precios de las materias primas.

Los precios de las divisas tienden a reflejar la coyuntura económica de los países que las utilizan, en particular los tipos de interés: unos tipos de interés más altos hacen que la divisa sea más valiosa, ya que las inversiones en esa divisa están generando mayores rendimientos. Las criptomonedas, de las cuales la más conocida es el bitcoin, se negocian en gran medida en función del sentimiento del mercado hacia la criptomoneda como clase de activo y han sido muy volátiles a lo largo de su historia. Es posible que las cripto acaben estableciéndose junto con las monedas emitidas por los Gobiernos como un medio de intercambio o depósito de valor estable y duradero, pero, al menos hasta 2023, siguen existiendo importantes obstáculos técnicos y sociales.

Las personas que invierten en estos activos no suelen negociar con el activo subyacente de forma directa, sino con *derivados*, que son instrumentos financieros diseñados para reflejar el riesgo derivado de las variaciones de precios del activo subyacente. Los «futuros» son derivados basados en materias primas; los basados en acciones se denominan «opciones». Básicamente, se apuesta por la evolución futura de los precios.

Los derivados desempeñan un interesante papel en los mercados financieros, puesto que son una herramienta que sirve tanto para reducir como para aumentar el riesgo. Su principal función es la de permitir a las empresas y los inversores «cubrir» su exposición a determinados mercados. El clásico ejemplo es el productor de una única materia prima, como un agricultor de soja o un minero de oro. El sustento de ese productor depende del precio de la materia prima y, si este baja drásticamente, puede quedar en la ruina. Los derivados constituyen apuestas muy apalancadas que las empresas con ese tipo de exposición al riesgo hacen *contra* el resultado deseado, de modo que si los precios evolucionan en sentido desfavorable, el pago de la apuesta del derivado compensa los costes de su actividad. Un minero de oro puede apostar a que los precios del oro bajarán, protegiendo así su exposición a los precios del oro, mientras que una empresa que compra grandes cantidades de oro puede apostar a que los precios subirán. Se trata, en esencia, de un seguro. Del mismo modo, las empresas que operan en varios países están expuestas a las fluctuaciones de los precios de las divisas: si pagas a los empleados en dólares pero vendes la mayor parte de los productos a clientes que pagan en euros, te irá muy mal si el dólar se aprecia mucho respecto al euro (es decir, por cada euro que ingreses, podrás comprar menos dólares para pagar las nóminas). Por tanto, cubres ese riesgo apostando a que el dólar *se fortalecerá*.

Ahora bien, alguien debe tomar el otro lado de la apuesta, por ello en esos mercados operan numerosos agentes puramente financieros en busca de oportunidades para, en esencia, comprar riesgo y sacar partido de los potenciales rendimientos. Los derivados pueden llegar a ser muy complejos y en sus formas más extremas a veces se califican de «exóticos». Los derivados exóticos desempeñaron un papel importante en la crisis financiera de 2008: los bancos que negociaban «obligaciones garantizadas por deuda» que ni siquiera ellos comprendían sufrieron pérdidas de miles de millones de dólares cuando se hundió el mercado inmobiliario.

Un tipo de derivado con el que probablemente se encuentren los inversores minoristas son las opciones sobre acciones. (Repárese en que estas difieren de las opciones sobre acciones utilizadas por las empresas para remunerar a sus empleados.) La opción otorga al comprador el derecho a comprar o a vender cierto número de acciones a un precio determinado (denominado precio de ejercicio) durante un período establecido. La opción por la que se otorga el derecho de compra se denomina opción de compra (o *call*) y es básicamente una apuesta por la subida del precio de las acciones. En cambio, la opción por la que se otorga el derecho de venta a un precio determinado se denomina opción de venta (o *put*) y es una apuesta por la bajada del precio de las acciones.

La negociación de opciones resulta tentadora para el pequeño inversor porque ofrece un elevado apalancamiento. Unos pocos centenares de dólares en opciones de compra pueden producir un beneficio de varios millones de dólares en un breve período. Sin embargo, dependiendo del tipo de contrato, se corre el riesgo de sufrir pérdidas astronómicas que superen con creces la inversión inicial. No existen muchas formas de perder *más* de lo que se apuesta; operar con opciones es una de ellas.

En el mercado de opciones, y en todos los mercados de derivados, predominan los profesionales avezados cuyo trabajo a tiempo completo consiste en conocer hasta el más mínimo detalle del mercado. Estos operadores por lo general no se ganan la vida con la compra de contratos individuales, sino combinando varios contratos con diferentes plazos y creando estructuras con nombres extravagantes como *straddle*, *strangle* e *iron butterfly*. Los inversores particulares que compran contratos individuales son los pececillos que estos peces gordos engullen para conseguir dinero fácil.

En algunos casos, los particulares pueden utilizar los derivados del mismo modo que las instituciones, es decir, para cubrir riesgos. Si uno trabaja y reside en diferentes países, por ejemplo, puede estar expuesto al riesgo cambiario. Las acciones poco líquidas de la empresa del empleador pueden exponerle a riesgos excesivos en determinado sector o región; y otras inversiones, a importantes riesgos de tipos de interés. En esas circunstancias, los derivados funcionan como un seguro: uno paga una pequeña cantidad sobre una base altamente apalancada como protección frente a posibles pérdidas. Yo utilicé las opciones para crear un flujo de ingresos a partir de una gran inversión en renta variable que quería mantener a largo plazo.

Hay infinitas maneras en que los participantes en el mercado pueden utilizar los derivados, incluidas las opciones sobre acciones, para optimizar sus inversiones. Sin embargo, negociar con opciones de manera puntual no es invertir en el sentido estricto de la palabra, ni en ningún otro sentido. Es apostar. Y las apuestas pueden ser un entretenimiento, una adicción perniciosa o algo intermedio, pero no son inversiones.

Fondos

La última categoría de activos financieros relevante para el pequeño inversor no es realmente una clase de activo, sino un medio para acceder a otras clases de activos. Idealmente, debería ser el principal medio de acceso a esos activos. **El cubo a largo plazo, el dinero del que se espera vivir algún día, debería invertirse mayoritariamente en fondos.** He dejado este tema para el final de la sección porque los fondos combinan diversos tipos de activos y considero que es importante comprender el sistema financiero. Pero, a efectos prácticos de la inversión a largo plazo, se trata de la categoría más importante.

Aunque existen diversos tipos de fondos, el modelo básico es una agrupación de capital de pequeños inversores que luego un equipo de inversores profesionales invierte en bloques más grandes, generalmente con arreglo a una estrategia de inversión publicada. Los fondos varían en cuanto a las condiciones de suscripción, el tipo de comisiones que cobran y la forma en que realizan las inversiones.

El modelo clásico es el fondo de inversión. Más recientemente, los fondos cotizados (ETF, por sus siglas en inglés) han simplificado el proceso y, en términos generales, ofrecen una vía más económica de acceso a una cartera de inversión diversificada. Además de que las participaciones son más fáciles de comprar y vender, los fondos cotizados presentan una ventaja fiscal frente a los fondos de inversión, ya que algunas operaciones con fondos de inversión generan ingresos imponibles para los inversores, incluso manteniendo pasivamente las participaciones del fondo.

Los fondos utilizan diversas estrategias de inversión. Los «fondos de gestión activa» son (por lo general) complejos y dependen del análisis de expertos; suelen comportar comisiones bastante elevadas y probablemente deberían evitarse. Los «fondos pasivos» invierten basándose en un algoritmo y la estrategia más simple consiste en replicar un índice de referencia, como el S&P 500. Muchas sociedades de inversión ofrecen la posibilidad de invertir en fondos cotizados sobre el S&P 500, de hecho, con comisiones muy bajas. El más destacado (aunque no el más barato) es el SPDR S&P 500 ETF (código de cotización: SPY), que ha seguido al S&P 500 desde 1993. Hay fondos cotizados que siguen otros índices, como el Russell 3000, que abarca prácticamente todas las acciones negociadas en bolsa, otros que siguen estrategias de inversión concretas y otros que invierten en materias primas y divisas.

Todos los fondos cobran comisiones, que a menudo son multinivel y, por tanto, difíciles de analizar. Las estructuras de comisiones de los fondos de inversión suelen ser más complejas que las de los fondos cotizados, otro punto a su favor. La cifra más importante que debe tenerse en cuenta es la **ratio de gastos**. Esta ha de ser baja, muy inferior al 1 por ciento; cuanto más baja, mejor. Los fondos de inversión a veces cobran por la compraventa de las participaciones y otros servicios; en cambio, los ETF cotizan como acciones y, actualmente, están libres de comisiones.

Otra innovación reciente son los fondos *robo advisor* o de gestión automatizada, en los que el inversor deposita el dinero en una cuenta específica y la empresa lo invierte según un algoritmo. Aunque las comisiones suelen ser muy bajas, estas se disparan con el tiempo debido al poder de la capitalización. Además, la mayoría de los *robo advisor* se limitan a invertir el dinero en varios fondos cotizados o fondos de inversión. Dado que te has tomado la molestia de leer este libro de inversión casi hasta final, seguramente estarás lo suficientemente informado e interesado como para ocuparte de los aspectos básicos de la suscripción de participaciones en fondos cotizados sin pagar las comisiones del *robo advisor*.

En la sección dedicada a la valoración, he explicado el concepto de tipo de interés sin riesgo. Se trata de la rentabilidad básica exigible a toda inversión, que ha de ser superior a la de la cuenta de ahorro. Para las inversiones a largo plazo, sin embargo, la base de referencia debería ser la rentabilidad del fondo cotizado sobre el S&P 500. Con esto me refiero a que, con la rentabilidad de una cuenta de ahorro, no se crea riqueza. Hay que asumir más riesgos para generar más rentabilidad. Replicar la rentabilidad del S&P 500 es una forma probada de obtener un buen rendimiento de la inversión (en torno al 11 por ciento desde su creación en 1957, y el 8 por ciento en los últimos veinte años).[14] A corto plazo, es una inversión arriesgada. No sería sensato invertir en el S&P 500 los 10.000 dólares que necesitaremos dentro de unos meses para pagar la hipoteca. Para eso está la cuenta de ahorro sin riesgo. No obstante, para el dinero a largo plazo, es decir, el dinero que debe vencer a la inflación y convertirse en riqueza, la referencia es el fondo cotizado sobre el S&P 500. Toda alternativa debe evaluarse desde la perspectiva del riesgo y la rentabilidad. Si una inversión ofrece una rentabilidad de más del 8 por ciento, ¿cuánto riesgo adicional se está asumiendo? A lo mejor merece la pena para añadir cierto potencial alcista al dinero a largo plazo. Si ofrece menos, ¿en qué medida es más segura la inversión? Esa seguridad añadida interesa sobre todo para el dinero que se necesitará en un plazo inferior a veinte años; sin embargo, para el dinero a largo plazo, conviene inclinarse por el riesgo.

Existen diversos criterios para asignar las inversiones a largo plazo a diferentes clases de activo. Los economistas han defendido todas las estrategias imaginables, pero los asesores financieros por lo general recomiendan invertir principalmente en acciones cuando uno es joven, con una pequeña parte del patrimonio en activos de menor riesgo, como los bonos corporativos, y luego cambiar a inversiones de menor riesgo a medida que nos acercamos a la jubilación. Una estrategia es la regla del «100 menos la edad», cuyo resultado indicaría el porcentaje que debería invertirse en acciones (por ejemplo, a los treinta y cinco años, uno debería tener el 65 por ciento de las inversiones a largo plazo en acciones y el 35 por ciento de las inversiones en bonos). En 2005, sin embargo, el economista Robert Schiller (que más tarde ganaría el Premio Nobel por su análisis de los precios de las acciones) analizó varias estrategias y concluyó que la más rentable, por un amplio margen, consistía en invertir el cien por cien en acciones y que la inclusión de inversiones más conservadoras en la cartera solo reducía la rentabilidad.[15]

Para los jóvenes que tienen una carrera profesional con una buena proyección de ingresos y son disciplinados a la hora financiar los gastos a medio plazo, recomiendo favorecer el riesgo en las inversiones a largo plazo: más acciones de alto crecimiento y pocas o ninguna inversión de bajo riesgo como los bonos.

El reto final: el fisco

Probablemente no haya entidad con la que tenga una relación más contradictoria que con la agencia tributaria estadounidense (IRS), cuyos empleados se encargan de la ardua e ingrata labor de garantizar los ingresos fiscales de nuestra nación. Cicerón describió los impuestos como «los tendones del Estado», porque con ellos se financian nuestra seguridad, nuestras infraestructuras y nuestras inversiones sociales. Hoy el patriotismo está pasado de moda, lo cual es tema para otro debate, pero si algo hace bien el Gobierno de Estados Unidos, ya sea pronosticar el tiempo, comandar portaaviones o invertir en energía verde (y todo ello me parece estupendo), recordemos que solo puede hacerlo gracias a que recauda impuestos. Dios mío, cómo me gusta la IRS.

Por otro lado, la IRS me obliga a pagar impuestos. Cada vez que he tomado una decisión acertada de inversión, cada vez que he vendido una empresa, por cada dólar que he ganado, por no hablar de cada dólar que he pagado a los centenares de personas extraordinarias que han trabajado con afán para mis empresas y me han ayudado a llegar donde estoy hoy… ahí está el fisco mirándome por encima del hombro, frotándose las manos. Dios mío, cómo aborrezco la IRS.

La única salida para esta situación es reducir al mínimo la carga fiscal por todos los medios lícitos y extender los cheques con la satisfacción de saber que uno está contribuyendo con su parte. Los soldados estadounidenses que son tomados como prisioneros de guerra tienen el deber de intentar escapar. Considero que los ciudadanos también tienen el doble deber, para con su país y para con su familia, de pagar el mínimo posible de impuestos dentro de la legalidad. ¿Acabo de equiparar al Estado con un enemigo bélico? Como decía, tengo sentimientos encontrados.

De todos modos, dejando a un lado mis preciosos sentimientos, la cuestión es cómo minimizar legalmente la carga tributaria. Hay tres pasos básicos, el «detenerse, tirarse al suelo y rodar» de la estrategia fiscal: concienciación, comprensión y asesoramiento.

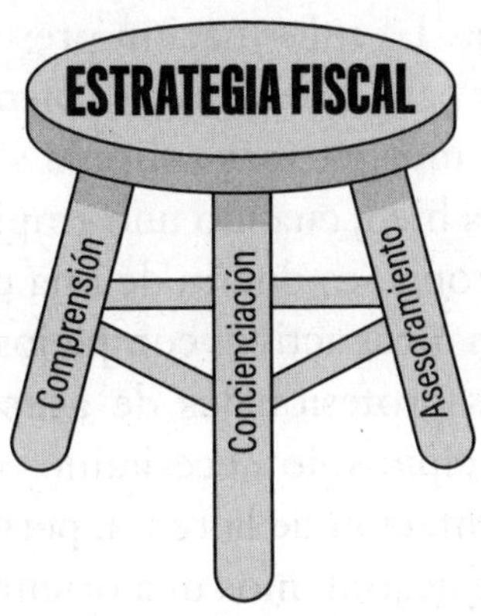

Debemos ser plenamente **conscientes** en todo momento de que los impuestos afectan a los ingresos, las inversiones y los gastos. Toda decisión financiera que tomemos, incluida la decisión de *no* hacer algo, tiene implicaciones fiscales. Algunas son evidentes, muchas no, y pueden cambiar radicalmente los resultados a largo plazo. Debemos tomar conciencia de ello hasta rayar en la paranoia.

Con ese fin, necesitamos tener una **comprensión** básica del funcionamiento general de la fiscalidad y de los principales elementos del sistema tributario. Esa comprensión debe informar las decisiones adoptadas a lo largo del año, no solo en el momento de preparar la declaración de la renta, ya que a esas alturas la partida estará prácticamente decidida. Mi experiencia y mis conocimientos se circunscriben principalmente a Estados Unidos, aunque muchos aspectos son universales.

En el siguiente apartado, me ocuparé de los conceptos básicos que debemos comprender, pero muy brevemente, el tercer paso consiste en no enfrentarse solo a estas cuestiones. En los inicios de la andadura profesional, y sobre todo siendo asalariado, es probable que los impuestos sean sencillos y las opciones, limitadas. La información presentada a continuación debería bastar para desenvolverse bien en esos casos; con todo, recomiendo indagar más sobre la situación específica de cada uno. Ahora bien, cuando uno empieza a invertir, trabaja por cuenta propia, es dueño de una empresa o compra bienes inmuebles u otros activos complejos, es recomendable contratar servicios profesionales de **asesoramiento** fiscal. A lo mejor al principio solo necesitamos que un gestor nos ayude con la presentación de la renta, pero pronto nos daremos cuenta de que necesitamos una orientación más amplia. Es aconsejable buscarla. Mis abogados fiscales son de las personas más trabajadoras e inteligentes que conozco. También han sido una de mis mejores inversiones, ya que me devuelven con creces lo que les pago.

Impuesto sobre la renta

El padre de todos los impuestos es el impuesto sobre la renta. En Estados Unidos, se pagan hasta tres: el federal, el estatal (en la mayoría de los estados) *y* el local (solo en algunas zonas, entre ellas Nueva York). (Residir en un estado que no tiene impuesto sobre la renta puede ser un *formidable* generador de riqueza, como veremos más adelante.) Me centraré ahora en el impuesto federal sobre la renta, que es el más oneroso; los impuestos estatales sobre la renta son versiones en miniatura del sistema federal. Las personas que llevan varios años presentando la declaración de la renta por su cuenta, estarán familiarizadas con la información que proporcionaré a continuación; sin embargo, al igual que con los mercados financieros, puede resultar útil dar un paso atrás para tener una perspectiva más amplia.

El impuesto sobre la renta hace lo que su nombre indica: grava un porcentaje de la renta, es decir, los ingresos. La ecuación incluye dos factores: el porcentaje y la renta. El debate político en materia impositiva suele centrarse en el porcentaje o tipo impositivo, que es el elemento visible y más fácil de comprender. Debe tenerse en cuenta que el código tributario comprende más de dos mil seiscientas páginas, pero los tipos del impuesto sobre la renta de las personas físicas se describen en unas tablas que ocupan menos de una página. (Están justo al principio, en el Código Tributario de Estados Unidos, Título 26, Subtítulo A, Capítulo 1, Subcapítulo A, Parte I). Gran parte del resto se dedica al cálculo de la renta.

En el mundo fiscal, el término «renta» no se refiere a la cantidad de dinero ganado, sino a una cifra (generalmente bastante inferior) que se toma como base de la obligación tributaria. Yo no pago a mis abogados fiscales para que determinen el tipo impositivo. Les pago para que minimicen la cantidad de dinero que cuenta como renta imponible. Recomiendo a todo el mundo que haga lo mismo.

La primera línea de defensa contra los impuestos es el dinero que no computa como renta. La principal fuente son los préstamos, que no se consideran ingresos imponibles y, por tanto, no tributan. Cuando se pide una hipoteca para comprar una vivienda, no se paga impuestos sobre el dinero prestado. Lo mismo ocurre cuando se pide un préstamo de segunda hipoteca y el banco hace entrega del dinero en efectivo. Ese dinero no es gratis, hay que pagar los intereses y el principal del préstamo, pero está exento de impuestos. Se trata de una de las principales estrategias de los superricos para no pagar impuestos: los fundadores de empresas tecnológicas, como Elon Musk y Jeff Bezos, reciben una gran parte de su remuneración en acciones, pero casi nunca las venden. En cambio, las utilizan como garantía para obtener grandes préstamos a unos tipos de interés muy bajos, de modo que financian sus fastuosos estilos de vida con los fondos de esos préstamos libres de impuestos (y, además, deducen el coste de los intereses). Como ventaja añadida, mantienen el poder de voto en sus empresas. Por su parte, los dueños de empresas no cotizadas a menudo dependen de la propia empresa para complementar su estilo de vida, por ejemplo, haciendo que esta pague los viajes y el ocio. El propietario acaba pagando en ambos casos, puesto que los gastos se costean con los beneficios de la empresa, pero no paga impuestos sobre la renta por ese dinero, ya que reduce los beneficios de la empresa. Sin embargo, el uso agresivo de esta estrategia puede constituir fraude fiscal y poner en peligro el patrimonio personal del propietario debido a las obligaciones contraídas por la empresa.

Otra forma de evitar que el dinero compute en el cálculo de la renta es asegurándose de que lo gane un tercero. Algunos inversores y empresarios crean entidades corporativas para que estas reciban, en lugar de las personas físicas, los ingresos procedentes de diversas actividades. Hacerlo en jurisdicciones con baja o nula tributación, como las Islas Caimán, puede formar parte de esta estrategia, aunque no necesariamente. En algunas circunstancias, es posible designar a un familiar para que reciba el dinero. Las sociedades profesionales, como los bufetes de abogados y los consultorios médicos, utilizan sus empresas para retener los ingresos por honorarios y minimizar y retrasar los ingresos imponibles.

No obstante, la mayor parte de los ingresos que recibimos son renta imponible. A efectos fiscales, hay dos tipos principales: la renta ordinaria y las ganancias de capital (o plusvalías). La primera consta principalmente de los rendimientos del trabajo. Las segundas, de las ganancias patrimoniales derivadas de la venta de activos, como títulos valores y bienes inmuebles. En Estados Unidos, aunque los tipos relativos varían cada cierto tiempo, las ganancias de capital tributan a tipos más bajos que la renta ordinaria.

Los tipos impositivos sobre las ganancias de capital varían en función de los ingresos y la jurisdicción. A nivel federal, oscilan entre el 0 por ciento para las rentas más bajas y el 23,8 por ciento para las rentas más altas. A nivel estatal, los tipos van del 0 al 10 por ciento e incluso más.* Las pérdidas de capital o minusvalías (cuando el activo se vende a un precio inferior al

* Hay que tener en cuenta dos límites importantes: en primer lugar, el activo debe mantenerse al menos un año para que tribute al tipo más bajo. En segundo lugar, los beneficios de las inversiones realizadas en el marco de un programa con tributación diferida, como los planes 401(k) o IRA, no tributan cuando se generan,

que se compró) pueden deducirse de la renta, aunque actualmente el máximo anual deducible es de 3.000 dólares (con la posibilidad de trasladar las pérdidas adicionales a ejercicios futuros).

Es lógico, pues, que sea más conveniente ganar 1 dólar en ganancias de capital que 1 dólar en ingresos ordinarios. Sin embargo, normalmente no es posible cambiar la clasificación de los ingresos una vez obtenidos, por lo que debe tenerse en cuenta la diferencia a la hora de planificar las finanzas. El tratamiento fiscal favorable de las ganancias de capital es una de las razones por las que la inversión en general resulta fundamental para crear riqueza. También beneficia a las actividades que generan lucro mediante la compraventa de activos, como los fondos de inversión libre (*hedge funds*), el capital riesgo y el sector inmobiliario. Con todo, un tipo impositivo más bajo sigue siendo un impuesto. Y es fácil olvidarse de los impuestos cuando, en un mercado alcista, la cartera de acciones se dispara o se compra un inmueble de alquiler. Pero Hacienda no lo hará.

Pasemos ahora a la renta ordinaria. La principal forma de reducirla es mediante deducciones. Las deducciones son básicamente gastos que, por resolución del Congreso, reducen la renta imponible, la base imponible del impuesto. Se crearon por diversas razones, o por ninguna en absoluto: las justificaciones políticas de las deducciones van de lo indiscutible a lo patentemente absurdo.

Con todo, las deducciones han perdido bastante eficacia como herramienta de reducción de impuestos. De hecho, solo el 10 por ciento de los contribuyentes utiliza opciones

---

pero *todas* las retiradas tributan a los tipos de la renta ordinaria, incluso los beneficios obtenidos de la venta de los activos.

distintas de la opción por defecto, conocida como deducción estándar.[16] En 2023, esta fue de 13.850 dólares para las declaraciones individuales (y del doble para las declaraciones conjuntas). Una persona soltera con una renta ordinaria de 100.000 dólares tendría una renta imponible de 86.150 dólares solo por aplicar la deducción estándar. Sin embargo, hay un inconveniente: si se practica la deducción estándar, no se tiene derecho a la mayoría de las otras deducciones (las aportaciones a los planes de jubilación 401[k] e IRA siguen siendo deducibles). En la práctica, esto implica que el total de las llamadas deducciones detalladas debe ser superior al importe de la deducción estándar; de lo contrario, no merecen la pena, como es el caso de nueve de cada diez contribuyentes.

Para el 10 por ciento que opta por las deducciones detalladas, las dos deducciones más importantes suelen ser el impuesto estatal sobre la renta y los intereses de la hipoteca. No la *cuota íntegra*, solo la parte correspondiente a los intereses (que, al inicio de la hipoteca, representa la mayor parte de la cuota). Los gastos médicos, la mayoría de las donaciones a organizaciones benéficas, algunos gastos educativos y las aportaciones a los planes de jubilación también son gastos deducibles. Muchas de esas deducciones, como los intereses de los préstamos estudiantiles, se reducen progresivamente a medida que aumentan los ingresos.

Es importante comprender el papel de la deducción estándar y la naturaleza del funcionamiento real de las deducciones fiscales frente a la promesa de «desgravación fiscal». La mayoría de los gastos deducibles, incluidas las donaciones a organizaciones benéficas, solo comportan una ventaja si en la declaración se opta por la deducción detallada en lugar de por la deducción estándar, algo que, recordemos, el 90 por ciento de los contribuyentes no hace. Es muy poco probable que uno tenga suficientes deducciones detalladas como para que convenga renunciar a la deducción estándar, a menos que haya sacado una hipoteca. Incluso en ese caso, muchas deducciones, como la de los préstamos estudiantiles, están sujetas a unos límites de ingresos, la mayoría en torno a los 100.000 dólares. Por último, aun cumpliendo los requisitos, las deducciones reducen la *base imponible*, no el impuesto, por lo que solo se traducirán en un ahorro de aproximadamente un tercio del valor de la deducción, dependiendo del tipo impositivo.

También existen varios tipos de «créditos» fiscales que benefician sobre todo a los contribuyentes con las rentas más bajas, algunos de los cuales pueden incluso dar lugar a pagos del Gobierno que reducen los ingresos imponibles del contribuyente a menos de cero. El crédito fiscal por ingresos del trabajo y el crédito fiscal por hijos son dos importantes programas de protección social que se conceden a través del sistema del impuesto sobre la renta en forma de créditos.

La situación fiscal de los trabajadores por cuenta propia (es decir, de los autónomos) es más compleja. La buena noticia es que los gastos relacionados con la actividad económica, como los viajes y los materiales, son deducibles de la renta imponible (incluso si optan por la deducción estándar). La mala es que están sujetos a impuestos adicionales, que sustituyen a los que pagaría su empresa si trabajaran por cuenta ajena. Además, realizan pagos a cuenta a lo largo del año, en lugar de un único pago el 15 de abril. Los trabajadores autónomos que ingresan sumas sustanciosas seguramente sacarán partido del asesoramiento de un asesor fiscal.

Una vez realizados todos estos cálculos, la base imponible determinará el tipo impositivo. Este, sin embargo, no se determina como un porcentaje único. Los tipos del impuesto sobre la renta son «progresivos»: aumentan a medida que aumentan los ingresos, pero solo se paga el tipo más alto sobre los ingresos que superan el tramo. En 2022, un contribuyente soltero hubiera pagado el 10 por ciento sobre los primeros 10.275 dólares, el 12 por ciento sobre los siguientes 31.500 dólares (segundo tramo), el 22 por ciento sobre los siguientes 47.300 dólares (tercer tramo) y así sucesivamente, hasta alcanzar el tipo máximo del 37 por ciento sobre las rentas superiores a 539.900 dólares. Esto es importante porque ganar más dinero aumenta el tipo impositivo total, pero no cambia lo que ya se ha tributado: no es que se penalice por ganar más, sino que, de hecho, cuanto más se gana, más se paga.

La trampa de las rentas altas

Los sistemas fiscales en los que el tipo impositivo se incrementa a medida que aumenta la renta se denominan progresivos (que no progresistas). Los impuestos progresivos sobre la renta están muy extendidos porque tienen en cuenta la utilidad marginal de la renta. Para alguien que gana 30.000 dólares anuales, cada dólar adicional en impuestos supone un detrimento para su calidad de vida. Para alguien que gana 300.000 dólares, un dólar de impuestos es mucho menos oneroso, y para alguien que gana 3 millones de dólares, es irrelevante. Así pues, los sistemas fiscales progresivos quitan menos a los que tienen poco y más a los que tienen mucho. Repárese en que solo los impuestos sobre la renta son progresivos. El impuesto sobre las ventas, el impuesto sobre los bienes inmuebles, la matriculación de automóviles y casi todas las demás formas de gravámenes son «regresivos»: todo el mundo paga lo mismo, con independencia de sus ingresos. Estos impuestos pesan más sobre las personas con rentas bajas.

LOS EFECTOS DEL IMPUESTO SOBRE LA RENTA

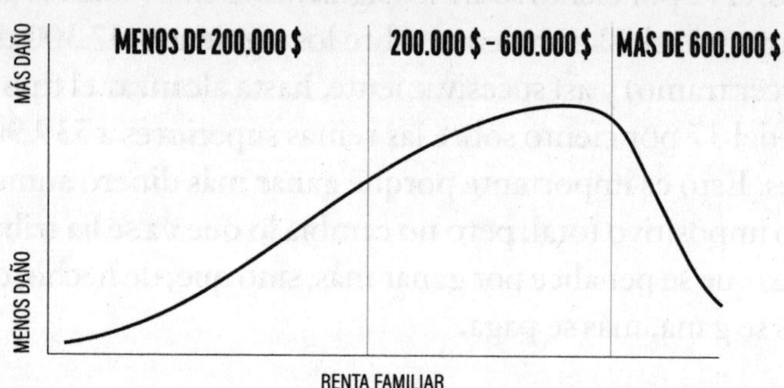

El sistema fiscal estadounidense es progresivo hasta cierto punto, pero se estabiliza al llegar al tramo superior (actualmente para rentas a partir de 539.900 dólares). En consecuencia, los *efectos* del impuesto sobre la renta son mayores para las rentas altas: médicos, abogados, ingenieros, altos directivos… aquellos cuya remuneración los sitúa cerca del tipo impositivo más alto, pero sin llegar a alcanzarlo. Y eso sin tener en cuenta los medios de los que disponen los realmente ricos para reducir los impuestos. Warren Buffett dijo en una ocasión que paga un tipo impositivo más bajo que su secretaria.[17]

Imaginemos dos hogares, uno con una renta anual de 500.000 dólares y otro con una renta anual de 2 millones de dólares. El segundo pagará un tipo impositivo *ligeramente* superior (si no cuenta con los abogados fiscales de Warren Buffett, claro), pero suponiendo que ambos residen en estados con impuestos altos, los dos pagarán *aproximadamente* el 50 por ciento de su renta en impuestos. El tipo impositivo es el mismo, pero el impacto en la calidad de vida será mucho mayor para el hogar con menores ingresos. Ello se debe a la disminución de la utilidad marginal del dinero, pero también a que los gastos de la prosperidad (las matrículas de escuelas privadas, los ahorros para la jubilación y las cuotas del coche y la hipoteca) se sitúan en la franja de menos de 500.000 dólares. Al capitalismo nunca se le acaban las cosas que quiere vendernos, pero, cuando tienes más de 500.000 dólares de ingresos *después de impuestos*, lo que resta son lujos en todos los sentidos. Los impuestos convierten el hogar de 500.000 dólares en un hogar de 250.000 dólares, lo cual es un cambio mucho más drástico que convertir un hogar de 2 millones en un hogar de 1 millón.

Pero eso no es todo. Si ampliamos el horizonte temporal, el impacto relativo de los impuestos en el hogar de 500.000 dólares se hace aún mayor, *porque los que ganan más pueden convertir muchos más ingresos en capital.* Un hogar con una renta de 2 millones de dólares que vive con 500.000 dólares anuales disfruta de un nivel de vida muy alto, muy lejos del alcance del hogar con una renta de 500.000 dólares (y solo 250.000 dólares al año para gastar después de impuestos). E incluso con ese nivel de consumo, gastando más de 40.000 dólares al mes, sigue ahorrando 500.000 dólares al año. En solo diez años, esos 500.000 dólares al año invertidos con una rentabilidad del 8 por ciento habrán producido un fondo de inversión de aproximadamente 8 millones de dólares y generado más de 600.000 dólares anuales en ganancias de inversión (que tributan a los tipos de las ganancias de capital). Las rentas muy altas suelen pagar tipos impositivos más elevados, pero ello no perjudica su estilo de vida ni frena el vertiginoso ritmo al que crean riqueza, porque son capaces de convertir gran parte de sus ingresos en capital.

Por algo se llama «capitalismo» y no «laborismo». La riqueza procede de la inversión del capital, no de los salarios. Una vez que se consigue convertir una parte considerable del salario en capital de inversión, se da el salto a la velocidad de la luz.

Cotizaciones sociales

Las cotizaciones sociales son una forma de impuesto sobre la renta, aunque mucho más simples en principio y en la práctica, sobre todo para los asalariados, a quienes se les deducen automáticamente de la nómina. Sin embargo, pueden ser una desagradable sorpresa para los trabajadores autónomos.

Hay dos impuestos federales sobre la nómina: Seguridad Social y Medicare. El de la Seguridad Social es del 12,4 por ciento, pero la mitad «corre por cuenta del empleador», por lo que en la nómina solo consta una retención del 6,2 por ciento. Lo pongo entre comillas porque, no nos engañemos, la empresa sabía perfectamente que pagaría el otro 6,2 por ciento cuando contrató al trabajador. Las cotizaciones a la Seguridad Social tienen unos límites máximos. En 2023, el tope es de 160.200 dólares de salario: si se gana más que eso en un año, la cotización a la Seguridad Social desaparece durante el resto del año. Medicare es el 2,9 por ciento y se reparte de la misma manera. No hay límite para las cotizaciones a Medicare y el tipo impositivo se incrementa ligeramente para las rentas altas. La mayoría de los estados también cobran cotizaciones sociales, aunque suelen ser muy bajas y con topes poco elevados.

Si se cobra un salario, no hay forma de escapar a las cotizaciones sociales: no hay deducciones y se aplican incluso al dinero aportado a un 401(k). Para los trabajadores por cuenta propia, es fácil pasarlos por alto, pero conviene tenerlos en cuenta porque sacan una buena tajada, pues los autónomos deben pagar tanto la parte patronal como la del trabajador, que suman más del 15 por ciento sobre los primeros 160.000 dólares de ingresos.

Tipos impositivos efectivos y marginales

La combinación de los tipos progresivos del impuesto sobre la renta y los tipos con tope máximo de las cotizaciones sociales implica que no todos los ingresos tributan al mismo tipo y, para algunas personas, esa diferencia puede ser lo suficientemente importante como para influir en sus decisiones de vida.

El concepto clave radica en la diferencia entre el tipo impositivo «efectivo» y el tipo impositivo «marginal». Reconozco que es un poco confuso, pero es importante. El tipo impositivo efectivo es lo que se paga en total. El tipo impositivo marginal es lo que se paga por el siguiente dólar incremental. Tomemos el ejemplo de un matrimonio en el que uno de los cónyuges gana 200.000 dólares, mientras que el otro se dedica a tiempo completo al cuidado de los niños. Si tienen una hipoteca y hacen una planificación fiscal prudente, su renta imponible solo será de 130.000 dólares y el impuesto federal sobre la renta y las cotizaciones sociales rondarán los 32.000 dólares, lo que supone un tipo impositivo federal efectivo del 16 por ciento.*

* Suponiendo que se incluyen en la deducción los intereses hipotecarios y otras deducciones detalladas, además de la aportación máxima a los planes 401(k), la renta imponible del hogar es de 130.000 dólares, por tanto, el impuesto federal sobre la renta asciende a 19.800 dólares, más unas cotizaciones sociales de unos 12.800 dólares y un tipo impositivo federal efectivo del 16 por ciento: (19.800 $ +

Pero ¿qué ocurre si el segundo cónyuge vuelve a trabajar? El tipo efectivo del 16 por ciento ya contempla los gastos deducibles de la pareja, el tope de las cotizaciones sociales del primer cónyuge y el carácter progresivo del impuesto sobre la renta. Todo dinero adicional se gravará a un tipo mucho más alto. Si el segundo cónyuge consigue un empleo con el que gana 100.000 dólares, todo será renta imponible y dará lugar a un incremento de 30.000 dólares en impuestos federales, o a un tipo impositivo *marginal* del 30 por ciento. Esto representa 14.000 dólares más en impuestos de lo que se pagaría si se supusiera simplemente un tipo efectivo del 16 por ciento para los ingresos adicionales. En los estados con impuestos altos, la diferencia puede ser aún mayor.

Este tipo de resultados desiguales están presentes en todo el código tributario y hacen que sea arriesgado extrapolar a partir de las circunstancias actuales. El aumento de los ingresos puede desencadenar diversas obligaciones fiscales y acabar con los ahorros de formas sorprendentes. Del mismo modo, la introducción de pequeños cambios en el código tributario puede dejar sin efecto algunas estrategias y revelar otras nuevas. Todo ello hace del *factor tiempo* un aspecto crucial de la planificación fiscal.

¿Diferir? ¡Claro que sí!

El factor tiempo es el aspecto más importante de la planificación fiscal. La idea consiste en distribuir los ingresos en el tiempo para que el tipo impositivo efectivo a lo largo de la vida sea el

---

12.800 $) / 200.000 $. No obstante, debe tenerse en cuenta que el código tributario cambia todos los años y estas cifras quedarán desfasadas.

más bajo posible. En el caso de la renta ordinaria, generalmente implica diferir los ingresos de los años en que más se gana (o de los años en que se reside en jurisdicciones de alta tributación). En los años de mayores ingresos, el tipo impositivo marginal será alto: el 37 por ciento en el tramo federal más alto (540.000 dólares de ingresos imponibles), y al menos otro 10 por ciento o más en los estados con impuestos elevados. Por cada dólar de ingresos que se difiera de un año con un tipo impositivo marginal del 47 por ciento a otro en que el tipo impositivo marginal sea solo del 20 por ciento, el ahorro será de 27 centavos de dólar. Una rentabilidad del 27 por ciento solo por mitigar los efectos fiscales es un beneficio extraordinario. Si añadimos el poder del interés compuesto al invertir ese 27 por ciento adicional, el ahorro fiscal bien podría duplicar nuestro dinero.

La ventaja de los planes de jubilación 401(k) e IRA es que permiten decidir cuándo pagar impuestos sobre una parte de los ingresos. Están disponibles en dos modalidades, tradicional y Roth, que resultarán más o menos convenientes según la situación personal.

La distinción más simple se da entre los planes 401(k) e IRA. El plan 401(k) lo ofrece la empresa, que retiene las aportaciones del salario del trabajador y las deposita en la cuenta del plan. En cambio, el plan IRA debe abrirlo el interesado por su cuenta. Los planes 401(k) permiten aportaciones anuales mucho más elevadas, pero la empresa debe ofrecerlos (los trabajadores autónomos pueden crear sus propios planes).

La distinción más compleja se da entre las modalidades tradicional y Roth. Cuando se hacen aportaciones a un plan *tradicional*, el importe se deduce de la renta imponible correspondiente al ejercicio de la aportación. Así pues, si el tipo impositivo sobre la renta es del 30 por ciento y se aportan 1.000 dólares a un plan IRA, la renta imponible se reducirá en 1.000 dólares y se ahorrarán 300 dólares en impuestos. Además, no se pagan impuestos por las ganancias de inversión generadas por el plan. Se pagarán más adelante, cuando se retire el dinero. El dinero de la cuenta IRA es ilíquido hasta los 59,5 años del titular, pues no puede retirarse antes sin pagar impuestos y una comisión, y deberá empezar a retirarse, como muy tarde, a los setenta y tres años.

Los planes *Roth* son lo contrario. No permiten la deducción fiscal de las aportaciones en el momento de realizarlas, sino cuando se retiran los fondos, que entonces estarán libres de impuestos. Además, con los planes Roth, las aportaciones realizadas pueden retirarse en cualquier momento (no así los rendimientos de las inversiones) y no existe la obligación de retirar los fondos en un plazo concreto. Los planes IRA Roth se limitan a las rentas medias y bajas, pero los 401(k) Roth no.

401(K) TRADICIONAL	**IRA TRADICIONAL**	• Desgravación fiscal inmediata • Penalización por retiradas antes de los 59,5 años • Retiradas obligatorias a los 73 años
401(K) ROTH	**IRA ROTH**	• Desgravación fiscal en el futuro • Sin penalización por retiradas antes de los 59,5 años • Sin retiradas obligatorias
• Empleador • Límite de aportación alto	• Interesado • Límite de aportación bajo	

En los años de mayores ingresos, es probable que se desee maximizar las aportaciones a los planes 401(k) e IRA tradicionales, para no pagar impuestos sobre el dinero aportado al tipo elevado actual. Sin embargo, al inicio de carrera, si los ingresos son bajos, probablemente convendrá más aportar a un plan Roth 401(k) o Roth IRA, porque el tipo impositivo seguramente será más bajo que en el momento de la jubilación, cuando se habrá acumulado bastante patrimonio. Además, los planes Roth tienen la ventaja añadida de que permiten acceder antes a una parte de los fondos.

También existen planes de ahorro con ventajas fiscales para situaciones concretas. El plan de ahorro universitario 529 ayuda a las familias a ahorrar para los estudios universitarios y reducir los impuestos. Las cuentas de ahorro sanitario (HSA, por sus siglas en inglés) pueden utilizarse para evitar impuestos sobre los ingresos que se necesitarán para hacer frente a gastos sanitarios. Este tipo de planes son la base del aplazamiento de los ingresos, el concepto central de toda estrategia fiscal. Una de las ventajas del capital frente al trabajo es la capacidad de diferir los rendimientos: uno puede mantener los activos revalorizados hasta que necesite el dinero, aplazando así los impuestos, mientras que los ingresos tributan cuando se generan.

Entre los planes de jubilación y otros vehículos, debemos considerar los ingresos como dinero que puede desplazarse en el tiempo: lo tomaremos cuando los tipos impositivos marginales sean bajos, lo diferiremos cuando sean altos. En los años de mayores ingresos, el objetivo suele ser el diferimiento, pero ello puede cambiar de un año a otro. El objetivo consiste en minimizar los impuestos a lo largo de toda la vida, no en un año concreto. Dicho esto, los impuestos pagados al inicio de la carrera son más dispendiosos que los que se pagan después, debido al coste de oportunidad asociado a no invertir ese dinero.

Consejos de una vida de inversiones

Haz zig cuando los demás hagan zag

Cuando todos perseguimos lo mismo, nos volvemos idiotas y perdemos dinero. Por tanto, haz *zig* cuando los demás hagan *zag*. Al principio, el dinero que entra en un sector puede crear un mercado, ya que se necesita cierta cantidad de capital para despegar. Poco después, sin embargo, a mayor afluencia de dinero, mayor será el precio de entrada y menor la rentabilidad. Cuando todo el mundo compra pisos en Miami y obtiene préstamos para financiar los estudios, los precios de los pisos y de la educación aumentan (inflación) y la rentabilidad disminuye. En el caso de la deuda estudiantil, cuanto más se paga, menos vale el título. En los últimos ochenta años, la titulación universitaria ha ofrecido una enorme rentabilidad de la inversión. No obstante, desde hace décadas, mis colegas de la enseñanza superior y yo nos preguntamos a diario: «¿Cómo puedo aumentar mi remuneración y, al mismo tiempo, reducir mi responsabilidad?». La búsqueda de un posicionamiento de lujo y el vertiginoso aumento de las matrículas han drenado gran parte de la rentabilidad de los títulos universitarios. Aproximadamente un tercio de las personas son incapaces de devolver sus préstamos, ya que el exceso de inversión ha mermado la rentabilidad.

No te fíes de las emociones

Cualquier cosa más arriesgada que una cuenta de ahorro tendrá días bajos. Debemos comprender que forma parte del proceso y no hacer de ello un drama. A la larga, la tolerancia a las pérdidas determina hasta dónde podemos llegar en la escala de riesgo.

Cuando sufras pérdidas, aprende de ello. Ante todo, aprende sobre ti mismo. ¿Qué tan duro fue el golpe psicológico y cuánto has tardado en reponerte? Ese es el indicador de tu aptitud para la inversión activa. También hay que aprender de la estrategia. El inversor multimillonario Ray Dalio tiene obsesión por aprender de las pérdidas. Su libro *Principios* es una disertación de quinientas páginas sobre cómo analizar rigurosamente los errores y aprender de ellos. Recomienda que escribamos en detalle el proceso de toma de decisiones y lo revisemos en retrospectiva para comprender en qué nos equivocamos y evitar ese error en el futuro: «El error que veo con mayor frecuencia es el de tratar los problemas como algo singular, en lugar de utilizarlos para diagnosticar cómo está funcionando su máquina a fin de mejorarla [...] Aunque consume más tiempo, un diagnóstico completo y preciso ofrecerá cuantiosos dividendos en el futuro».[18] Yo no tengo la disciplina de Ray —pocos la tienen—, pero siempre que me he tomado el tiempo de pensar seriamente en qué me había equivocado con determinada inversión, decisión empresarial o relación, ello me ha reportado, según lo prometido, «cuantiosos dividendos».

Esto también es aplicable a los períodos alcistas. Hay que estar dispuesto a recoger los beneficios. Si una inversión se dispara, ya sea porque has acertado con una acción meme o por la salida a bolsa de tu empresa, toma una buena parte del crecimiento de ese activo y diversifícalo. La mente se opondrá: como ganaste ayer, presupondrás que ganar es un hábito y tendrás la convicción de que volverás a ganar mañana. Pero la gravedad y la reversión a la media son leyes ineludibles del universo financiero. Por cada historia que se oye de tal o cual empresario que hipotecó su casa para comprar acciones y se hizo megarrico, hay centenares de personas que hicieron lo mismo y se arruinaron. Yo seguí apostando por Red Envelope (la empresa que fundé en 1997) y acabé con cuarenta años al borde de la ruina. Hay que aprovechar los beneficios —que bien ganados están— y esperar haberse equivocado al vender.

No operes intradía

La línea que separa la inversión activa de la negociación intradía (algo muy parecido a los juegos de azar) es muy fina, pero se hace evidente una vez que se ha cruzado. Probablemente no seas ni el primero ni el único. En los mercados alcistas, combinar suerte con talento y dopamina con inversión se está volviendo viral. Y los intermediarios están más que dispuestos a satisfacer esa adicción. La diabetes, la hipertensión y compartir las capturas de pantalla de las ganancias generadas en Robinhood son males derivados de una producción industrial que se aprovecha de nuestros instintos. El *trading* —distinto de la «inversión»— puede dar sensación de trabajo y productividad. Pero no es ni una ni la otra. Es apostar, pero con peores probabilidades y sin bebidas gratis. Un estudio reveló que, en un bienio, solo el 3 por ciento de los operadores minoristas activos obtuvo algún beneficio.[19] Durante la epidemia más reciente de negociación intradía, millones de jóvenes (en su mayoría hombres), encerrados entre cuatro paredes a raíz de la COVID-19, descubrieron aplicaciones como Robinhood, con su confeti liberador de dopamina, e hicieron de las volátiles operaciones intradía con criptomonedas su droga preferida.

La mayoría de los operadores intradía no tendrán problemas y sufrirán pérdidas moderadas... la mayoría. Pero muchos las pasarán moradas. Los hombres jóvenes son especialmente vulnerables, por su mayor propensión al riesgo. Nueve de cada diez operadores intradía son hombres,[20] y el 14 por ciento de los jóvenes varones que apuestan desarrolla adicción al juego (frente al 3 por ciento de las mujeres).[21] La mayoría podemos apostar sin volvernos adictos, así como podemos beber sin volvernos alcohólicos. Insisto, la mayoría.

Muévete, múdate

Una de las herramientas de creación de riqueza más eficaces de la que disponemos es invertir nuestro recurso más importante (nuestro tiempo), sobre todo cuando somos jóvenes, en los mercados que ofrecen mayores rendimientos. Una de las razones por las que la economía estadounidense ha crecido más rápido, y de forma más constante, que cualquier otra economía en los últimos dos siglos es porque moverse está en nuestro ADN. «Vaya al Oeste, joven.» Cuando uno es joven, debe aprovechar la ventaja de la flexibilidad geográfica respecto de sus colegas de más edad, que seguramente ya habrán echado raíces y tendrán menos flexibilidad. Con independencia de la edad, mantén siempre un ojo en el horizonte en busca de oportunidades.

Mudarse de un estado con impuestos altos a otro con impuestos bajos puede ser decisivo en la vida de las personas. Varios estados, entre ellos Florida, Texas y Washington, no cobran impuesto sobre la renta. (Washington ha aprobado recientemente un impuesto sobre las ganancias de capital, pero con una elevada deducción.) El impuesto sobre la renta no es la única consideración: los servicios públicos deben financiarse de algún modo, por lo que a menudo los impuestos sobre las ventas y los bienes inmuebles son más altos en los estados con los impuestos sobre la renta más bajos. Sin embargo, la carga fiscal total varía considerablemente de un estado a otro y, dependiendo del perfil de ingresos y gastos, las diferencias pueden ser significativas.

Mudarse de los estados con tributación más alta, como Nueva York y California, puede suponer un ahorro de más del 10 por ciento de la renta bruta. Si uno es capaz de mantener el nivel de ingresos y la disciplina para invertir el ahorro fiscal, estará bien encaminado para alcanzar los objetivos de inversión a largo plazo. Por supuesto, cambiar de lugar de residencia tiene consecuencias económicas más allá de los impuestos y también importantes consecuencias personales. Pero, como mínimo, si uno está sopesando diferentes ofertas de trabajo y comparando precios de la vivienda y otros factores, debería tener en cuenta las implicaciones fiscales.

PUNTOS PARA LA ACCIÓN

- **Convierte los ingresos en capital.** El capital es dinero que se pone a trabajar y crear valor. Invertir es proporcionar capital a cambio de una participación en ese valor. La riqueza se consigue invirtiendo, no solo con ingresos.
- **Infórmate sobre la economía.** Desde las operaciones de las empresas hasta los cambios en los tipos de interés de la Reserva Federal, el ecosistema económico nos afecta a todos. Y debe informar nuestras decisiones en todos los ámbitos.
- **Diversifica para maximizar la rentabilidad.** El objetivo es generar ganancias estables a largo plazo para sacar partido del poder del interés compuesto. Ello implica diversificar el capital en varias inversiones en lugar de concentrarlo todo en la que se considera que proporcionará más rentabilidad.
- **Considera el dinero como un medio de intercambio de tiempo.** El tiempo es nuestro activo básico y lo vendemos a cambio de dinero, que utilizamos para comprar los frutos del tiempo de otras personas. Al hacer una inversión, debes valorar el tiempo que inviertes en ella del mismo modo que valoras el capital. Al tomar una decisión de compra, mide el coste en términos de las horas que te ha costado ganar ese dinero.
- **El riesgo es el precio que se paga por la rentabilidad.** Es un indicador de probabilidad, de la posibilidad de ganar o perder dinero. Sin riesgo no hay inversión, pero asegúrate de que la rentabilidad potencial justifique el nivel de riesgo.
- **Evalúa la rentabilidad en función de la probabilidad y el tiempo.** El dinero del que dispones hoy vale más que el dinero prometido para mañana. El dinero prometido para mañana vale más que el dinero prometido para dentro un año. El dinero prometido por una fuente fiable vale más que el dinero prometido por una fuente desconocida y poco fiable.

PUNTOS PARA LA ACCIÓN

- **Invierte principalmente en una cartera pasiva, diversificada y de bajo coste.** Los fondos cotizados (ETF) son los mejores aliados del pequeño inversor. Ofrecen diversificación pasiva y riesgo transparente.
- **Reserva una pequeña parte de los ahorros para hacer inversiones activas.** Recomiendo apartar el 20 por ciento de los primeros 10.000 dólares ahorrados. Ese dinero puede utilizarse para comprar y vender acciones individuales, tomar posiciones en materias primas y, en definitiva, para «jugar» con el mercado. La idea consiste en aprender con la práctica y habituarse a las pérdidas y las ganancias. Lleva un registro detallado de las inversiones, las comisiones, las ganancias, las pérdidas y los impuestos.
- **Compra una vivienda llegado el momento oportuno de tu vida.** Los inmuebles son el emperador de todas las clases de activos; tener una vivienda en propiedad es, para la gran mayoría de las personas, la forma más sencilla de invertir en inmuebles. Es un método de ahorro forzoso y una inversión que genera valor día a día y, además, puede ser el ancla de la cartera. Sin embargo, de nada sirve el ancla cuando se quiere zarpar. Ser propietario de una vivienda es, ante todo, una decisión de vida y, en segundo lugar, una decisión de inversión.
- **Cuidado con las comisiones.** Los mercados financieros funcionan a base de comisiones, pequeñas tajadas que se llevan del capital al pasarlo de un lado a otro. A menudo ocultas en la letra pequeña y calculadas a partir de cifras engañosamente pequeñas, las comisiones pueden reducir considerablemente la rentabilidad.
- **Cuidado con los impuestos.** Son la mayor de las comisiones y pueden mermar enormemente la rentabilidad de la inversión. Una inversión no se comprende a menos que se comprendan sus implicaciones fiscales.
- **Planifica los impuestos.** Invertir a través de planes IRA o 401(k) tradicionales mejora los rendimientos al diferir la

tributación, incluso durante décadas. En la modalidad Roth, las aportaciones tributan en el momento en que se realizan, pero estarán libres de impuestos en el futuro. La opción más adecuada para cada uno dependerá de la situación actual y prevista.

- **Controla las emociones.** Las emociones son valiosas y esenciales para tomar buenas decisiones. Pero invertir provoca emociones fuertes que pueden desbaratar los cálculos necesarios para alcanzar el éxito.
- **No operes intradía.** Si quieres comprar y vender valores a diario, conviértelo en un trabajo a tiempo completo. Puede ser una gran carrera si se tiene talento para ello. Pero, si es un pasatiempo, no dejes que se convierta en una obsesión. No solo perderás dinero, sino algo aun más valioso: tiempo.

Epílogo

El (verdadero) terreno de juego

Todo cuanto da sentido a la vida nace de las relaciones con los demás. De nuestra capacidad de sostener y querer a otras personas, y de nuestra disposición a dejarnos querer por ellas. Nada profundo se consigue estando aislado.

Cuando a mi madre le diagnosticaron cáncer por tercera vez, supimos que había llegado su hora. Pasó su última semana de vida tiritando de frío. Por mucho que subiéramos la calefacción, por muchas mantas que le pusiéramos, no dejaba de tiritar. Al final, de manera instintiva, la cogí en mi regazo, como haría un padre con un niño que se ha quedado dormido antes de terminar la cena. Los temblores cesaron. Consumida por el cáncer y con apenas treinta y seis kilos, esta mujer solo pudo hallar calor en los brazos de su hijo. Por primera vez, el éxito y la relevancia que había buscado durante tanto tiempo cobraron sentido. Era un hombre. Un hombre en el que se podía confiar.

El fin de semana pasado lo dediqué entero a mi hijo.

—Haremos lo que te apetezca —le dije.

El resultado fue un partido de fútbol del Chelsea y un par de visitas a dos centros comerciales, el de la antigua central eléctrica Battersea y Coal Drops Yard. Centros comerciales…

quién lo diría. Compramos unas botas de fútbol Nike, hicimos cola para tomar un helado y subimos en «ascensor chimenea» a lo más alto de Battersea. Advertencia de *spoiler*: todos los niños deberían subir a la parte alta de cualquier estructura con una «cima» desde la que contemplar el panorama circundante.

Mi capacidad para cuidar de mi madre y consentir a mi hijo (cuyo segundo nombre rinde homenaje a ella) es fruto de la humanidad y los instintos paternales, y he podido expresarlos gracias a que gozo de seguridad económica. Si pude permitirme faltar al trabajo durante unos días y coordinar la gran cantidad de recursos necesarios para que mi madre pudiera morir en casa y no bajo luces deslumbrantes y rodeada de extraños ha sido justamente por ello. Ser el hijo o el padre que uno imagina es posible sin dinero, pero hay más probabilidades de poder estar presente y no preocuparse por el inmenso estrés con el que nos carga la sociedad capitalista cuando tenemos cierta seguridad económica.

Así pues, encuentra algo que se te dé bien y por lo que la gente quiera pagar y dedícate con esfuerzo y empeño a ello. Gasta menos de lo que ganes para movilizar primero un pelotón, luego una división y después un ejército de capital que luche por ti y los tuyos mientras duermes. Diversifica para resistir a lo desconocido. Por último, adopta una perspectiva a largo plazo: atesora la sabiduría de reconocer que el tiempo pasará más rápido de lo que crees.

De ese modo, hallarás más deprisa, en compañía y en el presente, lo profundo… en los demás. En realidad, ese es el (verdadero) terreno en el que se juega todo.

La vida es tan rica,

SCOTT

Agradecimientos

Los libros, al igual que la riqueza, se crean en colaboración.

Reconocer que la grandeza es fruto de las acciones de muchos y destinar el capital (tiempo y dinero) para atraer y retener personas, proveedores y relaciones es un superpoder.

Este libro ha sido posible gracias a todo el equipo de Prof G Media. Las siguientes personas contribuyeron de forma directa a su creación:

Producción ejecutiva:	Jason Stavers
	Katherine Dillon
Investigación y lecturas de prueba:	Ed Elson
	Claire Miller
	Caroline Schagrin
	Mia Silverio
Diseño gráfico:	Olivia Reaney-Hall

Desde la presentación de *Four*, hace ya unos cuantos años y libros, he trabajado siempre con el mismo agente, el mismo editor y la misma editora:

Jim Levine
Adrian Zackheim
Niki Papadopoulos

Gracias también a mi buen amigo Todd Benson, a mi colega Sabrina Howell, profesora de la Escuela de Empresariales Stern de la Universidad de Nueva York, y a Joe Day, de Bear Mountain Capital, por sus valiosas sugerencias a lo largo del libro. También a Tyler Comrie por la ilustración de la cubierta.

En el capítulo cuatro, cuento la historia de Cy Cordner, el agente de bolsa que se interesó por mí cuando yo tenía trece años. Los mentores son excepcionalmente valiosos. No solo por el apoyo y los consejos prácticos que brindan, sino también por el vínculo humano que se entabla con ellos. Cuarenta años después de que Cy me ayudara a comprar mis primeras acciones, sigo prosperando día a día gracias a él y a muchas otras personas que plantaron árboles cuya sombra nunca han disfrutado. De todas las bendiciones que me han sido concedidas, la abundancia de mentores ha sido extraordinaria. Cy fue el primero.

El profesor David Aaker me inspiró la idea de fundar una empresa de estrategia de marca y fue fundamental para su éxito. Warren Hellman me llevó a mis primeras juntas del consejo de administración y me enseñó a saber cuándo hablar y cuándo escuchar. Pat Connolly creyó en mí y en nuestra empresa en ciernes, Prophet, y nos contrató para WilliamsSonoma en los años noventa. La lista continúa hasta hoy. Este libro es un homenaje a las incontables personas que me ayudaron a construir una seguridad económica y a centrarme en ser un buen ciudadano y un buen padre.

Notas

Introducción

1. Sheryl Crow y Jeff Trott, «Soak Up the Sun», *C'mon, C'mon*, A&M Records, 2002.

2. Bob Dylan, «It's Alright, Ma (I'm Only Bleeding)», *Bringing It All Back Home*, Columbia Records, 1965.

3. Eylul Tekin, «A Timeline of Affordability: How Have Home Prices and Household Incomes Changed Since 1960?», Clever, 7 de agosto de 2022, <https://listwithclever.com/research/home-price-v-income-historical-study/>.

4. Ronda Kaysen, «'It's Never Our Time': First-Time Home Buyers Face a Brutal Market», *The New York Times*, 11 de noviembre de 2022, <https://www.nytimes.com/2022/11/11/realestate/first-time-buyers-housing-market.html>.

5. Erika Giovanetti, «Medical Debt Is the Leading Cause of Bankruptcy, Data Shows: How to Reduce Your Hospital Bills», Fox Business, 25 de octubre de 2021, <www.foxbusiness.com/personal-finance/medical-debt-bankruptcy-hospital-bill-forgiveness>.

6. Janet Adamy y Paul Overberg, «Affluent Americans Still Say 'I Do.' More in the Middle Class Don't», *The Wall Street Journal*, 8 de marzo de 2020, <www.wsj.com/articles/affluent-ame

ricans-still-say-i-do-its-the-middle-class-that-does-not-1158369 1336>.

7. «The American Dream Is Fading», Opportunity Insights, Harvard University, <https://opportunityinsights.org/national_trends>, consulta: 31 de agosto de 2023.

8. «How the Young Spend Their Money», *The Economist*, 16 de enero de 2023, <www.economist.com/business/2023/01/16/how-the-young-spend-their-money>.

9. Gary W. Evans, «Childhood Poverty and Blood Pressure Reactivity to and Recovery from an Acute Stressor in Late Adolescence: The Mediating Role of Family Conflict», *Psychosomatic Medicine*, 75, n.º 7 (2013), 691-700.

I. Estoicismo

1. John Gathergood, «Self-Control, Financial Literacy and Consumer Over-Indebtedness», *Journal of Economic Psychology*, 33, n.º 3 (junio de 2012), 590-602, <doi.org/10.1016/j.joep.2011.11.006>.

2. Stephen R. Covey, *The 7 Habits of Highly Effective People: Powerful Lessons in Personal Change*, edición del 30.º aniversario, Nueva York, Simon & Schuster, 2020, pp. 18-19. [Hay trad. cast. de Jorge Piatigorsky: *Los siete hábitos de la gente altamente efectiva*, Barcelona, Paidós Ibérica, 2011.]

3. Long Ge *et al.*, «Comparison of Dietary Macronutrient Patterns of 14 Popular Named Dietary Programmes for Weight and Cardiovascular Risk Factor Reduction in Adults: Systematic Review and Network Meta-Analysis of Randomised Trials», *BMJ* (1 de abril de 2020), 696, <doi.org/10.1136/bmj.m696>.

4. James Clear, *Atomic Habits: An Easy & Proven Way to Build Good Habits & Break Bad Ones*, Nueva York, Avery, 2018, p. 36. [Hay trad. cast. de Gabriela Moya: *Hábitos Atómicos: cambios pequeños, resultados extraordinarios*, Barcelona, Diana Editorial, 2020.]

5. Philip Brickman *et al.*, «Lottery Winners and Accident Victims: Is Happiness Relative?», *Journal of Personality and Social Psychology*, 36, n.º 8 (agosto de 1978), 917-927, <doi.org/10.1037/0022-3514.36.8.917>.

6. Erik Lindqvist *et al.*, «Long-Run Effects of Lottery Wealth on Psychological Well- Being», *Review of Economic Studies*, 87, n.º 6 (noviembre de 2020), 2703-2726, <doi.org/10.1093/restud/rdaa006>.

7. Daniel Kahneman y Angus Deaton, «High Income Improves Evaluation of Life but Not Emotional Well-Being», *Proceedings of the National Academy of Sciences of the United States of America*, 107, n.º 38 (septiembre de 2010), 16489-16493, <www.pnas.org/doi/full/10.1073/pnas.1011492107>; Matthew A. Killingsworth, «Experienced Well-Being Rises with Income, Even Above $75,000 Per Year», *Proceedings of the National Academy of Sciences of the United States of America*, 118, n.º 4 (2021), <www.pnas.org/doi/full/10.1073/pnas.2016976118>; Matthew A. Killingsworth, Daniel Kahneman y Barbara Mellers, «Income and Emotional Well-Being: A Conflict Resolved», *Proceedings of the National Academy of Sciences of the United States of America*, 120, n.º 10 (marzo de 2023), <www.pnas.org/doi/full/10.1073/pnas.2208661120>. Véase también: Aimee Picchi, «One Study Said Happiness Peaked at $75,000 in Income. Now, Economists Say It's Higher—by a Lot», CBS News Money Watch, 10 de marzo de 2023, <www.cbsnews.com/news/money-happiness-study-daniel-kahneman-500000-versus-75000> (resumen del estudio de 2023).

8. Espen Røysamb *et al.*, «Genetics, Personality and Wellbeing: A Twin Study of Traits, Facets, and Life Satisfaction», *Scientific Reports*, 8, n.º 1 (17 de agosto de 2018), <doi.org/10.1038/s41598-018-29881-x>.

9. Karl Pillemer, «The Most Surprising Regret of the Very Old—and How You Can Avoid It», *HuffPost*, 4 de abril de 2013, <huffpost.com/entry/how-to-stop-worrying-reduce-stress_b_2989589>.

10. Ryan Holiday, *The Obstacle Is the Way*, Nueva York, Portfolio, 2014, p. 22. [Hay trad. cast. de Enrique Mercado: *El obstáculo es el camino*, Ciudad de México, Océano de México, 2019.]

11. Maryam Etemadi *et al.*, «A Review of the Importance of Physical Fitness to Company Performance and Productivity», *American Journal of Applied Sciences*, 13, n.º 11 (noviembre de 2016), 1104-1118, <doi.org/10.3844/ajassp.2016.1104.1118>.

12. Ayse Yemiscigil e Ivo Vlaev, «The Bidirectional Relationship between Sense of Purpose in Life and Physical Activity: A Longitudinal Study», *Journal of Behavioral Medicine*, 44, n.º 5 (23 de abril de 2021), 715-725, <doi.org/10.1007/s10865-021-00220-2>.

13. Ben Singh *et al.*, «Effectiveness of Physical Activity Interventions for Improving Depression, Anxiety and Distress: An Overview of Systematic Reviews», *British Journal of Sports Medicine*, 57 (16 de febrero de 2023), 1203-1209, <doi.org/10.1136/bjsports-2022-106195>.

14. Steven Kotler, *The Art of Impossible: A Peak Performance Primer*, Nueva York, Harper Wave, 2023, p. 47. [Hay trad. cast. de Luz Ventura: *El arte de lo imposible: Cómo alcanzar tu máximo rendimiento y llegar más lejos de lo que nunca habías imaginado*, Madrid, Urano, 2023.]

15. Sobre flexibilidad, véase: Thalita B. Leite *et al.*, «Effects of Different Number of Sets of Resistance Training on Flexibility», *International Journal of Exercise Science*, 10, n.º 3 (1 de septiembre de 2017), 354-364. Sobre otros beneficios, consúltese: Suzette Lohmeyer, «Weight Training Isn't Such a Heavy Lift. Here Are 7 Reasons Why You Should Try It», NPR, 26 de septiembre de 2021, <https://www.npr.org/sections/health-shots/2021/09/26/1040577137/how-to-weight-training-getting-started-tips>.

16. Rollin McCraty *et al.*, «The Impact of a New Emotional Self-Management Program on Stress, Emotions, Heart Rate Variability, DHEA and Cortisol», *Integrative Physiological and Behavioral Science*, 33, n.º 2 (abril de 1998), 151-170, <doi.org/10.1007/

bf02688660>; Kathryn E. Buchanan y Anat Bardi, «Acts of Kindness and Acts of Novelty Affect Life Satisfaction», *Journal of Social Psychology*, 150, n.º 3 (mayo-junio de 2010), 235-237, <doi.org/10.1080/00224540903365554>; Ashley V. Whillans *et al.*, «Is Spending Money on Others Good for Your Heart?», *Health Psychology*, 35, n.º 6 (junio de 2016), 574-583, <doi.org/10.1037/hea0000332>.

17. Yao-Hua Law, «Why You Eat More When You're in Company», BBC Future, 16 de mayo de 2018, <www.bbc.com/future/article/20180430-why-you-eat-more-when-youre-in-company>.

18. Nicola McGuigan, J. Mackinson y A. Whiten, «From Over-Imitation to Super-Copying: Adults Imitate Causally Irrelevant Aspects of Tool Use with Higher Fidelity than Young Children», *British Journal of Psychology*, 102, n.º 1 (febrero de 2011), 1-18, <doi.org/10.1348/000712610x493115>.

19. Ad Council, «New Survey Finds Millennials Rely on Friends' Financial Habits to Determine Their Own», PR Newswire, 30 de octubre de 2013, <www.prnewswire.com/news-releases/new-survey-finds-millennials-rely-on-friends-financial-habits-to-determine-their-own-229841261.html>.

20. Jay L. Zagorsky, «Marriage and Divorce's Impact on Wealth», *Journal of Sociology*, 41, n.º 4 (diciembre de 2005), 406-424, <doi.org/10.1177/1440783305058478>.

21. Esperanza de vida: Haomiao Jia y Erica I. Lubetkin, «Life Expectancy and Active Life Expectancy by Marital Status Among Older U.S. Adults: Results from the U.S. Medicare Health Outcome Survey (HOS)», *SSM—Population Health*, 12 (agosto de 2020), 100642, <doi.org/10.1016/j.ssmph.2020.100642>; Lyman Stone, «Does Getting Married Really Make You Happier?», Institute for Family Studies (7 de febrero de 2022), <ifstudies.org/blog/does-getting-married-really-make-you-happier>.

22. Zagorsky, «Marriage and Divorce's Impact on Wealth».

23. Taylor Orth, «How and Why Do American Couples Argue?», YouGov, 1 de junio de 2022, <today.yougov.com/society/articles/42707-how-and-why-do-american-couples-argue?>.

24. «Relationship Intimacy Being Crushed by Financial Tension: AICPA Survey», AICPA & CIMA, 4 de febrero de 2021, <www.aicpa-cima.com/news/article/relationship-intimacy-being-crushed-by-financial-tension-aicpa-survey>.

25. Nathan Yau, «Divorce Rates and Income», FlowingData, 4 de mayo de 2021, <flowingdata.com/2021/05/04/divorce-rates-and-income>.

2. Concentración

1. Thomas C. Corley, «I Spent 5 Years Analyzing How Rich People Get Rich—and Found There Are Generally 4 Paths to Wealth», *Business Insider*, 3 de septiembre de 2019, <https://www.businessinsider.in/i-spent-5-years-analyzing-how-rich-people-get-rich-and-found-there-are-generally-4-paths-to-wealth/articleshow/70965346.cms>.

2. Bill Burnett y Dave Evans, *Designing Your Life: How to Build a Well-Lived, Joyful Life*, Nueva York, Alfred A. Knopf, 2016, xxiv-iv. [Hay trad. cast. de Cristina González: *Design de vida: crea la vida que funciona para ti*, Barcelona, Macro Ediciones, 2018.]

3. Sapna Cheryan y Therese Anne Mortejo, «The Most Common Graduation Advice Tends to Backfire», *The New York Times*, 22 de mayo de 2023, <nytimes.com/2023/05/22/opinion/stem-women-gender-disparity.html>.

4. Oliver E. Williams, L. Lacasa, y V. Latora, «Quantifying and Predicting Success in Show Business», *Nature Communications*, 10, n.º 2256 (junio de 2019), <doi.org/10.1038/s41467-019-10213-0>; Mark Mulligan, «The Death of the Long Tail: The Superstar

Music Economy», 14 de julio de 2014, <www.midiaresearch.com/reports/the-death-of-the-long-tail>; «Survey Report: A Study on the Financial State of Visual Artists Today», The Creative Independent, 2018, <thecreativeindependent.com/artist-survey>; Mathias Bärtl, «YouTube Channels, Uploads and Views», *Convergence: The International Journal of Research into New Media Technologies*, 24, n.º 1 (enero de 2018), 16-32, <doi.org/10.1177/1354856517736979>; Todd C. Frankel, «Why Almost No One Is Making a Living on YouTube», *The Washington Post*, 2 de marzo de 2018, <https://www.washingtonpost.com/news/the-switch/wp/2018/03/02/why-almost-no-one-is-making-a-living-on-youtube/>.

5. Yi Zhang, M. Salm y A. V. Soest, «The Effect of Training on Workers' Perceived Job Match Quality», *Empirical Economics*, 60, n.º 3 (mayo de 2021), 2477-2498, <doi.org/10.1007/s00181-020-01833-3>.

6. Steven Kotler, *The Art of Impossible: A Peak Performance Primer*, Nueva York, HarperCollins, 2021, p. 157. [Hay trad. cast. de Luz Ventura: *El arte de lo imposible: Cómo alcanzar tu máximo rendimiento y llegar más lejos de lo que nunca habías imaginado*, Barcelona, Urano, 2023.]

7. Adam Grant, «MBTI, If You Want Me Back, You Need to Change Too», Medium, 17 de noviembre de 2015, <medium.com/@AdamMGrant/mbti-if-you-want-me-back-you-need-to-change-too-c7f1a7b6970>; Tomas Chamorro-Premuzic, «Strengths-Based Coaching Can Actually Weaken You», *Harvard Business Review*, 4 de enero de 2016, <hbr.org/2016/01/strengths-based-coaching-can-actually-weaken-you>.

8. Bostjan Antoncic *et al.*, «The Big Five Personality–Entrepreneurship Relationship: Evidence from Slovenia», *Journal of Small Business Management*, 53, n.º 3 (2015), 819-841, <doi.org/10.1111/jsbm.12089>.

9. C. Nieß y T. Biemann, «The Role of Risk Propensity in Predicting Self- Employment», *Journal of Applied Psychology*, 99,

n.º 5 (septiembre de 2014), 1000-1009, <doi.org/10.1037/a003 5992>.

10. Nicos Nicolaou *et al.*, «Is the Tendency to Engage in Entrepreneurship Genetic?», *Management Science*, 54, n.º 1 (1 de enero de 2008), 167-179, <doi.org/10.1287/mnsc.1070.0761>.

11. Bill Burnett, «Bill Burnett on Transforming Your Work Life», *Literary Hub*, 1 de noviembre de 2021, vídeo de YouTube, 37:11, <www.youtube.com/watch?v=af8adeD9uMM>.

12. Mariana Mazzucato, *The Entrepreneurial State: Debunking Public vs. Private Sector Myths*, Londres, Anthem Press, 2013. [Hay trad. cast. de Javier San Julián y Anna Solé: *El Estado Emprendedor: Mitos del sector público frente al privado*, Barcelona, RBA, 2014.]

13. U.S. Bureau of Labor Statistics, Business Employment Dynamics, <www.bls.gov/bdm/us_age_naics_00_table7.txt>.

14. Joshua Young, «JournalismIs 'Most Regretted' Major for College Grads», Post Millennial, 14 de noviembre de 2022, <thepostmillennial.com/journalism-is-most-regretted-major-for-college-grads>.

15. Derrick Bryson Taylor, «A Cobra Appeared Mid-Flight. The Pilot's Quick Thinking Saved Lives», *The New York Times*, 7 de abril de 2023, <www.nytimes.com/2023/04/07/world/africa/snake-plane-cobra-pilot.html>.

16. Kathryn Kobe y Richard Schwinn, «Small Businesses Generate 44 Percent of U.S. Economic Activity», U.S. Small Business Administration Office of Advocacy, 30 de enero de 2019, <advocacy.sba.gov/2019/01/30/small-businesses-generate-44-percent-of-u-s-economic-activity>.

17. Anthony Breitzman y Patrick Thomas, «Analysis of Small Business Innovation in Green Technologies», U.S. Small Business Administration Office of Advocacy, 1 de octubre de 2011, <advocacy.sba.gov/2011/10/01/analysis-of-small-business-inno vation-in-green-technologies>.

18. «Electricians: Occupational Outlook Handbook», U.S. Bureau of Labor Statistics, 15 de mayo de 2023, <www.bls.gov/ooh/construction-and-extraction/electricians.htm>.

19. Judy Wohlt, «Plumber Shortage Costing Economy Billions of Dollars», *Ripple Effect: The Voice of Plumbing Manufacturers International*, 25, n.º 8 (2 de agosto de 2022), <https://www.safeplumbing.org/communication-ripple-effect/details/august-2022>.

20. Ryan Golden, «Construction's Career Crisis: Recruiters Target Young Workers Driving the Great Resignation», Construction Dive, 25 de octubre de 2021, <www.constructiondive.com/news/construction-recruiters-aim-to-capitalize-on-young-workers-driving-great-resignation/608507>.

21. Pierre-Alexandre Balland *et al.*, «Complex Economic Activities Concentrate in Large Cities», *Nature Human Behavior*, 4 (enero de 2020), < doi.org/10.1038/s41562-019-0803-3>.

22. «Desarrollo urbano», Banco mundial, 6 de octubre de 2022, <https://www.bancomundial.org/es/topic/urbandevelopment/overview>, consulta: agosto de 2023.

23. Aaron Drapkin, «41% of Execs Say Remote Employees Less Likely to Be Promoted», Tech.Co, 13 de abril de 2022, <tech.co/news/41-execs-remote-employees-less-likely-promoted>; «Homeworking Hours, Rewards and Opportunities in the UK: 2011 to 2020», Office for National Statistics, 19 de abril de 2021, <www.ons.gov.uk/employmentandlabourmarket/peopleinwork/labourproductivity/articles/homeworkinghoursrewardsandopportunitiesintheuk2011to2020/2021-04-19>.

24. Dave Ramsey, *The Total Money Makeover Journal*, Nashville, Tennessee, Thomas Nelson, 2003, p. 93.

25. James Clear, *Atomic Habits*, Nueva York, Avery, 2018, p. 24. [Hay trad. cast. de Gabriela Moya: *Hábitos Atómicos*, Barcelona, Diana Editorial, 2020.]

26. Jennifer Bashant, «Developing Grit in Our Students: Why Grit Is Such a Desirable Trait, and Practical Strategies

for Teachers and Schools», *Journal for Leadership and Instruction*, 13, n.º 2 (otoño de 2014): 14-17, <eric.ed.gov/?id=EJ108 1394>.

27. Steven Kotler, *The Art of Impossible: A Peak Performance Primer*, Nueva York, HarperCollins, 2023, p. 72 [hay trad. cast. de Luz Ventura: *El arte de lo imposible*, Madrid, Urano, 2023]; véase también: Mae-Hyang Hwang y JeeEun Karin Nam, «Enhancing Grit: Possibility and Intervention Strategies», en *Multidisciplinary Perspectives on Grit*, eds. Llewellyn Ellardus van Zyl, Chantal Olckers y Leoni van der Vaart, Nueva York, Springer Nature, 2021, 77-93, <link.springer.com/chapter/10.1007/978-3-030- 573 89- 8_5>.

28. Don Reid, «The Gambler», por Don Schlitz, interpretada por Kenny Rogers, United Artists, 1978.

29. Annie Duke, *Quit: The Power of Knowing When to Walk Away*, Nueva York, Portfolio, 2022. [Hay trad. cast. de María Maestro Cuadrado: *¡Abandona!: El poder de saber cuándo retirarse a tiempo*, Barcelona, Alienta, 2024.]

30. David J. Epstein, *Range: Why Generalists Triumph in a Specialized World*, Nueva York, Riverhead Books, 2021. [Hay trad. cast. de Sergio Bulat Barreiro: *Amplitud (range): Por qué los generalistas triunfan en un mundo especializado*, Madrid, Empresa Activa, 2020.]

31. «Wage Growth Tracker», Federal Reserve Bank of Atlanta, <www.atlantafed.org/chcs/wage-growth-tracker>, consulta: junio de 2023.

32. Craig Copeland, «Trends in Employee Tenure, 1983-2018», *Issue Brief*, n.º 474, Employee Benefit Research Institute, 28 de febrero de 2019, <www.ebri.org/content/trends-in-employee-tenure-1983-2018>.

33. Bureau of Labor Statistics, «Employee Tenure in 2022», U.S. Department of Labor, 22 de septiembre de 2022, <www.bls.gov/news.release/tenure.nr0.htm>.

34. Cate Chapman, «Job Hopping Is the Gen Z Way», LinkedIn News, 29 de marzo de 2022, <www.linkedin.com/news/story/job-hopping-is-the- gen-z-way-5743786>.

35. Sang Eun Woo, «A Study of Ghiselli's Hobo Syndrome», *Journal of Vocational Behavior*, 79, n.º 2 (2011), 461-469, <doi.or g/10.1016/j.jvb.2011.02.003>.

36. Lisa Quast, «How Becoming a Mentor Can Boost Your Career», *Forbes*, 31 de octubre de 2012, <www.forbes.com/sites/lisa-quast/2011/10/31/how-becoming-a-mentor-can-boost-your-career>.

37. James Bennet, «The Bloomberg Way», *Atlantic*, noviembre de 2012, <www.theatlantic.com/magazine/archive/2012/11/the-bloomberg-way/309136>.

38. Ilana Kowarski y Cole Claybourn, «Find MBAs That Lead to Employment, High Salaries», *US News & World Report*, 25 de abril de 2023, <www.usnews.com/education/best-graduate-schools/top-business-schools/articles/mba-salary-jobs>.

39. Ramsey, *Total Money Makeover*, p. 107.

3. Tiempo

1. Delmore Schwartz, «Calmly We Walk Through This April's Day», *Selected Poems (19381958): Summer Knowledge*, Nueva York, New Directions Publishing Corporation, 1967.

2. Brittany Tausen, «Thinking About Time: Identifying Prospective Temporal Illusions and Their Consequences», *Cognitive Research: Principles and Implications*, 7, n.º 16 (febrero de 2022), <doi.org/10.1186/s41235-022-00368-8>.

3. Tausen, «Thinking About Time».

4. Daniel J.Walters y Philip Fernbach, «Investor Memory of Past Performance Is Positively Biased and Predicts Overconfi-

dence», *PNAS*, 118, n.º 36 (2 de septiembre de 2021), <www.pnas.org/doi/10.1073/pnas.2026680118>.

5. Alex Bryson y George MacKerron, «Are You Happy While You Work?», *Economic Journal*, 127, n.º 599 (febrero de 2017), <doi.org/10.1111/ecoj.12269>.

6. Aunque Drucker era un firme partidario de medir los resultados, no hay pruebas de que haya dicho esa frase. Véase: Paul Zak, «Measurement Myopia», Drucker Institute, 4 de septiembre de 2013, <www.drucker.institute/thedx/measurement-myopia>.

7. Ray Charles Howard *et al.*, «Understanding and Neutralizing the Expense Prediction Bias: The Role of Accessibility, Typicality, and Skewness», *Journal of Marketing Research*, 59, n.º 2 (6 de diciembre de 2021), <doi.org/10.1177/00222437211068025>.

8. Adam Alter y Abigail Sussman, «The Exception Is the Rule: Underestimating and Overspending on Exceptional Expenses», *Journal of Consumer Research*, 39, n.º 4 (1 de diciembre de 2012), <doi.org/10.1086/665833>.

9. Leona Tam y Utpal M. Dholakia, «The Effects of Time Frames on Personal Savings Estimates, Saving Behavior, and Financial Decision Making», SSRN (agosto de 2008), <doi.org/10.2139/ssrn.1265095>.

10. Carmen Reinicke, «56% of Americans Can't Cover a $1,000 Emergency Expense with Savings», CNBC.com, 19 de enero de 2022, <www.cnbc.com/2022/01/19/56percent-of-americans-cant-cover-a-1000-emergency-expense-with-savings.html>.

11. «¿Qué es una asesoría de crédito», Oficina para la Protección Financiera del Consumidor, <https://www.consumerfinance.gov/es/obtener-respuestas/que-es-la-asesoria-de-credito-es-1451/>.

12. George Loewenstein, T. Donoghue y M. Rabin, «Projection Bias in Predicting Future Utility», *Quarterly Journal of Economics*, 118, n.º 4 (noviembre de 2003), 1209-1248, <doi.org/10.1162/003355303322552784>.

13. Brent Orwell, «The Age of Re-retirement: Retirees and the Gig Economy», American Enterprise Institute, 3 de agosto de 2021, <www.aei.org/poverty-studies/workforce/the-age-of-re-retirement-retirees-and-the-gig-economy>.

14. «The Nation's Retirement System: A Comprehensive Re-Evaluation Is Needed to Better Promote Future Retirement Security», U.S. Government Accountability Office, 18 de octubre de 2017, <www.gao.gov/products/gao-18-111sp>.

15. Morgan Housel, *The Psychology of Money*, Hampshire, Reino Unido, Harriman House, 2020, pp. 127-128. [Hay trad. cast. de Arnau Figueres Deulofeu: *La psicología del dinero*, Barcelona, Planeta, 2021.]

4. Diversificación

1. Warren Buffett, Carta de 2017 a los accionistas de Berkshire Hathaway, <www.berkshirehathaway.com/letters/2017ltr.pdf>.

2. Mark Perry, «The SP 500 Index Out-Performed Hedge Funds over the Last 10 Years. And It Wasn't Even Close», American Enterprise Institute, enero de 2021, <www.aei.org/carpe-diem/the-sp-500-index-out-performed-hedge-funds-over-the-last-10-years-and-it-wasnt-even-close>.

3. Raphael Auer *et al.*, «Crypto Trading and Bitcoin Prices: Evidence from a New Database of Retail Adoption», BIS Working Papers, n.º 1049, noviembre de 2022, <www.bis.org/publ/work1049.htm>.

4. Burton Malkiel, *A Random Walk Down Wall Street*, Nueva York, W. W. Norton & Company, 2023, p. 180. [Hay trad. cast. de María Hernández Díaz: *Un paseo aleatorio por Wall Street*, Barcelona, Alianza, 2016.]

5. Malkiel, *A Random Walk Down Wall Street*, p. 176.

6. Brian Wimmer *et al.*, «The Bumpy Road to Outperformance», Vanguard Research, julio de 2013, <https://sagebroadview.com/wp-content/uploads/2013/08/Vanguard-Bumpy-Road-to-Outperformance-08-13.pdf>.

7. Robert L. Heilbroner, «The Wealth of Nations», Encyclopedia Britannica, <www.britannica.com/topic/the-Wealth-of-Nations>, consulta: junio de 2023.

8. Fabrizio Romano, «Cristiano Ronaldo Completes Deal to Join Saudi Arabian Club Al Nassr», *Guardian*, 30 de diciembre de 2022, <www.theguardian.com/football/2022/dec/30/cristiano-ronaldo-al-nassr-saudi-arabia>.

9. «Debt to the Penny», FiscalData.Treasury.Gov, <fiscaldata.treasury.gov/datasets/debt-to-the-penny/debt-to-the-penny>, consulta: 7 de abril de 2023.

10. «Did Benjamin Graham Ever Say That 'The Market Is a Weighing Machine'?», *Investing.Ideas's Blog*, Seeking Alpha, 14 de julio de 2020, <seekingalpha.com/instablog/50345280-investing-ideas/5471002-benjamin-graham-ever-say-market-is-weighing-machine>.

11. Dina Gachman, «Andy Warhol on Business, Celebrity and Life», *Forbes*, 6 de agosto de 2013, <www.forbes.com/sites/dinagachman/2013/08/06/andy-warhol-on-business-celebrity-and-life>.

12. Warren Buffett, Carta del presidente, 28 de febrero de 2001, <www.berkshirehathaway.com/2000ar/2000letter.html>.

13. Ben Casselman y Jim Tankersley, «As Mortgage-Interest Deduction Vanishes, Housing Market Offers a Shrug», *The New York Times*, 4 de agosto de 2019, <www.nytimes.com/2019/08/04/business/economy/mortgage-interest-deduction-tax.html>.

14. J. B. Maverick, «S&P 500 Average Return», Investopedia, 24 de mayo de 2023, <www.investopedia.com/ask/answers/042415/what-average-annual-return-sp-500.asp>.

15. Robert J. Schiller, «The Life-Cycle Personal Accounts Proposal for Social Security: An Evaluation», National Bureau

of Economic Research, mayo de 2005, <www.nber.org/papers/w11300>. Véase también: Dale Kintzel, «Portfolio Theory, Life-Cycle Investing, and Retirement Income», Social Security Administration Policy Brief n.º 2007-02.

16. Laura Saunders y Richard Rubin, «Standard Deduction 2020–2021: What It Is and How It Affects Your Taxes», *The Wall Street Journal*, 8 de abril de 2021, <www.wsj.com/articles/standard-deduction-2020-2021-what-it-is-and-how-it-affects-your-taxes-11617911161>.

17. Chris Isidore, «Buffett Says He's Still Paying Lower Tax Rate Than His Secretary», CNN Business, 4 de marzo de 2013, <https://fox2now.com/news/buffett-says-hes-still-paying-lower-tax-rate-than-his-secretary/>.

18. Ray Dalio, *Principles*, Nueva York, Simon and Schuster, 2017. [Hay trad. cast. de Manuel Manzano: *Principios*, Barcelona, Deusto, 2018.]

19. Fernando Chague, R. De-Losso y B. Giovannetti, «Day Trading for a Living?», 11 de junio de 2020, <papers.ssrn.com/sol3/papers.cfm?abstract_id=3423101>.

20. «Day Trader Demographics and Statistics in the US», *Zippia*, <www.zippia.com/day-trader-jobs/demographics>, consulta: junio de 2023.

21. Gloria Wong *et al.*, «Examining Gender Differences for Gambling Engagement and Gambling Problems Among Emerging Adults», *Journal of Gambling Studies*, 29, n.º 2 (junio de 2013), 171-189, <doi.org/10.1007/s10899-012-9305-1>.

Bibliografía

Uno de los objetivos que mi equipo y yo nos propusimos con este libro fue abarcar el abanico completo de los aspectos necesarios para la creación de riqueza. Se trata de un proyecto personal integral, no de un problema matemático ni de un conjunto ideal de consejos y trucos para la vida. Las siguientes obras nos han ayudado a afinar nuestras ideas; recomendamos su lectura si se desea profundizar en la materia. Profundiza.

Estoicismo y habilidades para la vida

Allen, David, *Getting Things Done*, edición revisada, Nueva York, Penguin Books, 2015. [Hay trad. cast. de Martín Rodríguez-Courel Ginzo: *Organízate con eficacia: el arte de la productividad sin estrés*, Madrid, Empresa Activa, 2015.]

Cipolla, Carlo M., *The Basic Laws of Human Stupidity*, Nueva York, Doubleday, 2021. [Hay trad. cast. de María Pons: *Las leyes fundamentales de la estupidez humana*, Barcelona, Crítica, 2013.]

Clear, James, *Atomic Habits*, Nueva York, Avery, 2018. [Hay trad. cast. de Gabriela Moya: *Hábitos Atómicos*, Barcelona, Diana Editorial, 2020.]

Covey, Stephen R, *The 7 Habits of Highly Effective People*, NUEVA York, Free Press, 1989. [Hay trad. cast. de Jorge Piatigorsky: *Los siete hábitos de la gente altamente efectiva*, Barcelona, Paidós Ibérica, 2011.]

Dalio, Ray, *Principles*, Nueva York, Simon & Schuster, 2017. [Hay trad. cast. de Manuel Manzano: *Principios*, Barcelona, Deusto, 2018.]

Duhigg, Charles, *The Power of Habit*, Nueva York, Random House, 2012. [Hay trad. cast. de Wendolín Perla Torres: *El poder de los hábitos: por qué hacemos lo que hacemos en la vida y en el trabajo*, Barcelona, Vergara, 2019.]

Holiday, Ryan, *The Obstacle Is the Way*, Nueva York, Portfolio, 2014. [Hay trad. cast. de Enrique Mercado: *El obstáculo es el camino: El arte inmemorial de convertir las pruebas en triunfo*, Ciudad de México, Océano de México, 2019.]

Kotler, Steven, *The Art of Impossible*, Nueva York, Harper Wave, 2021. [Hay trad. cast. de Luz Ventura: *El arte de lo imposible: Cómo alcanzar tu máximo rendimiento y llegar más lejos de lo que nunca habías imaginado*, Madrid, Urano, 2023.]

Concentración y planificación de la carrera profesional

Bolles, Richard N, *What Color Is Your Parachute? 2022*, Nueva York, Ten Speed Press, 2021. [Hay trad. cast. de Mar Vidal: *¿De qué color es tu paracaídas?: Manual práctico para los que buscan trabajo o un cambio en su carrera*, Barcelona, Gestión 2000, 2013.]

Burnett, Bill y Dave Evans, *Designing Your Life*, Nueva York, Knopf, 2016. [Hay trad. cast. de Cristina González: *Design de vida*, Barcelona, Macro Ediciones, 2018.]

Mulcahy, Diane, *The Gig Economy*, Nueva York, AMACOM, 2016.

Newport, Cal, *So Good They Can't Ignore You*, Nueva York, Grand Central Publishing, 2012. [Hay trad. cast. de Diego Pereda

Sancho: *Hazlo tan bien que no puedan ignorarte*, Barcelona, Ediciones Península, 2024.]
Tieger, Paul D., Barbara Barron-Tieger y Kelly Tieger, *Do What You Are*, Nueva York, Little, Brown and Company, 1992.

Planificación financiera e inversión

Aliche, Tiffany, *Get Good with Money*, Nueva York, Rodale Books, 2021.
Damodaran, Aswath, *Narrative Numbers*, Nueva York, Columbia University Press, 2017.
Graham, Benjamin, *The Intelligent Investor*, Nueva York, Harper & Row, 1949. [Hay trad. cast. de Idoia Bengoechea: *El inversor inteligente*, Barcelona, Deusto, 2017.]
Greenblatt, Joel, *You Can Be a Stock Market Genius*, Nueva York, Simon & Schuster, 1997. [Hay trad. cast. de Emili Atmetlla: *Tú puedes ser un genio de la bolsa*, Barcelona, Profit, 2000.]
Housel, Morgan, *The Psychology of Money*, Hampshire, Reino Unido, Harriman House, 2020. [Hay trad. cast. de Arnau Figueres Deulofeu: *La psicología del dinero*, Barcelona, Planeta, 2021.]
Malkiel, Burton G, *A Random Walk Down Wall Street*, 13.ª edición, Nueva York, W. W. Norton & Company, 2023. [Hay trad. cast. de María Hernández Díaz: *Un paseo aleatorio por Wall Street*, Barcelona, Alianza, 2016.]
Moss, David, *A Concise Guide to Macroeconomics*, Boston, Harvard Business School Press, 2007.
Orman, Suze, *The 9 Steps to Financial Freedom*, Nueva York, Crown Publishers, 1997.
Ramsey, Dave, *The Total Money Makeover: A Proven Plan for Financial Fitness*, Nashville, Tennessee, Thomas Nelson, 2003.
Robbins, Tony, *Money, Master the Game*, Nueva York, Simon & Schuster, 2014. [Hay trad. cast. de Juan Manuel Salmerón Arjona: *Dinero: domina el juego*, Barcelona, Deusto, 2018.]